U0942219

编纂委员会名单

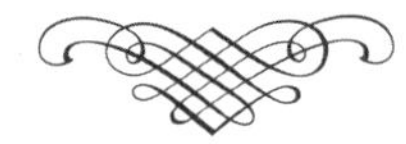

2019

人才蓝皮书

TALENTS BLUE BOOK

宁波人才发展报告

A REPORT ON THE DEVELOPMENT OF

TALENTS

IN NINGBO

主　编　林崇建

副主编　金　戈　王明荣

图书在版编目（CIP）数据

宁波人才发展报告（2019）/ 林崇建主编. —北京：中国发展出版社，2019.7

ISBN 978-7-5177-1038-7

Ⅰ. ①宁… Ⅱ. ①林… Ⅲ. ①人才培养—研究报告—宁波—2019 Ⅳ. ①C964.2

中国版本图书馆 CIP 数据核字（2019）第 156651 号

书　　名：宁波人才发展报告（2019）
主　　编：林崇建
出版发行：中国发展出版社
（北京市西城区裕民东路 3 号 9 层　100029）
标准书号：ISBN 978-7-5177-1038-7
经 销 者：各地新华书店
印 刷 者：河北鑫兆源印刷有限公司
开　　本：787mm × 1092mm　1/16
印　　张：20.5
字　　数：267 千字
版　　次：2019 年 8 月第 1 版
印　　次：2019 年 8 月第 1 次印刷
定　　价：68.00 元

联系电话：（010）68990630　68990692
购书热线：（010）68990682　68990686
网络订购：http://zgfzcbs.tmall.com//
网购电话：（010）88333349　68990639
本社网址：http://www.develpress.com.cn
电子邮件：bianjibu16@vip.sohu.com

目　录

人才工作情况篇

人才研究探索篇

人才科技创新篇

人才政策规划篇

前　言

习近平总书记指出，要“牢固确立人才引领发展的战略地位，全面聚集人才，着力夯实创新发展人才基础”。2018 年省委人才工作会议指出，要从“三个地”的政治高度谋划和推进人才工作，做优服务、擦亮品牌，以人才优先发展之功，收人才引领发展之效，让浙江成为天下英才向往之地。当前宁波正处于国家战略交汇、改革试点叠加、区位优势凸显、要素加速集聚等重大机遇期，人才是宁波抢抓机遇、加快发展的立身之本、动力之源、当务之急。我们必须树立强烈的担当意识、责任意识和争先意识，深入推进“八八战略”再深化、改革开放再出发，紧紧围绕省委对宁波人才工作“加快推进人才国际化、高端化，打造服务全省人才高地”的总要求，按照市委市政府“六争攻坚、三年攀高”的决策部署，科学找准人才工作定位，精心谋划人才工作布局，增创人才战略资源新优势，以高质量人才引领高质量发展。

今年是《宁波人才蓝皮书》连续第十四年出版。经过多年的努力和探索，《宁波人才蓝皮书》已经成为宁波人才研究工作中具有显著特点的品牌，是宁波人才工作的一张“金名片”。今年的《宁波人才蓝皮书》力求反映宁波人才发展的基本情况，总结宁波人才工作的实践做法，展现宁波人才研究的创新成果。本书编写和组稿主要围绕四个方面开展：一是围绕宁波区域人才开发特色情况，总结提炼宁波市本级和各区县（市）去年来人才工作中探索的好经验、好做法，突出人才工作特色亮点，尤其是聚焦于宁波吸引国际化人才、做强人才平台载体、创新人才服务模式等方面的工作探索。二是围绕宁波科技人才创业创新，今年专门设置人才科技创新篇章，针对科技创新人才开发、人才创业创新的重点领域、创新体系的关键环节，进行深入系统研究，形成了一批理论研究成果，为提升宁波人才创新能力、做好创新服务提供理论支撑。三是围绕人才工作前沿热点重点，对构建人才区域合作机制、大力集聚青年人才、加快专业化人才培养等方面开展理论研究，坚持问题导向，深入分析原因，提出解决对策。四是围绕宁波最新人才政策规划，收集整理了2018年以来市级相关部门出台的重点综合人才政策和专项人才规划，为人才研究工作做好资料整理和研究参考。

本书由宁波市委人才办和市政府发展研究中心共同组织力量编辑出版。市委常委、市委组织部部长、市委人才办主任钟关华，市委组织部副部长、市委人才办常务副主任金彦等都十分关心本书的出版工作。本书由市政府发展研究中心主任林崇建担任主编，副主任金戈和人才资源研究所副所长王明荣担任副主编，副调研员廖绍云担任执行编辑。市委人才办副主任黄荣程、市高层次人才发展专项办主任华建广以及金波、李宁、杜愚等同志都全力支持本书编纂工作。

本书编辑出版工作还得到国务院发展研究中心、中国人事科学研究院、中国人才研究会和浙江省委组织部（省委人才办）、省政府研究室、省人才发展研究院等部门领导、专家的精心指导。宁波市委组织部、市委宣传部、市委统战部（市侨办）、市教育局、市科技局、市民政局、市司法局、市财政局、市人力社保局、市农业农村局、市金融办等相关部门，各区县（市）和重点开发区组织部门（人才办），以及在甬相关高校给予了大力支持和帮助。在此，一并表示衷心感谢！

今后，我们将继续坚持“服务决策、服务发展、服务人才”的理念，进一步提升人才研究工作水平，力争多出成果、快出成果、出好成果，为宁波人才工作改革创新作出更大的贡献。

囿于水平，本书难免存在不足之处，恳请大家批评指正。

编者

2019 年 6 月

人才工作情况篇

2018年宁波人才工作综述

近年来，宁波全市上下深入贯彻落实习近平总书记关于人才工作重要论述精神，围绕“打造服务全省的人才高地”目标定位，创新人才政策、建强人才平台、优化人才环境，统筹推进各支人才队伍建设，人才工作呈现出前所未有的良好态势。2018年全市人才净流入率达10.08%，跃居全国城市第2位；新引进高校毕业生数、新迁入市区户口数分别增长18.9%、19.7%，均实现高幅增长。特别是高端人才加快集聚，在多年仅有2名全职院士的情况下，近一年成功全职引进9名海内外院士，甬籍院士全职回归实现零的突破，达到3人；柔性引用顶尖人才48人、领军人才160人，均实现同比翻番增长。

一、坚持千方百计引人才，推进人才国际化

紧扣省委对宁波“加快推进人才国际化、高端化”要求，以国际化视野、超常规举措，面向全球集聚高精尖缺人才。一是强化人才工作体系。省委副书记、市委书记郑栅洁同志高度重视人才工作，一到任宁波，就发出“抢机遇、抢人才、抢项目”的强烈信号，并作出“六争攻坚、三年攀高”决策部署，在全市上下形成对标追赶、争先进位抓人才工作的鲜明导向。市县两级全面建立由党政主要领导担任

领导小组正副组长的人才工作体系，将人才工作重点指标纳入“六争攻坚”上墙展示大比拼内容，对领导小组成员单位和区县（市）下达百项年度重点任务书，实现工作述职评议全覆盖、目标管理考核全覆盖、重点任务下达全覆盖，上下联动、左右协同的高效运行机制全面确立。二是打响国际引才品牌。着眼提升人才发展国际竞争力，创新出台人才生态建设“1+X”系列升级举措，包括开放揽才产业聚智意见和引进顶尖人才、打造青年友好城、培养技能人才、优化专家服务、保障人才安居等一揽子实施办法，实现了引进人才与培养人才、高端人才与基础人才、创业人才与创新人才、技术人才与技能人才全覆盖，形成了指向更精准、覆盖更全面、支持更有力的人才“引育用留”全链条政策体系。在持续实施海外高层次人才引进“3315 计划”的基础上，2018 年首次同步实施“3315 资本引才计划”和“泛 3315 计划”，首创民间资本引才新模式，首涉城市经济引才新领域，对高层次人才给予 50 万～100 万元资助，对高端团队给予 100 万～2000 万元资助，进一步打响“3315”国际引才品牌。2018 年“3315 系列计划”共吸引 1248 个海内外高端人才团队申报，同比增长 44%，包含 13 名顶尖人才、92 名领军人才。截至目前，共有 740 个高端人才（团队）项目入选“3315 系列计划”，带动全市引进海外高层次人才达 1.3 万人。“3315 人才”累计创办企业 358 家，近三年销售、利税年均增长保持在 30% 以上，其中 41 家企业估值超亿元，2 家企业在主板上市，还有 1 家企业已首发过会。三是构建全球揽才网络。充分发挥“一带一路”开放桥头堡和“宁波帮”优势，推进“16+1”经贸合作示范区建设，2018 年首次举办世界“宁波帮·帮宁波”发展大会，邀请 484 位宁波籍嘉宾和 300 位帮宁波人士参与，签约项目 53 个、2094.7 亿元，投资额创历史新高。坚持从需求出发，每年精准务实举办人才科技周、海外工程师大会、中国机器人峰会、院士论坛、本土人才对接洽谈会等“大而美”“小而精”的人才活动 500 余场，让更多人才“读懂宁波，喜爱宁波”。选派优秀干部组建 9 个国内重点城市人才联络服务站，在 15 个国家设立海外引才站点。建设开放式海外引才网络平台，对发布人才信息、助推人才项目对接、促成人才引进落地的引荐人或机构分别给予一定额度奖励，打造线上线下联动的全方位国际引才网络。

二、坚持多措并举育人才，做强人才基本盘

把牢人才工作服务发展的根本定位，紧贴科技创新和产业发展需求，做大做强人才供给端。一是打造青年友好城。树立青年决胜未来理念，出台引聚全球青年才俊专项意见，开展全国百校百场巡回招聘，实施一批最能打动青年、最能成就青年的有力举措，大规模集聚青·英、青·归、青·创、青·苗、青·匠等“五青”人才队伍。2018 年新引进高校毕业生数、新迁入市区户口数分别增长 18.9%、19.7%，均实现高幅增长。二是做大校所蓄水池。聚焦宁波产业发展需求，推动甬江科创大走廊、前湾新区等战略平台纳入全省大湾区规划，大手笔推进“四院三校两中心”建设，2018 年以来共有浙江大学、中科院大学、北京航空航天大学、乌克兰国家科学院等近 10 所知名高校院所落户宁波，成功获批国家自主创新示范区。充分发挥“千人计划”产业园聚才效应，推动中官路创业创新大街成功新创建省级“千人计划”产业园，宁波实现省级园区创建最早、数量最多两个“全省之最”。三是强化企业主阵地。充分激发企业引才主体作用，将人才作用发挥情况纳入“亩均论英雄”综合评价、重点企业绩效评估等指标体系。创新实施“科技创新 2025”重大专项，聚焦新能源汽车、先进材料等十大产业领域，投入 100 亿元，支持民营企业通过技术众包、研发外包、协同攻关等方式，面向全球招揽领军人才，集中攻克核心技术，开发战略性产品。2018 年全市新引进的高端人才 90% 以上集聚在民营企业，90% 的研发经费集中在民营企业，95% 的市级以上企业技术中心设在民营企业。在人才的引领带动下，全市专利授权量同比增

长 33.2%；新增国家级单项冠军企业 13 家，总量达 28 家，居全国城市首位。

三、坚持不拘一格用人才，激发人才创造力

突出“放权”与“松绑”，着力构建遵循经济发展规律和人才成长规律的体制机制，真正让人才“引得进、用得好”。一是调动用人单位能动性。坚持赋予用人单位更多人才评价、使用、管理自主权，在全省率先全面下放工程系列 104 个专业中级职称评审权限至县级，在 40 家企业试点中级职称自主评审，在全市 6000 多家企业开展技能人才自主评价，全力推动高校、医院、科研院所开展自主评审。二是释放各类人才创造性。实施更有突破性、更具竞争力的松绑政策，对顶尖人才，赋予最大的人财物支配权、技术路线决定权、内部机构设置权；对科研人员，允许在研发阶段分割成果所有权，提前锁定创新收益；对高科技人才项目，将间接费用提取比例提高至 50%。2018 年宁波新出台的国家自主创新示范区建设意见中，有 14 项人才创新体制机制改革举措处于全国领先水平。三是激活市场力量积极性。建立市场力量广泛参与、深度融合的人才开发机制，全市拥有人力资源服务机构超 1000 家、产值超 400 亿元，均居全省首位。2018 年启动的“3315 资本引才计划”，对获民间资本投资 300 万元以上的创业团队，按实际到位投资额的 30% 给予资助，首次实施即带动集聚民间资本 7.3 亿元，有效激发民间资本投资人才项目、推动创业创新、促进产业发展活力。联合市场力量，在城市核心区高水平建设甬江人才创新中心，吸引高端人才抱团发展，打造“产学研用金、才政介美云”联动的创业创新生态示范区，目前已集聚高端人才、平台项目近 50 个。

四、坚持满怀真情爱人才，创优人才生态圈

按照“最多跑一次”改革要求，突破关键环节、瞄准关键靶心、

办好关键小事，让人才切实感受到“看好宁波有理由，选择宁波有未来”。一是运行好服务联盟。开展“人才服务创优提质行动”，高效运行由 25 家职能部门组成的高层次人才服务联盟，每年为 2 万余人次提供政策咨询、融资、落户、子女入学、证件办理等全过程、一站式优质服务。打造融人才数据、政策、评审、服务等于一体的人才公共信息服务平台，以服务事项清单化、流程化实现人才服务精准化、智慧化。二是解决好关键小事。着眼“房子、身子、孩子、本子、票子”等关键小事，创新服务内容和形式，实施专家服务 26 条，首创性推出“互联网 + 社保卡”人才服务 APP，人才无须另行办卡，凭手机扫码即可直接享受场馆健身、景点游玩、交通出行、疗养体检、贵宾通道等十项免费服务，实施仅 5 个月，专家就免费享受公交出行 7 万人次、场馆健身 2800 人次。持续选聘市管领导干部和优秀处级干部担任助创专员，结对联系人才企业，“一对一”“组团式”提供项目申报、融资发展等服务，截至 2018 年底，市本级累计派出 107 名助创专员与 122 家人才企业结对，帮助解决人才企业发展问题 1500 余个，助创满意度达 95% 以上。分层分类建立人才子女入学、就医保健机制，切实加大人才安居保障力度，对引进的各类人才分层次提供最高 15 万 ~ 800 万元安家补助、8 万 ~ 60 万元购房补贴、1 万 ~ 3 万元生活安居补助，让人才扎根宁波、安心发展。三是营造好爱才氛围。出台加强党委联系服务专家意见，建立党政领导直接联系、常态化联系服务专家等制度。全面排摸甬籍两院院士、在甬创业创新和建站的国内外院士、省特级专家等高层次人才，建立专家库，制定领导结对联系专家工作方案，按照市、县两级联动要求，实现高层次人才结对联系全覆盖。全面启动“弘扬爱国奋斗精神、建功立业新时代”活动，持续评定市杰出人才并给予最高 100 万元重奖，着力营造尊才、爱才、重才的良好氛围。

中共宁波市委组织部

2018年各区县（市）、重点功能区人才发展基本情况

海曙区

一、基本情况

截至2018年底，海曙区人才总量达到20万人，增长率达9%。全年共引进顶尖人才3人，自主申报入选省级以上重点人才计划3人，市“3315计划”项目2个，资本引才项目3个，“泛3315计划”项目14个。人才专项投入资金1.2亿元，同比增长12.7%。

二、主要做法

优化人才工作领导小组运行机制，出台《关于进一步健全完善区委人才工作领导小组成员单位职责任务及运行机制的意见》，建立领导小组及办公室主任会议制度。

着力构建人才政策综合体系，出台引进海外高层次人才和团队评审认定办法、人才专项资金管理办法等各项政策细则。通力整合科技、招商、金融等要素配套政策，深化构建“1+X+N”人才政策体系。

为各类创新创业人才提供“项目资助、资本引才、成建制引才、信用贷款、成长激励”等“五个 1000 万”的资金支持。

实施“海智回归”工程，建立海曙籍院士常态化联系机制，完善港澳侨台海外资料库。出台《海曙区海内外引才引智工作站（引才大使）管理暂行办法》，先后在加拿大、香港、北京等地设立引才引智工作站 6 家，聘请引才大使 2 名。

重点引进高端创新平台，宁波中星中东欧新材料研究院、宁波智能制造技术研究院、中芬研发与人才中心、上海交通大学产业研究院等新兴创新平台建设有序推进，成效显著。

江北区

一、基本情况

截至 2018 年底，江北区人才总量累计达到 15.4 万人，其中高技能人才 2.3 万人。2018 年，引进顶尖人才 4 人，中科院 A 类专家团队项目 4 个，新增应届高校毕业生 3092 人，同比增长 39.2%。全区 R&D 投入占比达到 2.85%，发明专利申请和授权量分别为 1706 件和 475 件。

二、主要做法

健全人才政策体系，出台“人才新政 22 条”等人才扶持政策。加大基础人才引育，为企业技能人才发放工作津贴，推出“高校毕业生生活补贴”政策，为博士、应届硕士和双一流本科生发放 2 万 ~6 万元不等的生活补贴。

提升创新平台能级，启动浙江大学宁波工研院二期建设，引进了中科院计算所宁波创新中心、国科大生命与健康产业研究院、大连理工宁波研究院等高端院所平台。新增国家级博士后工作站、市级院士工作站、市级人力资源产业园各1家。

创新人才服务模式。加强核心城区整体谋划和资源统筹，大力推进音乐港、文创港和外滩时尚港建设，以高品质的城区环境吸引集聚人才。编制全省首个国际人才全流程服务“一本通”，推动51项外籍人士创业创新、居住生活事务实现“最多跑一次”。开展“四问四促、五心暖企”专项行动，机关干部进企业、访人才，问需求、问发展、解难题。

镇海区

一、基本情况

截至2018年底，镇海区人才总量达到16.26万人，其中，专业技术人才6.11万人，高技能人才2.56万人。2018年共引进外籍院士1人，新增专技人才1008名，高技能人才3638名。

二、主要做法

制定出台《关于进一步健全完善区委人才工作领导小组职责任务和运行机制的意见》，成立区人才工作协理小组和执行小组，建立每月人才工作例会制度。

在区招商中心挂牌成立区招才中心，发挥引才总枢纽作用，负责招才引智网络体系建设、人才政策宣传、引才活动组织，提供人才对接服务。

聚焦新材料、新智造产业，高密度集聚平台载体。中乌新材料产业技术研究院、西电宁波科技园“三院两心一基地”、宁波智能装备研究院、磁性材料制造业创新中心、国科大宁波材料工程学院等创新平台建设稳步推进。

构建“政府扶持 + 风险投资 + 银行贷款 + 本土企业参股”四位一体的金融扶持生态链，发布面向人才创业项目的天使基金——镇海汇智天使基金，总规模 1 亿元。推动镇海农商银行开发“人才贷”产品，发放贷款近 2000 万元。

精准服务人才企业，新聘任 15 名高层次人才助创专员，进行“一对一”帮扶，为企业解决融资、招聘难题。首创高层次人才企业“综合体检”，为全区 47 个高层次人才项目提供发展诊断服务。

北仑区

一、基本情况

2018 年，北仑区新增人才 2.5 万人，人才总量超 27 万人。新引进院士等顶尖人才 12 人、国家重点人才计划层次专家 15 人，自主培养国家“优青”1 人，自主申报列入重点推荐省级以上重点人才计划 5 人。全区 R&D 支出超 30 亿元，专利授权同比增长 48.2%。

二、主要做法

着力发挥“港城英才”计划“三个 1000 万”等政策优势，大力实施“百企百千”和“名师名医”等人才工程，制定出台《北仑区科技企业孵化器管理办法》，推动孵化器升级，做强“全城孵化器”大平台。

承办首届中国（宁波）海外工程师大会、中国半导体材料和零部件创新发展大会、2018 中国国际压铸高层论坛暨第二届压铸 CEO 峰会、民营企业院士行等高层次人才走进北仑活动。

坚持要素集聚打造产业园，着眼人才产业融合发展，聚焦航空航天、集成电路、化工新材料等新兴产业领域，推动芯港小镇、环保小镇、院士产业园建设升级。

鄞州区

一、基本情况

截至2018年底，鄞州区人才总量达到37.8万人。2018年，新增国家创新人才推进计划专家4人，省级以上重点人才计划7人，市“3315系列计划”专家16人；获得国家科技进步奖两项大奖、实现一等奖“零”的突破。全年安排人才专项资金4.23亿元，同比增长23%。

二、主要做法

构建“1+10”政策体系。推出“鄞州人才新政22条”，同步完善升级精英引领、顶尖人才引领、泛精英引领等配套政策，其中人才项目资助最高达5000万元。

创新人才招引方式方法，千方百计纳贤才、聚英才。以乡贤助推“鄞智回归”。依托驻外商会、海外校友会、欧美同学会等渠道，在海内外布局7家人才工作联络站。以活动集聚“顶尖人才”。精心举办鄞州人才科技智创周、第一届国际创新创业大赛等系列重大活动。

围绕“平台聚才”促创新。主动对接融入甬江科创大走廊建设，深入谋划宁波城南智创大走廊，举全区之力建设“一带两中心三谷四园”。引进中瑞（宁波）科技孵化园、亚马逊宁波服务中心、创新奇智和宁波微电子创新产业园等国际化高端创新平台，依托金融保险科技产业园和四明金融小镇等特色平台，引进知名创投、金融服务机构。

奉化区

一、基本情况

截至 2018 年底，奉化区人才总量 12.1 万人，其中专业技术人才 5.11 万人，高技能人才 1.69 万人。2018 年，全年新增高端创业创新团队 24 个、博士 32 人，引进国内外院士 7 人，入选国家重点人才计划 4 人，市“3315 计划”7 人。新引进高校院所平台 8 家，新增省级以上企业创新平台 9 家。人才专项投入 3.45 亿元，发放各类人才补贴 4100 余万元，推出可申购人才公寓 82 套、人才公租房 172 套。

二、主要做法

理顺机制形成引才“大合力”。调整充实区委人才工作领导小组，增配 4 名区委人才办兼职副主任，挂牌成立镇（街道）人才工作办公室，将人才工作分管条线由组织线调整为工业线。深化人才领域“最多跑一次”改革，完善“服务联盟”运行机制，探索建立“五个一”服务体系，即一本人才政策指南、一册生活服务指南、一份人才服务清单、一套人才服务流程、一个人才公共信息服务数据库，实现“专人、专线、专窗”服务。

集中力量攻坚蓄才“大项目”，先后引进院士、国家重点人才计划人才等顶尖特优人才领衔项目 6 个。畅通企业与资本对接渠道，举办人才项目募资路演会 13 场，开展银企对接活动 30 余场。

整合资源搭建纳才“大平台”，以城轨 3 号线为主轴，以奉化 5 个站点为主要节点，充分整合沿线科创资源及平台，构建“一轴五城多点”的奉化 3 号科创大走廊。与国内知名高校院所合作，共建启迪智能装备（气动）科技园、浙江大学气动产业技术研究中心、复旦科技园（浙江）创新中心、哈工大宁波技术转移中心。

余姚市

一、基本情况

截至2018年底，余姚市人才总量达到30.84万人，其中专业技术人才13.43万人，高技能人才2.85万人。2018年新入选省级以上重点人才计划10人，省领军型创业创新团队1个，宁波“3315计划”系列4个。新引进院士领衔项目8个，国家重点人才计划专家领衔项目11个，高层次人才236人，高端创业创新团队51个。全年共安排人才工作资金3.18亿元，占本级公共财政收入比例达3.16%。

二、主要做法

健全人才政策体系。在“余姚人才新政25条”基础上，新制定“姚江英才计划”实施意见，进一步加大人才项目扶持力度，强化项目后续服务管理，同时还出台人才奖评选管理办法、“引才大使”管理办法、“阳明学者”制度等新政策配套细则11个，形成贯穿“引育用留”闭环政策体系。

大力集聚高端智力。完善“姚江英才计划”实施意见，优化“4个500”政策兑现效率。全面实施“百企百‘千人’”工程，通过排摸制造企业技术制约难点，发布企业人才技术需求库，专场组织院士（专家）企业家对接座谈、人才项目对接洽谈会等活动。举办第五届中国机器人峰会暨智能经济人才峰会、2018中国宁波·余姚“河姆智谷”国际人才科技洽谈会，组织第二届全球智能制造创业创新大赛等系列活动。

构筑人才创新平台矩阵。中意宁波生态园、浙江“千人计划”余姚产业园持续向好，院士科学技术产业化（余姚）基地和宁波阳明工业技术研究院两大平台建设进展顺利，还新引进诺丁汉智能电气化研究院、东方机器人谷、哈工大科技产业园、中国计量大学国家大学科技园、上海软件园等五大平台。出台《余姚市规上企业研发机构全覆盖三年行动计划（2018—2020年）》，全面加速企业研发平台建设。

慈溪市

一、基本情况

截至2018年底，慈溪市拥有人才总量达22.61万人，其中高层次人才0.62万人、专业技术人才8.76万人、高技能人才4.2万人。2018年，自主申报入选国家重点人才计划2人、入选宁波“3315系列计划”人才（团队）15人（个），新建国家级模范院士工作站、博士后科研工作站各1家。全年财政人才专项投入达3.16亿元，占本级公共财政收入比例达3%。

二、主要做法

完善人才政策体系，对照“慈溪人才新政”探索突破的十方面内容，列出政策清单、逐一制订实施细则和操作办法，出台新政配套文件和细则13个。

持续打造“活动引才”品牌，成功举办2018年上林峰会，连续第七年组织企业赴海外招引高层次人才，组织开展举办德国华商高层次人才慈溪行、医用金属材料创新与应用论坛、智能精准医疗研讨会、高层次人才项目路演等引才专项活动30余场次。

统筹打造环湾智能经济人才大走廊。整合提升环杭州湾创新中心、慈溪滨海区、慈溪高新区、小家电智能小镇（周巷）、智能电器小镇

（观海卫）等产业平台，中科院慈溪中心、慈溪医工所、宁大科技学院等科创高教平台，以及“上林英才”创业园、系列专业园、众创空间等孵化平台。

宁海县

一、基本情况

截至2018年底，宁海县人才总量达到17万人，年增长率达10%。2018年引进院士4人，引育国家重点人才计划人才、杰青等特优人才7人，引进高层次人才团队29个，入选市“3315计划”系列人才项目4个。新建国家级博士后工作站1家，省级院士工作站1家，省级博士后工作站1家。

二、主要做法

建立猎头引才、柔性引才、大赛引才“3＋X”引智育才机制。选派8名中青年优秀干部赴国内大中城市担任“招商招才”专员，组织开展上海宁波商会宁海行活动。举办第二届生命健康创业创新大赛。

大力培育民间人才。深化实施民间人才“千人计划”，评选“百工百匠”“百龙百狮”等三星级以上民间人才200余人。实施“名师名医名家名匠”工程，推进“名优师资五年倍增计划”。

开展宁海未来人才储备计划，推出“家燕归巢”青年学子引才行动，实施“青·伴”计划，成立“青·巢”基地，吸引名青年人才返乡创业。

夯实大平台，正式挂牌成立宁波弗兰采维奇材料研究所和乌克兰国家科学院材料问题研究所中国研究中心。加快推进宁波“千人计划”产业园生命健康（宁海）园区建设，全年新增入驻各类生命健康企业15

家，申报县战略性新兴产业项目 17 个、市“3315 计划”项目 13 个。

象山县

一、基本情况

截至 2018 年底，象山县人才总量达到 12.7 万人，其中专业技术人才 4.65 万人，高技能人才 2.45 万人。2018 年全社会 R&D 投入 8.95 亿元，同比增长 16.2%。

二、主要做法

完善人才政策，出台科技创新 8 条补充意见。推动人才与金融深度融合，出台“凤凰行动”上市政策，帮助锦浪新能源公司成功过会。继续推行金融风险池、科银保和人才银行贷款，天使基金和创新基金互为补充，已投资 15 个项目、1.1 亿元。实施“半岛英才 · 海纳”引才计划，明确今后 5 年的高层次人才引育目标，将海洋生物产业作为主攻方向，出台专项引才政策，将资金扶持额度增至最高 1000 万元。

引进中国机械研究总院南方中心、中国电子科学院创新分中心、宁波财经学院象山影视学院等平台载体。深化企业研发平台建设，新增高新技术企业 16 家，省级企业研究院 3 家，省级企业技术中心 3 家，市企业工程（技术）中心 9 家、市级研究院 1 家。

宁波杭州湾新区

一、基本情况

截至 2018 年底，宁波杭州湾新区人才总量达 6.12 万人，全年新增1.31万人，较上年增长27.2%；其中高层次人才5260余人，新增1640人，增长45.2%。入选省级以上重点人才计划3人、市“3315计划”4人。

二、主要做法

实施“全方位接轨上海三年行动计划”，累计引进沪商投资超千亿元，引进上海高层次人才1280余人，招引上海高校毕业生160余人。

扩建吉利汽车研究院、罗佑发动机研究中心等大平台，全年吉利两大研发平台新增研发人才3700余人。加速推进康龙化成、麟沣等孵化平台扩张，促进中科院宁波材料所杭州湾研究院项目落地。

推行“三Z”服务，营造拴心留人的良好环境。推行“知心服务”，为人才创业创新提供从初创咨询到注册落户的一对一服务，尽量让人才少跑腿、不跑腿。推行“智慧服务”，为3441位高校毕业生办理就业协议网上鉴证，100%做到“零跑腿”。在落实人才安居工程方面，推行“资助服务”，2018年共发放人才购房补助、租房补贴、工薪补助超1.31亿元，惠及人才9344人。

宁波保税区

一、基本情况

截至2018年底，保税区人才总量达到1.42万人。2018年柔性引进国家级重点人才计划1人，入选市“3315系列计划”5人，全区新增人才1200人，增长率达到9.3%。人才专项投入合计3120万元，占本级公共财政收入的1.6%，增长幅度达11.7%。

二、主要做法

制定出台了系统性的支持特色产业人才发展的“人才新政21条”，给予人才项目全生态链扶持。

与航天科工、百度、创业邦、阿里巴巴等企业合作，大力推进国家级云制造示范基地、百度云智大数据基地、金融科技产业园、宁波数字贸易港（e－WTP）建设。目前，135个项目入驻发展，注册资本超10亿元，营收近3亿元，税收近9000万元，实现融资近2.5亿元，29家初创团队在各类投融资平台挂牌上市。

出台《宁波保税区人才（团队）项目管理实施办法》，启动新一轮引才计划。引进海外工程师4名，招收博士后3人，入选市级引智项目2个。

组织开展“选择宁波、赢在发展”系列招才活动50余场，引进培育专业技术人才、高技能人才和基础人才近1200人。此外，还举办了百度云智峰会、金融科技峰会、百度云智创新大赛、云智产业基金资本对接会等活动。

宁波国家高新区

一、基本情况

截至2018年底，高新区已集聚各类人才超7万人，其中高技能人才1590余人，专技人才4740余人。新引进高层次人才416人，同比增长19%，其中院士2人、特优人才7人、海外人才163人、硕士以上高学历人才385人，入选市“3315系列计划”人才项目19个、高端人才创新创业项目100余个。新建、扩建中科智研院、新材料联合研究院、国家级技能大师工作室等重大创新平台14个。人才专项投入约1.74亿元，同比增长19.6%。

二、主要做法

出台《关于加快宁波国家自主创新示范区建设的若干政策》，在高层次人才“3个1000万”、高端科研团队“3个5000万”、重大科技专项“单项1000万”的基础上，新增科技成果引进奖励、创新产品首购首用奖励等政策。

依托大院大所搭建引才平台，强化宁波新材料联合研究院建设，“1+6”公共技术平台和240余套科研设备全部对外开放，引进宁波人工智能产业研究院，加快诺丁汉大学宁波新材料研究院建设。

依托行业龙头搭建育才平台。以激智科技为主体，创建“激智创新材料研究院”和“宁波市新型光电显示产业创新服务综合体”。以美诺华医药为主体，打造“美诺华生物医药研究院”。以企业为主体，新建博士后科研工作站2家，新增国家级博士后工作站1家、国家级技能大师工作室1家、省级企业研究院和技术中心等6家。

主办“第五届新材料行业大赛”“天使中国科技创新大赛”，征集、储备人才项目800余个。主办“人机物融合智能与安全”“新型显示关键材料与应用”等大型论坛活动，促成8个高端项目签约落户。

优化人才创新创业的生态。联合浙商银行创建“人才银行”，提供总规模5亿元、单个企业最高500万元的信用贷款。与农业银行宁波分行签订战略合作协议，多渠道提供金融保障，扶持人才企业创新发展。

东钱湖旅游度假区

一、基本情况

截至2018年，东钱湖旅游度假区共有各类人才0.91万人。其中柔性引进院士 1 人，海外工程师 12 人，外国专家 20 人，省 151 人才工程第三层次人选 1 人，进入省、市高级专家人才信息库 54 人。

二、主要做法

实施人才数据清查。开展从业人员信息采集，按照技能、专技、学历、管理以及农村实用等类别，摸清各类人才底数，为制定各项人才规划和人才政策提供数据支撑。

深化职称评审机制改革。全面落实职称评审网上申报制度和事业单位专业技术人员职称评聘合一改革，不断提高初级首定、中级初审职称评审审核工作效率。

借助高端平台引才。积极动员区内企事业单位赴外招才纳贤，累计组织 6 批次共 27 家单位参加“海外工程大会”“我才甬现”人才路演、国际人才交流大会、人才科技周等大型公益人才和项目对接会。

实施分类人才培育。全年共开展职业培训 1000 余人，其中高技能人才 102 人、农村电商 190 人、企业管理人员 46 人、教育和卫生专技培训和在线教育 437 人。

根据各区县（市）、重点功能区提供的相关材料

由宁波市政府发展研究中心廖绍云整理

海曙区加快打造军民融合人才创新中心

海曙区围绕国家省市创建军民融合创新示范区推进工作要求，积极谋划建设军民融合人才创新中心，为宁波推动军民融合深度发展，创建国家军民融合创新示范区提供有力人才支撑。

一、打造军民融合人才创新中心的现实基础

海曙区位条件优越，服务资源丰富、基础设施和城市功能完善，人气和商业密集，依托行政区划调整带来的空间拓展，对人才等创新资源的吸引力越来越大，是打造军民融合人才创新中心的最佳区域。

（一）综合实力较强

行政区划调整后，海曙区国土面积达到 595.5 平方公里，户籍总人口 62.4 万人，区域经济综合实力显著增强。2017 年，实现地区生产总值 1164.5 亿元，同比增长 6.3%，财政总收入 163.8 亿元，实现固定资产投资 408.8 亿元，被工业和信息化部评为消费品工业“三品”战略示范城市，是《2018 年中国百强区发展白皮书》全国百强区之一。同时，海曙产业结构持续优化，2017 年，三次产业比重为 1.4∶39.3∶59.3，形成了以纺织业、纺织服装、鞋、帽制造业、电气机械及器材制造为

重点的产业发展格局，科技产业稳步发展，规上工业高新技术产业增加值同比增长18.6%。能够为军民融合人才创新中心建设提供有力的经济支撑。

（二）区位条件优越

海曙是宁波中心城区核心区，位于中心城区与余姚、奉化等区域的交界位置，辖区内拥有铁路南站、汽车南站、宁波栎社国际机场，距离北仑深水良港和杭州湾跨海大桥仅半小时车程，对内轨道交通、公共路网密集，机场路高架等快速路四通八达，对外有沪杭甬高速、甬台温高速出入口，交通十分便捷，未来随着高铁西站综合交通枢纽规划建设的加快推进，交通优势将进一步凸显。具有打造军民融合人才创新中心的天然优势。

（三）融合基础较好

海曙区现有涉军企业近10家，“民参军”企业36家，很多企业具有很强的军民技术通用性和产品兼容性，涌现出了星箭航空、曙翔新材料等军民融合龙头企业，在航空航天、智能制造、新材料、军用服装等军民融合领域形成了一批优势产品，军民融合产业发展规模不断扩大，2017年，实现产值19亿元。同时，海曙区拥有院士工作站5家，国家级高新技术企业115家，创新型初创企业793家，市级企业研究院5家，省级研究院7家，组建了全国首个“军民融合高端制造产业孵化平台”，宁波智能制造技术研究院创建成为省级制造业创新中心，华茂军用新型材料国家级重点实验室顺利推进，工业互联网研究院正式运行。具有支撑军民融合人才创新创业的软硬条件。

（四）人才支撑有力

2018年前三季度，海曙区引进各类人才9344名，其中包括顶尖人才4人，高层次人才58人，高端创业创新团队21个，19个人才（团队）入选2018年宁波市“3315系列计划”，入选数位列全市第一。成立了“中国—芬兰人才技术交流合作平台”，全市首家“技能人才培养服务联盟”，军民融合产业发展内在动力增强，创新成效显著。2018年1~10月，全区实现高新技术产业增加值58.8亿元，完成目标任务的90.5%，同比增长12.5%，高于市平均5.1个百分点，增速位列全市第四。全区发明专利授权407件，同比增长21.1%，增速位列全市第三。全区有效发明专利2121件，完成市对区目标考核任务的98.7%。具有打造军民融合人才创新中心的基础条件。

二、打造军民融合人才创新中心的初步构想

（一）总体思路

立足军民融合产业发展规律，以军民融合人才需求为根本，整合军地双方资源，聚焦优势产业、瞄准科技前沿、创新体制机制，利用新一代信息技术、工业互联网等新技术新模式，打造人才、资本、服务、体制高效供给的新型创新生态，实现军政产学研深度融合，共同推进国防科技工业大发展，努力打造成为长三角军民融合人才创新创业首选地、浙江军民融合人才特区、数字经济军民协同创新策源地。

——长三角军民融合人才创新创业首选地。聚焦高质量发展，进一步集聚国内外一流的科研团队和人才，积极打造军民融合人才创新创业最优生态环境，着力推进一大批军民融合产业化项目落地，培育吸引人才的产业优势；聚集金融机构、保险企业、基金公司等，造就吸引人才资本优势；建设宜居宜业的现代化品质新城，形成吸引人才的环境优势；合力打造成为全市高端人才集聚核心区和生活品质最优区。

——浙江军民融合人才特区。以人才引进为抓手，围绕“引才、育才、服务”三大主题，强化机制、平台、服务三大保障，建立与军队接轨的科研管理体制和创新环境，尤其在军方人才引进政策和体制机制创新上取得实质性突破，在军民融合人才集聚效应和发展环境上显现比较优势，建设成为浙江军民融合人才高度聚集、人才载体高度发达、人才组织高度活跃的人才特区。

——宁波数字经济军民协同创新策源地。依托“中国制造 2025”试点城市、数字经济“一号工程”建设，聚焦军事和产业数字化、智能化发展，探索创建军政产学研用深度融合、科技成果有效转移转化的新机制，促进数字经济领域军民技术双向转化、双向渗透，建立健全数字基础设施共建共享、数字技术创新共研共生的军民融合现代产业体系，打造全国具有一定影响力的数字经济融合创新高地。

（二）功能板块

按照新时代发展的趋势和要求，依托国家自主创新示范区建设契机，尊重规律，通盘谋划，强化操作，积极谋划一批高能级平台，努力锻造若干海曙新一轮发展的动力源。初步定位的功能板块有：

——立足国家级临空经济示范区，围绕航空航天产业研发、科技成果转化，谋划航空航天人才创新集聚区。

——依托工业互联网研究院，以科教研发和人才集聚为支撑，推进国际数字经济产业合作园等一批双创载体建设，谋划数字经济创新发展区。

——兵科院海曙分院等科研院所资源，围绕打造军民融合人才产业园建设，谋划军民融合高端人才社区。

——围绕军民融合人才集聚、国防科技成果转化，双创政策改革，研究出台一批综合型、集成型的政策，打通从研发到产业的制度链条，谋划军民融合人才改革先行区。

三、军民融合人才创新中心建设的具体举措

（一）打造军民融合创新人才集聚地

深化人才体制机制改革，加强顶层设计，建立军民人才流通机制和平台，打通军民人才壁垒，以军民人才队伍的融合带动和促进军民技术、军民产业、军民思想的融合。一是明确军民融合产业发展的人才需求。整合军队、政府、企业、高校、科研院所等各方力量，开展战略需求分析和关键技术路线图制定，开展军民融合产业人才需求预测，完善各类人才信息库，构建产业人才信息发布平台。加强军民融合人才统筹规划和分类指导，组织实施军民融合人才开发计划，加大对专业技术人才、经营管理人才和技能人才引进力度。二是打通军民人才融合通道。系统运用任职资格体系建设等跨人力资源业务管理模块的工具，通过逐步变革干部管理、薪酬分配、劳动关系、教育培训等人才管理机制，打通不同区域和体制之间人才充分共享和柔性流动通道。三是支持军转干部创业。建立以军转技术干部为主体的特色创业园，通过搭建专业孵化平台，开展全方位创业辅导服务，提供创业补贴、技术成果转化奖励和贷款担保贴息等措施支持军转技术干部携带技术成果来海曙创业，并依据其专业技术水平以及项目情况，提供差异化的创业资金支持。四是实行更加积极、更加开放、更加有效的人才引进政策。全面对接全市高端人才引育行动，充分发挥创新平台的引才聚才能力，设立“军民融合人才引进工作室”，给予一定的财政支持，做好各项服务工作，在办公场地方面给予各方面便利。实施军民融合人才安居工程，建设一批青年公寓、高级人才公寓和高级专家公寓，完善分级分区供给体系。

（二）积极推进军民协同创新

围绕国家自主创新示范区建设要求，整合和优化军地科创资源，

培育多元化创新主体，打造多层次的军民协同创新平台。一是培育多元化的军民创新主体。强化涉军企业创新主体地位，扩大国防科技创新主体范围。在确保安全保密的前提下，支持符合要求的本土企业参与军工企业股份制改造，积极吸纳民营企业参与国防科技创新。抢抓国有军工企业改革机会，大力支持军工单位来海曙发展民用科技产业，重点引进中船工业、中船重工、中航科技、中航科工、中航工业、中兵工业、中兵装备等央企落户海曙。引进和培育一所高水平军事大学，支持科研院所、高等学校等，围绕国家安全和国防科技重大战略需求，组建国防关键技术创新联盟，共同推进关键领域技术突破。二是构建多层次的军民协同创新平台。构建积极推进军民两大领域的科技成果、科研条件、人才、资金、信息和科技中介等要素的交流融合，围绕军民双向技术转移转化、军地重大实验室设施和设备共享目录发布、整合现有平台等目标，打造一批集军地科研机构、众创空间、服务机构和龙头企业于一体的军民融合综合服务平台。重点建设好兵科院宁波分院、新材料联合研究院等省级军民结合产业基地及宁波中星中东欧新材料研究院，搭建一批国家级省部级重点实验室、国家级省级科技企业孵化器、国家级企业技术中心。三是形成军民创新共同体。引进和建设一批高水平科研机构，鼓励大型骨干军民融合企业组建企业研究院，建立由地方政府和部队共同主导，军工集团、相关企业和协会以及高等院校、研究所等权威科研单位组成的创新共同体。

（三）共育军地人才培养体系

围绕军队人才建设适应战争形态信息化、技术形态军民通用化、经济形态市场化的需要，深度对接市“3315 计划”，用足用好人才新政，拓宽培养渠道，探索、丰富、完善军民融合人才培养方式，满足部队多系统、多层次、多样化人才需求。一是完善通用专业军事人才资格评价机制，100% 纳入全市人才评价管理体系，推进特殊专业、岗位资质、职业技能等评定结果军地互认机制。二是签订普通高校、驻地部队和军事院校人才联培协议，借助高校院所培养军队后备干部，依托效实中学做好国防生培养工作。三是支持有条件的军民融合企业采取先设站后授牌的方式开展博士后工作，加速先进技术研发与成果转化。四是选拔地方高层次专家技术人才，组建专家咨询队伍，开展"院士博士硕士进军营"活动，为军队建设提供人才和智力支撑。五是开展教育合作深化人才双向培育。借助海曙教育资源、科研院所、骨干企业、培训机构等科教资源，加大现役军队干部培训规模。六是发挥驻甬部队军事训练优势，协助地方院校开展军政教育训练，利用军事资源普及国防教育，拓展宣教平台和国防教育基地，构建大国防教育体系。

（四）打造一流的创新生态

构建军民融合创新服务体系和投融资支撑体系，创造有利于创新的空间环境和文化氛围，营造创新创业一流生态，使创新中心成为军民融合人才创业创新逐梦的首选地和圆梦的理想地。一是提升科技服务能力。完善军民融合产业创新孵化链条，加快建设"苗圃—孵化器—加速器"的孵化体系。建设路演中心、千人专家平台、共享实验室等为军民融合人才提供公共技术、知识产权、技术转移、投融资、市场推广等全要素服务。搭建军队、涉军企业和专业服务机构信息发布、交易和合作交流的平台。大力发展科技服务业，提升军民融合创新中心专业科技服务和综合科技服务能力。二是强化军民融合产业金融支撑。针对军民融合产业发展潜力大、科创企业较多的特点，尝试开展投贷联动，通过以政府资金为引导的母基金加强与证券公司、基金公司、保险公司等金融机构的对接，形成政府投资加金融资本、政府投资加民间资本的多元化融资模式；加大间接融资力度，积极向上争取资金、政策倾斜，设立"海曙军民融合产业投资基金"，发挥财政资金的放大效应，满足军民融合重点产业、两用技术成果转化、军工企事业单位改制重组等投融资需求；围绕军民融合企业发展、集聚区建设，组建形成包括基金投资、科技金融、上市服务为核心功能金融综合服务平台，针对不同企业和行业定制金融服务，实现军民融合金融服务的一体互动、协调发展、精准施策。三是营造轻松创新氛围。推进产业业态、创新生态和创新中心空间形态有机融合，打造创新交流中心、创新成果展厅等嵌入式开放空间，合理布局餐饮、商务活动、文体活动等复合功能空间，形成有利于集聚更多创新活动、促进更多创新交流、激发更多创新火花的空间环境。积极搭建推动人才交流、强化智慧碰撞的平台和载体，定期组织开展一批峰会论坛、知识沙龙、创新创业大赛等活动。

（五）创新建设管理机制

按照统筹兼顾、各方协同、创新高效、市场主导的原则，科学构建入驻管理机制，推进创新中心形成人才团队大集聚、运营管理可持续、创新创业有活力的发展格局。一是界定军民融合产业内涵、划定门槛条件。设定军民融合人才门槛条件，以全市“3315 计划”“泛 3315 计划”“3315 资本引才计划”以及海曙区“百创汇海计划”为条件，只要符合高端引才计划的军民融合创业创新人才和团队，优先享受相应优惠政策和服务。同时，积极吸引市级重点实验室、企业研究院、工程（技术）中心和技术创新联盟在海曙设立办公和研发试验场所，为军民融合产业研发创造条件。二是完善相关配套政策。建设军民融合人才政策特区，出台建设军民融合人才创新中心政策措施。为入驻创新中心的军民融合创业创新团队提供一定期限免费或低价办公用房，实施税收减免优惠政策。在实行场地租金和税收减免方面优惠政策的基础上，提供创业扶持资金、创业启动资金、融资支持、产业化扶持以及配套生活居住保障等政策支持。不断丰富和完善军民融合技术创新服务链，供给专业、优质的技术创新相关服务。三是实行分层分类管理。对入驻海曙的军民融合创新人才及其团队和创业人才实行分层分类管理，按照存量和增量分门别类，针对性实施相关政策。根据创新创业团队人才的不同层次和团队成员数量，分别设定相应的时间期限以及免租金办公用房面积标准。

中共海曙区委组织部

江北区建设国际化人才集聚高地的主要做法及成效

老外滩作为宁波市中西经济文化交流的特色街区，是宁波海上丝绸之路的起航地，也是记载“一带一路”历史的“活化石”。近年来，江北区深入贯彻落实市委市政府关于“建设国际港口名城、打造东方文明之都”战略部署，依托老外滩国际人才荟萃的区位优势和人文历史，整合资源，优化功能，全方位营造适合国际高端人才创新发展、和谐宜居的“类海外”环境，全力打造天下英才聚宁波的世界窗口。

一、主要做法

（一）完善“一盘棋”人才引聚机制

统筹政府、市场和社团等多方力量，形成有机统一的聚才机制。实施“北岸精英”“北岸群英”高层次人才引进计划，招引一批掌握国际先进技术、能引领产业发展的高端国际化人才团队；发挥市场优化资源配置的作用，集聚一批国内外知名人力资源服务机构；广泛联系海内外知名校友会、华侨华人社团，通过委托合作、联合共建等形式，布局一批海外引才基地。

（二）建设“一体化”政务服务平台

推进国际人才服务中心建设，加强工作许可、居留许可、工商注册等公共涉外服务功能的整合，实行一窗办理；建设国际妇女之家，成立外滩国际女性联盟，以家属为纽带引聚海外人才；加大政策扶持，引进一批涉外服务机构入驻，为国际人才提供签证、商务、生活等多样性的市场化服务。

（三）打造“一站式”创新创业空间

着眼海外高端人才，紧紧围绕区域重点产业导向，积极打造人才创业创新平台，吸引优秀海外人才来甬创业创新。如成立于2018年6月的中国（宁波）中东欧青年创业创新中心，通过政府搭台、企业唱戏的模式，为在甬中东欧青年打造属于自己的创业园区和孵化基地，目前，吸引了一大批中东欧及“一带一路”沿线国家企业、国际创业创新载体、国际技术转移机构的关注，已入驻企业十余家。加大国际化企业和机构的引进力度，积极促进有实力的跨国企业、国际组织、科研机构、贸易代表处等在老外滩片区投资落地。同时，积极组织开展具有较高影响力的国际会议、论坛、峰会、展会等系列品牌活动。

（四）优化“一条龙”涉外生活服务

安居工程：提升国际化居住品质，建设YOU+国际青年公寓等多样化的国际人才公寓；提升汇豪天下、外滩花园等高端涉外小区的家居服务品质，配备双语社工，吸引涉外服务经验丰富的物业公司入驻，形成国际友好型安居环境。教育工程：以宁波至诚学校、宁波上海世界外国语学校、艾毅实验幼儿园等国际化学校为基础，形成能够较好满足外籍人士、海外高层次人才子女就学的国际化教育服务体系。健康工程：加快推进宁波大学医学院附属医院、姚江社区卫生服务中心、宁波东易大名医院等医疗机构开展国际标准认证，开设涉外服务专窗，健全国际化医疗服务体系。

（五）编制“一本通”综合指南手册

绘制老外滩国际人才社区手绘地图，对相关机构、街区、楼宇、商场等进行双语标注；深化“最多跑一次”改革，编制全省首个《国际人才全流程服务一本通》，提供集成式、全方位的一站式服务；建立国际人才网络化信息服务平台——老外滩国际人才虚拟社区，建立集政务信息、商务服务、生活向导、招才引智为一体的线上涉外服务平台。

二、实际效果

通过多方的努力，老外滩国际人才社区已初步形成了“一核四区多点”的空间布局，逐步发展为宁波对外交流的前沿窗口、国际人才的服务中心和多元文化的共融平台，也得到各级领导和国际社会的广泛关注和支持。“支持建设老外滩国际人才社区”已经列入国家外专局与宁波市人民政府签订的战略合作框架协议。中共浙江省委书记车俊、省长袁家军、国家外专局局长张建国等省部级领导先后参访国际人才社区并给予高度肯定。

目前，社区已引进意大利（华东）经济文化发展联合会、意大利全国艺术家协会中国创意中心等国际机构 8 家，与中东欧十六国中 11 个国家和 4 个西欧国家建立了官方联系，国内外 50 多个政府、企业、社会组织的代表团也先后来到社区走访考察、对接交流。先后承办 100 余场大型交流对接活动，参与人数超过 5 万人次，其中海外人才、外籍人士近万人次。

三、特色亮点

宁波市是世界第四大港口城市，中国长三角地区五大区域中心之一。作为“中国制造2025”试点示范城市、“一带一路”综合试验区等重大国家政策规划的承载城市，宁波需要大量海内外高端人才的有力支撑。江北区依托老外滩区域外籍人士集聚度高、国际化氛围浓厚的优势，加速推进国际人才社区建设，营造适合国际高端人才创新发展、和谐宜居的“类海外”环境，全力打造天下英才聚宁波的世界窗口。

中共江北区委组织部

镇海区三大举措推动区域人才队伍量质齐升

2018 年，镇海区以“人才强区”为目标导向，以体制改革、载体建设、服务保障“三驾马车”为着力点和落脚点，奋力推进人才工作量质提升工程，取得初步成效。

一、主要做法

（一）全面深化“高质量”体制改革

成立由区委书记领衔的人才工作领导小组，出台领导小组及各成员单位职责清单和运行机制意见，在全区 10 个镇（街道）、园区和 20 个区直部门建立由一把手担任组长的人才工作领导小组，并成立区人才工作协理小组和执行小组，建立每月人才工作例会制度，定期研究人才工作。改革高层次人才创业项目评审工作流程，建立人才创业项目常年受理申报、多期评审工作机制，项目评审工作周期较以往缩短近一半时间。全市率先在区招商中心挂牌成立区招才中心，率先在全市成立首家县级招才中心（挂牌在区招商中心），在北京、上海、广州、美国硅谷等 6 个国内外城市设立招才联络站，聘请 17 名不同领域的教授专家担任招才大使，聘请8名镇海籍院士担任科技人才顾问，进一步放大“以才引才”效应。

（二）聚力打造“高能级”平台载体

启动开展创业创新平台管理体制改革，将西电宁波产业园、新材料初创产业园、清华校友创业创新基地、镇中校友创业创新基地、宁波市（镇海）大学生创业园纳入改革实施范围，按照孵化器和创业园分类施策，由区科技局作为孵化器的主管部门，区人社局或区经合局作为创业园的主管部门，分别牵头推动各项改革任务落实。做大做强中官路双创大街，积极推进浙江“千人计划”中官路产业园落地。充分发挥“三校一所”、镇海籍院士、宁波帮人士、镇中校友、西电校友、清华校友等本土资源优势，创新校地、院地合作模式，以共建方式推进中乌新材料产业研究院等一批高能级平台落地镇海。

（三）精准供给“高效益”服务保障

建立以区委书记领衔的区级领导常态化责任联系服务人才机制，选派区直部门业务骨干建立助创专员队伍，通过“点对点跟进”与“组团式问诊”方式，提供精准指导和帮扶。积极构建“政府扶持+风险投资+银行贷款+本土企业参股”四位一体的金融扶持生态链，推动镇海农商银行开发“人才贷”产品；发布全市首个面向人才创业项目的天使基金“镇海汇智天使基金”。在全市首试高层次人才项目“综合体检”，委托第三方专业机构对落户该区、享受创业扶持且正常运行的44家高层次人才项目实施入户免费体检，出具全方位“综合体检”报告，从而精准提供疗程处方和理疗项目，集中破解市场开拓等疑难杂症。

二、工作成效

（一）吸引一批高端人才聚拢

依托“常年受理、多期评审”的人才创业项目评审工作机制，全年吸引223名海内外高层次人才申报海创项目，较上年同期增长80%。借力招才中心、招才联络站及招才大使，吸引高会军等高端人才来镇洽谈人才项目落户事宜，达成高会军等30个落户意向。通过携手宁波工程学院、乌克兰国家科学院合作共建中乌新材料产业研究院，引进首位外籍院士——乌克兰通讯院士尤里·赛门索夫。

（二）促成一批高能平台落地

浙江“千人计划”中官路产业园正式投运；新引进乌克兰国家科学院中国（宁波）新材料产业技术研究院、哈工大人工智能研究院、中科院材料所磁性材料创新中心、西电宁波科技园等创业创新载体；国科大宁波材料工程学院正式揭牌、西电研究生院明确落户镇海。

（三）解决一批人才项目难题

基本构建起“政府扶持＋风险投资＋银行贷款＋本土企业参股”四位一体的金融扶持生态链，2018年已拨付创业项目扶持、补助资金2671万；发放“人才贷”额度1500万元，镇海汇智天使基金意向投资3家人才企业。通过“综合体检”工作，精准掌握人才企业“健康曲线”，帮助人才企业解决人才融资对接等37个问题。依托领导联系人才机制及助创专员队伍，新推动23个疑难问题的解决（解答），其中帮助毕普拉斯解决70亩土地扩容用地。

三、创新亮点

（一）坚持创新导向，精心谋划打造人才工作区域样本

镇海区以体制改革、载体建设、服务保障为着力点和落脚点，深入推进人才工作量质提升工程，建立区招才中心，组建智汇镇海天使投资基金、发放“人才贷”金融产品、开展高层次人才“综合体检”等多项工作在全市均属首创，具有重要的样本意义。

（二）坚持问题导向，精准施策破解人才工作发展桎梏

镇海区理顺人才服务的关键要素，通过领导联系走访、助创专员日常跟踪、第三方专业机构入户体检等方式，摸清人才、项目、企业“家底”，专题会商对症处方，部门联动精准帮扶，真正让人才服务举措更“接地气”，为人才企业办成了一直想解决而未能解决的难办事。

（三）坚持务实导向，精细管理打赢人才工作攻坚硬仗

镇海区不断深化体制机制改革，先后确立区级领导常态化联系领导机制、人才创业项目评审工作机制、助创专员服务人才企业考评机制、部门解决人才日常事项工作机制等，以强有力的管理体制支撑人才工作落到实处、干出实效。

中共镇海区委组织部

北仑区积极探索海外招才引智新路径

人才是第一资源，创新是第一动力。北仑区以服务“一带一路”综合试验区核心区建设和“中国制造 2025”试点示范城市建设为主方向，瞄准全球“高精尖缺”创新人才和高端项目，放眼全球抢机遇、抢人才、抢项目。2018 年 3 月 19 日至 21 日，北仑区成功举办第一届中国（宁波）海外工程师大会，吸引了 30 余位中外院士，370 多位全球顶尖专家，汇集了 20 余个国家和地区的 220 多个高科技项目，是宁波近十年来参会外国专家数量最多的一次高规格盛会。通过本次大会，北仑区走出了一条海外引智的新路，下一步将进一步发挥大会的“强磁场”作用，努力形成以才引才、项目聚才的国际化创业创新生态，全力推进海外引智工作实现新跨越。

一、广栽梧桐引凤凰

（一）引智基础扎实

从改革开放初期开始，北仑企业就尝试引进使用海外专家，2006 年 12 月时任浙江省委书记的习近平同志在视察北仑海伦钢琴时对企业引进使用全球顶尖专家的做法给予肯定和勉励。全区已累计引进使用外国专家7000多人次，常年在北仑工作生活的外籍专家近800名。其中88人次获得国家友谊奖、浙江省西湖友谊奖等荣誉，2015年北仑区被国家外专局授予全国首个“国家引进国外智力示范区”称号。

（二）载体支撑到位

近年来，北仑倾力打造科创园、中科院环境观测研究站、意大利CSMT中心等系列重大人才创新平台，谋划打造芯港小镇、环保小镇、上市企业产业园、院士产业园等重要产业平台，成为有效吸纳高端人才、吸引高端项目落户的重要支撑。发挥梅山保税港区作为中国PE、VC等类金融企业最佳注册地的优势，增强对高科技项目、高端人才项目的吸引力。

（三）指导保障有力

宁波市主要领导亲自指导推进，省市组织、人社等部门全力支持。北仑区主要负责人与国家外专局就海外引智工作多次专题交流，并在政策、服务、环境等方面全力做好工作。如形成区级领导与海外专家和高层次人才“一对一”联系服务制度，2017年就举办了两场各有200多名高层次人才参加的大型活动，并规划建设国际会议中心，使之成为海内外高层次专家人才在华的“最佳会议目的地”。

二、百花齐放来凤凰

（一）大格局带来资源大整合

大会以“融一带一路　汇全球才智”为主题，着眼打造具有“中国高度、世界影响、未来眼光”的产业，推动全球范围内人才、技术、资本深度融合；举办航空航天、集成电路、化工新材料、智能制造生命健康、俄罗斯等国新材料、意大利先进制造、中东欧新材料新设备、日本人工智能、以色列等9个产业专场活动及德国SAP与北仑骨干企业智能制造对接会。

（二）大局观带来全员大会战

全区各部门各司其职、紧密配合，区人才办、人社、投合、科技、海洋生态科技城金融产业发展中心等20多家单位和部门紧锣密鼓投入会务保障，密切协作顺利完成承办任务；同时抽调20名区管年轻干部充实服务力量，对重要贵宾、院士实行“一对一”全程陪同。

（三）大平台带来成果大丰收

大会现场路演项目140个，签约及达成意向性洽谈项目102个，接近报名项目数的50%，其中不乏宁波3315新材料大赛特等奖项目或打破全球技术垄断甚至具有颠覆性意义的高端项目。大会吸引了台州、绍兴等地在内500多家省内企业参与对接洽谈，对海外高端技术项目推广起到“辐射作用”。

三、悉心筑巢留凤凰

（一）打造永不落幕的大会

借鉴博鳌打造“亚洲论坛”永久会址所在地经验，打造国际会议中心及国际路演中心平台，吸引海外工程师大会、“一带一路”倡议研究论坛、金融财经类论坛等落户。坚持9个产业专场“一个项目、一名领导、一个团队、一抓到底”的服务方针，固化“一月一例会”“一季一总结”工作机制，做好人才及项目精准对接，确保签约项目有力推进，使北仑成为海外工程师大会的永久举办地。

（二）打造海外工程师365天常驻地

结合城市品质提升工程，完善提升里仁花园等现有外籍人士集中居住区域，规划建设集高端服务式公寓、国际化生活服务配套、国际化商业配套等功能于一体的新型国际人才社区，加快建设“万国小镇风情街区”、万人沙滩、游艇基地、帆船基地，完善落实教育、医疗、住房、保险、交通、娱乐、出入境等精准服务保障，全力营造海外人才“来得了、待得住、用得好”的良好氛围，吸引更多专家365天常驻北仑、扎根北仑。

（三）打造高端平台和人才集聚地

加快建设提升人才产业集聚平台，发挥企业引才引技术主体作用，推动人才产业深度融合。设立10亿元产业发展引导基金，吸引社会资本参与，对符合产业方向的前沿尖端项目优先扶持，借此形成更大的“撬动效应”。对接中科院、北京航空航天大学等大院大所，以及意大利布雷西亚大学、俄罗斯科学院西伯利亚分院、美国华人工程师协会等国际研究机构和专家组织，做深做强既有平台项目，开辟更多国际人才组织和海外平台，充分放大优势资源集聚效应。

中共北仑区委组织部

鄞州区创新打造人才工作“一镇街一品牌”工程

鄞州区严格贯彻落实市委市政府“六争攻坚”部署要求，以打造“人才质量最强区”“人才生态最优区”为动力支撑，大力推进“两高四好”示范区建设，创新推出人才工作“一镇街一品牌”工程，通过政策出台、特色深挖、人才集聚、平台优化等组合拳，探索出了人才工作“引育聚用留”的有效路径。自工作开展以来，合作引进15名顶尖人才和领军人才、320余名海外工程师和硕博人才，培养4000余名电商人才和高技能人才，进一步浓厚引才育才爱才惜才的工作氛围。

一、主要做法

（一）政策导向添动力

聚焦体制机制完善，坚持“量体裁衣”，建立符合基层人才工作特色的政策机制体系。制定一以贯之的政策体系。创新推出“鄞州人才新政22条”，同步升级完善精英引领、顶尖人才引领、泛精英引领等配套政策，初步形成了“1+10”人才政策体系，为各镇街开展各具特色的人才工作提供全方位的支撑。建立一抓到底的责任体系。建立由各镇街党（工）委书记为组长的人才工作领导小组，增设人才工作办，与镇街发展服务办合署办公，明确1名中层干部专职负责。同时，完善镇街人才工作考核办法，将“一镇街一品牌”列入重要考核指标，要求各镇街结合当地实际创设人才工作品牌，激励创新的意识和动力。健全“四位一体”的活动体系。全面铺开“一镇街一品牌、一镇街一平台、一镇街一千人、一镇街一校”的“四个一”活动，提升镇街人才活动的体系化水平。如云龙镇立足“人才强企”，推出“云智 GET 计划”，邀请40余名浙江大学老教授协会成员来鄞为20余家重点企业把脉问诊，助推企业发展。

（二）产业导向聚合力

聚焦不同类型镇街，“量身打造”符合区域发展的产业高地。对城区街道，着力打造专业化特色平台，相继在首南街道和下应街道分别打造亚马逊服务中心和宁波保险产业园，促成武汉大学宁波国家保险发展研究院成功落户全国首个保险科技产业园。对产业集聚镇，鼓励升级重点平台，着力发挥产业化平台，打造具有鄞州特色的产业小镇。如五乡镇依托中车宁波产业基地打造“现代电车小镇”，引进院士工作站2个，集聚各类高层次人才116名。对偏远乡镇，围绕乡村振兴战略，发挥本土资源优势，挖掘本土特色产业。如咸祥镇推出“蓝海行动”人才计划，制定全市首个乡镇级人才蓝皮书，通过成立乡贤联谊会，实现与旅美院士陈建德教授人才培养合作项目签约。

（三）引才导向激活力

聚焦不同类别人才，坚持“量身定制”，引进符合区域发展的人才队伍。紧扣“高精尖缺”。突出高端人才引领，优化金字塔尖人才队伍，全力推进“以才兴业、以才建业”，实现“引进一名人才、带动一个行业、壮大一大产业”。如姜山镇发挥企业引才主体作用，推动一舟集团与中国科学院外籍院士安德森·林奎斯特签约，合作共建鄞州首个外籍院士工作站。紧抓本土人才。大力实施“智造精英”“堇山精英”等“四大精英”培养计划，开设“天南海北鄞州人”“创业创新再出发”等栏目，通过讲好鄞州人创业故事，感召乡贤返乡创新。如通过鄞籍院士王建宇院长的牵线搭桥，百名鄞州企业家赴中科院上海分院“借智借力”。紧盯实用人才。坚持以用为本，突出实用人才引进导向，特别在企业实用人才上，深入开展“鄞州金匠”“鄞州银匠”评比活动，全面引导各镇、街道五年内培育和造就制造业技能人才、服务业急需人才等各100名左右。

二、实际效果

（一）打响了品牌

鄞州区人才工作的“一镇街一品牌”工程推广实施，得到了上级领导的肯定，也在《中国组织人事报》《经济日报》《浙江人才工作》《浙江日报》等央地媒体刊发报道30余篇，成为鄞州人才工作的一张“金名片”。

（二）集聚了人才

目前，全区半数以上镇街道纷纷推出自主品牌，其中潘火街道依托“千人倍增”，街道内企业签约引进中国工程院院士王玉明作为首席科学家。2018年鄞州自主申报入选宁波“3315系列计划”16个，其中由各镇、街道推荐的项目达到15个，数量远超往年。

（三）带动了氛围

“一镇街一品牌”自年初开始推广，受到了镇街道的广泛好评、社会各界尤其是鄞州籍乡贤和区内企业一致点赞，进一步提升了镇、街道人才工作的积极性和创新性，营造了引才育才留才的良好氛围。

三、特色亮点

（一）着眼于点，百花齐放

通过真正沉入基层，着力挖掘镇街道人才工作的亮点，对不同地域、不同类型的镇街道进行精准施策，因地制宜打造出人才品牌特色，让人才工作更接地气，更具有生命力。

（二）立足于线，深化拓展

通过政策引领、资源整合和产业引导等方式，有机结合了“一镇街一品牌”工程与“乡村振兴”“产业转型升级”“招商选资”等重大工作，切实让人才工作融入全区发展大局中。

（三）统筹于面，区镇联动

区级层面加强引导指导、宣传推广，镇街级层面主动出击、创新求变，全区上下形成联动发展、高效衔接的人才工作新局面，为全市“六争攻坚、三年攀高”，全区“两高四好”示范区建设提供坚强保障。

中共鄞州区委组织部

奉化区积极谋划打造
3号青创大走廊

科技是国家强盛之基，创新是民族进步之魂。撤市设区后，奉化积极谋划打造3号青创大走廊，以宁波至奉化轨道交通3号线为主轴，以沿线各主要科创要素集聚区为节点，打造科技创新大平台，形成以线串点、以点带面的科创发展新格局。

一、功能定位

（一）国家级产城融合示范区

积极探索科技创新区、产业集聚区、生活服务区、生态保护区深度融合发展的新路径，建立涵盖引才、育才、用才、留才全阶段人才政策体系和环境氛围，激发各类人才创新活力，打造人才生态最优的“智汇奉化”，努力把大走廊建设成为全国产城融合发展的示范样板区。

（二）浙江大湾区开放创新试验区

依托“大湾区”建设的契机，紧紧把握奉化区位交通格局变化趋势，从战略层面做好顶层设计，深度融入长三角一体化发展以及“大湾区”内外开放平台，不断提升国际化水平和开放水平，提升奉化参与新一轮国际竞争与合作的能力，为“大湾区”开放创新提供支撑。

（三）宁波国家自主创新示范区的重要承载区

围绕宁波建设国家自主创新示范区要求，依托奉化在资源条件、产业定位、发展空间、特色集聚等方面的基础，充分利用甬江青创大走廊在技术突破、招商资源、产业优势和服务模式的优势，努力为国家自主创新示范区建设提供重要支撑。

二、发展目标

到2022年，基本形成科创要素集聚、创新能力提升、功能错位发展、生态环境双优的青创大走廊格局。青创大走廊内创新链基本完善，创新主体集聚，科创环境改善，创新服务体系完善，辐射服务功能凸显。

（一）科创人才支撑有力

人才总量达到16万名以上，科技创新创业人才达到7000人，集聚院士、省级以上重点人才计划人才等高端人才项目30个，宁波“3315系列计划”项目60个、“凤麓英才”计划团队（个人）100个。

（二）创新主体加快集聚

引进和培育区级及以上企业工程（技术）研究中心200家，其中省级企业研究开发中心和企业研究院达10家，宁波市级企业工程技术中心和企业研究院达50家，万人专利授权指数进入宁波市前列，引进和培育创新型中小微企业800家，培育亿元以上科技型企业15家。

（三）创新氛围更加优化

创新生态体系全面形成，各类创新苗圃、孵化器、加速器、众创空间、创客服务中心等创新载体达到20家以上，各类科创基金资产规模达到30亿元，吸引社会资本投入科创基金建设。

（四）创新发展质量全面提升

创新能力和成果产出水平大幅度提升，高新技术产业增加值占比45%以上，R&D经费支出占GDP比重达到3%以上，每万人拥有有效发明专利授权数达到30件。

三、工作举措

奉化通过构建新空间、完善创新链、拓展产业链、配套好环境等举措，推动科技与经济结合、技术与资本联姻、人才与项目并重，打造3号青创大走廊创新创业生态圈。

（一）构建布局优化的新空间

按照“产业科创充分联动、空间利用集约高效、版块发展错位协同、生态空间有机结合”的思路，以轨道交通3号线为主轴，选择若干重要科创节点，明确各平台功能定位，串珠成廊形成“一轴五城多点”的空间布局。

1. “一轴”——空间发展轴

“一轴”是通过轨道交通3号线奉化段以及金海路进一步延伸形成的主轴，南北向联结主要科创节点的科技创新轴、快速交通轴、产业发展轴、品质生活轴。

2. “五城”——生命科学城、中交智慧城、智能制造城、茗山科技城、滨海低碳城

“五城”是产城融合的理念，按照功能定位和产业导向由北向南划分为“五个城”。生命科学城依托宁波市第一医院（迁建）以及即将引入的医学科研平台，打造奉化融入宁波中心城区的都市功能承载区、生物医药创新创业中心、华东地区生态宜居的医养健康城。中交智慧城依托中交未来城整体开发，打造科技创新与城市功能深度融合的示范区、高端科技服务业的集聚区、科技金融保险创新的高地。智能制造城依托奉化千人创业园、启迪智能装备（气动）产业园等高端平台，打造国家级气动产业创新高地、高端装备产业科技创新示范基地、高层次人才创新创业区。茗山科技城以茗山智谷（创新综合体）为核心，通过引进集聚宁波瑞凌节能环保创新与产业研究院、宁波锋成先进能源材料研究院、麦博韦尔研究院等一流科创主体，打造国家级功能性新材料及新一代信息技术创新高地、大走廊自主创新与开放创新的引领区、高层次人才集聚地。滨海低碳城依托滨海新区汽车产业园，打造宁波国家科技成果转移转化示范区的重要承载区、滨海产城融合低碳发展的示范区、“新能源汽车+”产业集聚创新基地。

3. “多点”——多个专业创新节点

“多点”包括3号青创大走廊规划范围内分布的其他功能协同、分工专业、各具特色、能够有效支撑发展的动态更新的多个创新节点。主要包括：宁南科创园、城西文教创新创业区、溪口共享经济小镇、复旦科技园、江口时尚服装特色小镇、金海路创意中心、尚桥科技工业区、丝路扬帆小镇、湾区科创小镇等。

（二）完善协同联动的创新链

依托现有科创资源，加快构建以企业为主体，以市场为导向的技术创新体系，推进多主体协同创新，加快集聚高端创新创业人才，进一步优化双创环境，突进创新体制机制改革，完善协同联动的创新链。

1. 加快创业创新人才集聚

依托“双招双引”“凤麓英才”“奉籍英才回归计划”等重点人才工程，采取“人才+项目”“人才+基地”“智力+资本”等模式，引进高端双创人才团队。聚焦一批重点产业领域，开展系列人才引进活动，积极对接国内外高级产业园区，加强国内外科技合作互动，引进产业发展急需人才。强化人才政策集成和创新，加大政府人才发展资金投入力度，为人才提供“一站式”全程服务，优化人才双创环境。

2. 构建多主体协同创新体系

围绕“科技创新2025”，大力推进领军企业创新能力建设，重点引导培育一批优质高新技术企业，强化企业创新主体地位。充分发挥科研院所、特色小镇、众创空间创新创业孵化作用，引进设立“国字号”检测中心（分中心）、高等院校、科研院所或技术转移中心以及海外研究院等实体机构，加快专业科创平台集聚。聚焦区域产业领域发展的重大科技创新需求，开展产业关键技术集成与攻关，创新重大科技专项的组织实施模式。

3. 提升科创服务能力

依托宁波国家科技成果转移转化示范区建设，在大走廊加快构建以企业为主导，产学研协同创新的转移转化体系，推动科技成果转移转化。加强大走廊科技创新项目申报平台建设，健全科技创新项目申报系统与省市系统接轨机制，建设科技创新云服务平台，打造一站式网上综合科技服务平台。依托各类媒体加强宣传引导，大力宣传科技企业在研发机构建设、人才队伍建设、产学研协同创新等方面的先进典型和经验，营造创新文化氛围。

（三）拓展创新引领的产业链

以“中国制造2025”“科技创新2025”为引领，充分结合“互联网+”“共享经济”“数字经济”等新模式和新理念，加快构建创新引领的产业链，融入全球产业链和价值核心，将大走廊打造成为奉化全区产业创新驱动发展的主引擎。

1. 引进壮大一批优势产业

围绕功能性新材料，以瑞凌降温薄膜、锋成纳米科技、玄武岩纤维等世界级项目的引进为契机，形成一批技术先进、辐射带动能力强的龙头企业，打造创新引领的功能性新材料产业集群，抢占行业制高点。围绕“新能源汽车+”产业，依托滨海新区等平台，集聚一批新能源汽车整车及关键零部件生产企业，加快比亚迪新能源汽车、德朗能锂电池等现有龙头企业工程技术中心（研究院）建设，加强产学研合作，瞄准行业前沿技术动态，紧跟新能源汽车行业快节奏的发展态势。

2. 转型提升一批支柱产业

围绕装备制造，发展新装备产业，依托启迪智能装备（气动）产业园、方桥厨卫配件产业基地、强基精密制造产业园等平台，充分发挥龙头企业带动作用，以工业互联网发展应用为契机，推动传统气动、厨卫等传统产业向基于大数据分析与应用的智能化转型。围绕信息技术，发展新一代信息技术产业，依托宁波海上鲜、麦博韦尔、波导等现有产业基础，紧跟下一代通信技术、物联网、三网融合等新一代信息技术发展趋势，推进大数据技术产品研发，重点研发引进智能芯片、车联网、工业物联网、光纤通信系统设备、新型传感器件等技术。

3. 培育储备一批朝阳产业

瞄准生命健康产业，围绕医学与公共卫生检验、生物医药、智能诊疗与康复装备三大领域，积极承接浙江省医药高专等区内外医学院所平台产业化孵化项目，依托宁波第一医院及大学医学院等资源，引进生物医药领域前沿技术、高端医疗器械产业等项目。瞄准创意设计产业，依托中交智慧城、江口时尚服装特色小镇、金海路创意中心等平台，引进培育一批工业设计、时装设计、动漫设计、广告设计等团队，并柔性引进国际一流的时尚创意团队设立创作基地，推动创意设计产业发展。

4. 集聚提升一批科技服务产业

围绕提升全区科技创新和产业发展的支撑能力，壮大发展科技中介服务，培育集聚一批社会化投资、专业化服务的科技服务机构。通过政府购买服务等方式推进科技中介机构服务创新，面向社会提供科技战略研究、科技评估、科技信息服务等科技咨询服务。鼓励利用大数据分析技术，创新服务业的商业模式、服务内容和形式，扩大服务范围，探索通过网上技术市场进行创新需求发包、科技人员和中小企业接包，高校、科研院所承接企业项目委托和难题招标的协同创新模式。

（四）配套创业创新的好环境

按照提高服务效率、优化服务品质的导向，通过完善科技金融服务和公共服务设施布局，系统性提升整体建设和服务品质，营造创业创新的良好环境。

1. 完善系统配套的科技金融服务

设立科创专项资金，建立“1+5”科创专项资金体系，下设经济发展、科技创新成果转化、人才工作、金融发展、创意设计等分项资金，重点支持大走廊区域内孵化器和众创空间建设，加快科创项目和人才引进。建立科创引导基金，实行“政府+社会”融资服务模式，重点推进区创新创业投资基金运作，引导社会资本合作设立工信科技产业母基金，筛选组建“子基金”，支持3号大走廊科创项目发展。培育多元创业风险投资，支持天使投资人、股权投资机构和股权投资管理公司等在大走廊集聚，鼓励民间资本投向人才和科创项目，不断做大融资平台。创新科技金融产品和服务，鼓励金融机构开发集合担保信贷、孵化贷、成长贷、创新研发贷、知识产权质押贷等产品，利用区内现有的天使投资引导基金、科技信贷风险池等资金，对银行为科创型企业发放贷款或提供担保产生的风险进行补偿，撬动更多的社会金融资本进入科技创新创业领域。

2. 营造宜居宜业的生活服务环境

创建人才宜居宜业环境，打造一批创新功能与居住、生活、商务、娱乐功能混合、空间融合的高端创新社区，推进人才大厦等项目建设，为人才提供交流开放的公共空间。建设高质量公共服务设施，推进教育配套设施、医疗卫生设施、社区邻里中心建设，不断推进智慧公共设施应用。加快形成大走廊交通主轴，加快推进轨道交通 3 号线建设，配套出租车换乘点、“P + R” 停车场，加强对周边区域的辐射带动能力，加速融入宁波主城区。打造绿色生态生活环境，加快生态公园建设，着力推进以茗山、仁湖为核心的人才公园、人才湖建设，构建大走廊生态“绿肺”。

中共奉化区委组织部

余姚市探索实施“百企百‘千人’”人才工程

为进一步创新引才引智模式，充分发挥市场作用，突出企业主体地位，余姚市积极改进人才工作的传统方式方法，探索实施“百企百‘千人’”工程，计划在三年内对接全市100家规上企业发展需求，通过项目合作、全职或柔性引进等形式引进和培育100名重点人才计划专家或同级别专家来姚创业创新，助推企业转型升级。

一、主要做法

（一）建立企业需求信息库

注重与经信、科技等职能部门对接，从2018年下半年开始以乡镇街道为主体开展了全市规上企业技术制约难点排摸，同时创新设置重点乡镇（街道）和大型规上企业人才工作专职联络员，以更深的触角动态掌握企业技术难点需求，共收集全市百余家企业在新材料应用、智能化改造、产品设计等多个领域的需求150余个。

（二）建立高端人才信息库

充分发挥宁波市智能制造产业研究院、浙大机器人研究院、宁波余姚中东欧离岸孵化器等一批已建成创业创新平台的人才集聚效应，同时依托“引才大使”选聘、京沪深招商引智小分队设立等手段，深入做好专家信息收集工作，全面梳理出电子信息、生物医药、先进制造、新材料、节能环保等5大领域的500余名高端人才信息名册。

（三）筛选优质人才项目库

结合余姚产业发展需求，通过举办智能制造创业创新大赛，邀请人才带项目参加智能经济人才峰会、“河姆智谷”国际人才科技洽谈会，筛选出与余姚产业发展契合度较高的人才项目信息146条并汇编成册，目前人才项目通过“姚江英才计划”落户余姚的有7个，与在姚企业达成初步合作意向10余个。

（四）搭建无缝对接多平台

线上广泛对接，通过省海高会微信公众号、重点乡镇（街道）人才工作联络员微信群等线上平台发布三库信息，优化人才企业匹配的广度和准度。线下精准服务，依托上级与本级各类人才赛会活动平台，专场设置人才项目对接洽谈会，邀请有对接意向的人才企业参会，在提供面对面交流机会的同时，充分解读“姚江英才计划”“阳明学者”制度等力促人才企业合作政策，全力助推企业人才对接取得实效。

二、实际效果

该项工程自2018年启动以来，成功在智能经济人才峰会、“河姆智谷”国际人才科技洽谈会上举办人才项目专场对接洽谈会两次，借力宁波人才科技周、“海智之旅”等上级活动组织规上企业与携项目高层次人才现场对接两次，总计有200余家规上企业与海内外高层次人才产生现场交集，完成合作意向洽谈超过百余次。以“河姆智谷”国际人才科技洽谈会举办为例，在人才企业现场洽谈环节，企业和与会专家完成合作意向洽谈80余次，许多项目在会后持续开展了洽谈交流、现场考察。

三、特色亮点

（一）乡镇（街道）人才工作体制机制进一步理顺

在前期企业技术难点需求信息的收集过程中，为理顺乡镇（街道）组织部门在人才工作中牵头抓总的体制机制，成功建立重点乡镇和大型规上企业人才工作专职联络员队伍，进一步明确了乡镇（街道）组织线与工贸线对人才工作的职责归属，增强在企开展人才工作的效率。

（二）企业人才信息不对称问题得到有效缓解

受限于县级城市的能级制约，企业在破解技术难题的过程中往往处于被动，对高层次人才的招引更是较难匹配到合适的人选。通过“百企百‘千人’”工程的实施，以“大数据”的思维方式收集企业需求及人才信息，能更为高效地破解人才信息不对称问题。

（三）企业引才用才积极性主动性进一步激发

在“百企百‘千人’”工程实施过程中，出台“姚江英才计划”实施意见、“阳明学者”制度等一系列鼓励人才企业合作的政策文件，帮助用人单位降低用才成本，极大提高了人才与企业以多种方式进行合作的可能性。另外人才及人才项目信息库的建立及对接平台的不断提供，也为企业引才用才提供了便利，按图索骥式的引才模式更好地激发了企业引才精准性。

中共余姚市委组织部

慈溪市创新机制全力打造沪甬人才合作先行区

2018 年以来，慈溪市牢牢把握“服务宁波、接轨上海，建设长三角区域性中心城市”工作重心，以打造沪甬人才合作先行区和主阵地为己任，聚焦创新人才等重点领域，主动谋划、率先突破，积极搭建各类沪慈人才对接合作平台，取得明显成效。

一、主要做法

（一）快马加鞭“争”当“排头兵”

率先谋划，抢抓大湾区建设和上海人才、产业外溢机遇，发挥与上海人文相亲、地缘相近、产业互补的优势，制定全方位接轨上海五年规划，重点聚焦人才等创新资源领域，实施交通互联互通、产业转型对接、科创资源对接、公共服务接轨、多元主体对接五大工程，该项工作得到郑栅洁书记和高兴夫副省长批示肯定。围绕建设宁波对接上海桥头堡和战略主阵地目标，布局打造总面积 100 平方公里的环湾智能经济人才大走廊，扩容提升环杭州湾创新经济区，加大基础设施建设和重大产业引培力度，努力成为沪甬合作和宁波前湾新区核心区建设的重要支点和重大引擎。坚持压茬推进，成立全方位接轨上海领导小组及办公室，厘清59条重点任务清单并逐一落实责任单位，按照“月度对账、季度交流、适时督查、年度考核”工作要求，统筹谋划和督促协调接轨工作有效开展，全面加强与上海在科技园区、高校与科研院所、知名企业、“双创”人才等方面的合作对接。

（二）互联互通“融”写“同城记”

通过搭建“一桥两平台”，让沪慈两地从“双城记”走向“同城记”。搭建人才跨海大桥，一方面“上门当学徒”，2018年先后选派8名优秀年轻干部赴松江科技城、上海科委等单位挂职锻炼，组织37名教育医疗专家赴金山教育学院、上海华山医院开展业务培训；另一方面“开门做掌柜”，赴上海开展人才政策推介和校企对接活动12场次，邀请20余所大院名所来慈考察交流，同时以政策为载体，定向招引在沪高层次人才，最高可获4000万项目资助，推动接轨上海工作由单向接轨向双向互动发展。搭建产业承接平台，复制推广杭州飞地建设经验，谋划在上海建设创业创新飞地，实现技术端在上海、转化端在慈溪。结合市内各平台和镇（街道）产业特色，精准挂钩在沪高校院所特色专业，畅通上海高校、科研院所人才与慈溪产业交流通道。开展校企牵手联姻等活动，鼓励企业通过建立院士工作站、博士后工作站，开展产学研合作、项目攻关等方式，承接上海优质人才产业资源。搭建资源共享平台，积极引进上海优质科创服务资源，成立上海研发公共服务平台慈溪驿站，联合上海高端智库推进慈溪规上企业智能化改造诊断全覆盖，探索共建创新设计工作坊，大力引进风投、创投、科技保险、科技担保等上海科技金融机构，合力打造湾区创新联合体。

（三）关爱家乡“情”奏“反哺曲”

充分发挥在沪人才资源丰富优势，紧扣“聚乡贤、叙乡情、报桑梓”三弦，奏响在外人才回报家乡反哺曲。“三大智库”聚乡贤，成立以上海高校联盟为代表的“青春智库”、以环湾政产学研联盟为代表的“环湾智库”和以关爱家乡上海顾问团为代表的“专业智库”，成功集聚在沪慈溪籍人才近1000人，包括院士3人，教授、博士以上400余人，涉及信息技术、新材料、智能制造等新兴产业领域。“多元对接”叙乡情，岁末年初，政府一封家书诉衷肠、依托属地探亲友，驻沪人才联络站上门拜访，接轨办微信推送，激起在外人才反哺家乡的拳拳之心。同时，慈中上海校友会、商会也积极参与，组织校友、企业家赴沪或来慈参加对接交流活动，全市共接待回乡考察人员1000余人次。“一心一意”报桑梓，成立湾区服务家乡工作站，为在外人才反哺家乡搭建平台，首批进驻专家23名，结对企业43个。成功举办世界慈商大会、沪上人才“家乡行”等活动35次，促成慈溪籍院士魏敦山与宁大科技学院、上海智能制造团队与爱佳电器、华东理工大学与环创中心等精准对接服务近30项。

二、实际效果

（一）做强内功，彰显“吸附效应”

坚持把发挥比较优势融入“接轨经济”竞合全过程，通过完善引才政策、拓宽引才渠道、做强引才阵地、优化引才环境，有力促进上海优质人才资源向慈溪流动。据统计，近三年，慈溪共吸引470名上海高校毕业生来慈发展，已有5名上海国家“千人计划”“万人计划”专家和7名高端人才来慈溪创业创新，当年度申报“上林英才”计划13个、落地3个，新建院士工作站1家。

（二）助力转型，承接“溢出效应”

紧扣慈溪“3+3”产业导向，广泛搭建各类政产学研合作平台，全力承接上海外溢的先进产业和高端要素辐射。成功获取智能制造、医疗器械、汽车配件等领域项目信息百余个，与华东理工大学、中科院上海分院、临港集团等上海高校、科研院所及企业达成各类产业化转移合作意向40余个，涉及投资近70亿。

（三）共赢互利，实现“同城效应”

全面启动上海异地就医住院结算工作和名师、名校长结对计划，深化与澎湃新闻网、上海报业集团、解放日报社和东方网等沪上媒体的宣传合作，沪慈两地正从“接轨”走向“融入”。同城效应，让远道而来的人才既能享受到上海的优质科创资源，又能感受到慈溪的舒适便利生活，有效提升了慈溪作为湾区人才集聚新高地的知晓度、认可度和影响力。

三、特色亮点

慈溪率先在全市打造沪甬人才合作先行区，坚持需求导向，精准把握上海发展需求和慈溪接轨优势，紧扣引才关键环节，推出创新要素、公共服务等五大系统工程，“快速、精准、系统”对接上海，成功变“接轨”为“融入”，“双城”为“同城”，把上海的外溢人才项目资源引流到“自家田”里，把上海的优质科创服务嫁接到“家门口”来，着力为沪甬人才合作提供有力支撑和强大动力。

中共慈溪市委组织部

宁海县积极盘活乡土人才，助力乡村振兴

当前各地人才发展导向逐渐呈现出“海外化”“尖端化”“专业化”的趋势，然而大量“生于斯、长于斯”的乡土人才，却长期游离在人才工作的培育、评价、使用体系之外，没有得到足够重视。宁海县从2017年起率先实施民间人才“千人计划”，以此作为切入点和突破口，着力为乡村振兴提供不竭的人才保障和智力支撑。

一、主要做法

（一）把民间人才“聚”起来

一是“分类+分层”选优，“零门槛”引导土专家皆可成才。明确“有一技之能、在宁海满1年”的几乎“零门槛”设置，按文艺、技能、服务三类分别申报。采取大赛、评审、认证等形式，授予一星至五星级民间人才称号。目前，已开展“麦饼师”“五王”大赛等活动16项，参评人数超了千人。二是“物质+精神”奖励，“大红花”激发土专家竞相成才。给予民间人才一定的物质奖励，同时配套“颁发证书牌匾在所在单位公示、开设电视专栏宣传事迹、定期评选表彰工作室示范点”等手段，增强民间人才社会影响力和荣誉感。三是

“动态+跟踪”更新，“职称制”倒逼土专家持续成才。建立民间人才信息库，并采取自主申报、跟踪评选等方式，根据获奖职称变化、技术能力提升等情况，及时晋升星级，动态更新信息库。

（二）让民间人才“跑”起来

一是“坐堂”演艺。选派民间人才担任文化礼堂“坐堂”艺人，定期开展农艺、文艺和非遗展演，以乡音诉乡情，用民艺传民风。目前，已选派50余人，每月推出礼堂活动20场以上。二是“走读”巡讲。借助农村文化礼堂、“走读宁海”非遗课堂等平台，专题讲授农业技术、非遗技艺、风俗艺术等技能。三是“飞地”用才。采取政府牵线、组织培训等措施，鼓励引导民间人才，实施赴外开店、入驻酒店、外派展演等异地用才方式，提升经营能力，扩大影响力。目前，已有10名星级“麦饼师”受聘高档餐饮酒店；异地非遗表演狮舞、“耍牙”等50余场。

（三）把民间人才“带”起来

发挥民间人才“带富、带艺”的“双带”作用。一是“一人一艺”育传人活非遗。依托“公助民办”传承基地、技能传承职高班，常态化培育非遗传承人，确保乡村振兴人才后继有人。目前，十里红妆博物馆、东方艺术博物馆等14个非遗传承基地均入驻星级民间人才。二是“一品一技”兴产业富民生。鼓励民间人才自主研发成果、常态现场教学、转化民生效益。三是“一镇一节”创品牌强镇村。将民间人才活态传承的民俗文化和技艺与节庆活动有机融合，突出打造地域名片、激发文旅红利等，18个乡镇（街道）实现“一镇一节”全覆盖，成功打响胡陈“桃花节”、深甽“十月半”、前童“豆腐节”、桑洲“麦饼节”等镇村品牌，带动吸引乡村旅游超千万人次。

二、实际效果

截至目前，已评选出三星级以上民间人才280余人，涵盖了文艺、农艺、非遗等方方面面的人才，建立“民间工匠室”20余个，其中，宁海平调“耍牙”绝技、泥金彩漆“十里红妆系列”荣获中国民间文艺最高奖——山花奖。民间“千人计划”实施以来，带动谋划实施文创、农旅、农业科研等项目30余个，涉及投资额超千万元，预计可撬动产值达亿元。同时，一大批文化类民间人才的选拔使用，有力推动了乡村和谐文明。

三、特色亮点

宁海县系统性、体系化地开展民间人才“千人计划”，一是有力补充了全领域的人才评价体系，在政府、行业协会之外的人才得到了用武之地，营造了“人人皆可成才、人人尽展其才”的良好氛围。二是有力助推了乡村振兴战略，民间人才活跃在生产第一线，他们的经验成果，有着很强的针对性，推广开来就可能会出现“带动一方百姓，搞活一片经济，富裕一乡农村”的效应。三是有力助推了乡村和谐文明，让广大群众参与到人才工作中来，有效增强了对人才工作的参与感和获得感，许多群众感慨“现在打麻将的少了，大伙比武较劲的多了，身子和心情也比以前好了”。

中共宁海县委组织部

象山县打造人才特色平台，提升人才效能

2018年，象山县坚定贯彻“四个强省”“六个浙江”和宁波“名城名都”建设、“六争攻坚”战略部署，将人才强县作为“工业旅游双突破、改革创新双驱动”战略的重要组成部分，完善机制、优化政策、创新载体、强化服务，有力推动人才工作取得新突破。

一、主要做法和成效

突出抓好平台打造、院地合作，将高校、科研院所的科技人才优势与象山经济转型升级和结构调整需求紧密结合，推动人才与产业深度融合。

一是突破大院大所招引。立足区域产业优势，牵手知名大学、科研院所，努力探索“研究院+产业基地”的联合引才新路子，培育经济转型升级新动能。投入最大精力引进中国机械研究总院南方中心，先后多次参与洽谈，组织协调解决办公场地、人才公寓等问题，9月6日在市委郑栅洁书记的见证下，正式签约落地，计划建成技术创新中心、技术服务平台、孵化基地和产业园等，引进硕士、博士及工程师1000余人。此外，还引进中国电子科学院创新分中心，宁波财经学院象山影视学院开工动建，牵手北京电影学院，2019年9月将迎来首批

2000余名大学生，彻底改变象山无高校的历史。

二是搭建创业创新平台。全力打造科创中心县级综合创业创新平台，申请入驻科技型企业和服务机构达到150家。办精办强海洋科技人才创业园，扩展6300平方米生产厂房，新引进落地高端人才项目12个，引进高层次人才50余人。引导深化企业研发平台建设，全年新增高新技术企业16家，省级企业研究院3家，省级企业技术中心3家，市企业工程（技术）中心9家，市级研究院1家，培育22家县科技型“小巨人”企业，申请发明专利776件，同比增长98%，全社会R&D投入8.95亿元，同比增长16.2%。

三是用好柔性引才平台。强化政策机制引导，出台柔性引进专家管理办法和专家工作站管理办法，将专家纳入政府慰问名单，给予全县域免费旅游，维护好专家的联系沟通渠道。继续开展百名专家助百企、百名专家建百站、百名专家攻百项、百名专家引百才、百名专家带百徒、百名专家疗休养“六个百”活动，通过三轮结对，97位专家服务110余家企事业单位，达成72个合作项目，结成57对师徒，设立县级专家工作站36家，顺利获评全市首个国家级专家服务（象山）基地。

二、特色亮点

（一）“三联”模式破解专家服务基层“三难”

围绕解决高层次人才资源“上大下小”与产业发展人才需求“上小下大”的供需矛盾，主动探索做实做强做精专家服务基地新举措，深挖专家资源，深耕当地产业，通过与浙江省专家服务中心纵向联合来解决“基地”的体制建设、管理制度等重大基础问题，采用“选亲、相亲、结亲”的“联姻”模式保证专家服务高精准度，探索“政府+基地+企业”的“联动”服务机制推动“基地”建设逐步由“专

家 + 企业”向“高校 + 产业”并重提升，以“三联”破解专家服务基层难落地、难深入、难持续的“三难”，推动实现专家服务基地“基础牢、地气足、靶向准、收效实”。“基地”建设两年两个台阶，在2017年获评浙江省专家服务基地，2018年获评国家级专家服务基地，建成浙江理工大学象山现代针织研究院，成为专家与企业在科技合作中实现双赢、激活县域经济实现新旧动能转换和创新驱动高质量发展基因的品牌工程。

（二）“四步法”改革走好差异化引才路

坚持“错位竞争，差异引才”理念，围绕海洋生物产业，重点实施“一策一赛一园一贷”四步法。“一策”即出台《关于加强高层次人才引育扶持海洋生物（生命健康）产业发展的若干意见》。象山县从需求导向出发，针对本地海洋经济独特的资源禀赋及产业基础，确定将海洋生物（生命健康）产业作为引育高层次人才的重点方向，推出了一系列引才育才有力举措。“一赛”即办精海洋科技人才创业大赛。与专业机构合作，以“蓝色梦扬帆，博浪正启航”为主题组织举办2018中国（象山）海洋生命健康创新创业大赛，征集项目200余个，其中6个项目已进入落户洽谈阶段。“一园”即做强海洋科技人才创业园。编制《象山县海洋科技人才创业园2018—2020三年计划》，明确三年发展目标路径。截至2018年底，园内培育企业17家，园外培育企业7家，实现销售产值4000余万元。“一贷”即开展高层次人才企业专项贷款。与华夏银行宁波银行合作推出“人才银行”项目，以象山县高层次人才创业企业信贷风险池为增信手段，无须企业提供抵押担保，为人才企业融资降低门槛。业务开展近半年来，已完成7家企业的银行授信，总金额达3500万。

中共象山县委组织部

宁波杭州湾新区积极探索人才服务新模式

一、工作背景

近年来，宁波杭州湾新区人才呈现爆发式增长，截至 2018 年底，已聚集人才 61200 余人，其中，高层次人才 5260 余人。而新区实行扁平化管理的大部门制，人才就业部门只有 5 个事业以及 7 个劳务派遣工作人员，对接市级 10 余个业务部门，年服务对象超 10 万人次，审核资料超 1.2 万份，经常处于疲于应付状态，难以为企业、人才提供精细化服务。人才就业服务需求快速增长与新区人才工作力量不足、服务能力弱之间的矛盾日益突出，愈演愈烈。

2018 年初，上汽大众宁波分公司因产能扩张出现 1600 名技能人才短缺状况，市委郑栅洁书记批示要求帮助解决。随着产业发展，人力资源不足愈来愈凸显，此次技能人才短缺就是新区人才服务需求快速增长与人才工作力量不足、服务能力弱之间矛盾的一次大爆发。面对这种状况，新区积极面对，拓展思路，主动对接市人社局和市人才服务中心，以政府购买服务方式引进外来服务，补足自身服务能力短板，取得了较好成效。

二、主要做法

2018 年 7 月下旬，新区与宁波市人才服务中心建立了全面战略合作关系，双方就“重点产业（企业）订单化人力资源服务，重点产业（企业）校地、校企对接服务，人才创业企业、新落户的重点企业人力资源‘微’服务，高层次人才创业创新项目引进及申报服务，人力资源市场运营管理服务，人力资源服务基地创建，企事业单位规范人力资源管理，协助开展人才发展和政策研究，协助提升人才选拔及测评技术”等四个方面九个项目开展深度合作，提升新区人力资源服务能力和水平。合作时间初定三年，每个子项目单独签署合作协议，新区人社局每年度对其各项目进行业绩考核，按实际业绩支付服务费给市人才服务中心。

三、取得成效

在解决上汽大众技能人才短缺难题上，新区与市人社局联动，通过校招、社招和复退军人特招等多种渠道和方式，20 多次赴市外院校宣讲对接，组织召开 30 多场上汽大众专场招聘会，三个月时间帮助上汽大众宁波分公司解决了 470 余名技能人才的需求，大大缓解了企业用工紧缺状况。郑书记二次批示表示肯定，宁波日报对此作了报道，省人社厅将此列为两级联动、服务下沉的典型。

在新区人才市场运营上，自 2018 年 8 月 1 日市人才中心下属的东方公司接管以后，充分发挥体制灵活、专业性强的优势，配备专业力量，工作时间全天候开放，活动内容得到拓展，市场化运营迈出步伐，新区人才市场主渠道作用更加凸显。

在市级及以上高端人才项目申报服务上，市人才中心充分发挥专业能力强的优势，完善了政策解读、申报材料撰写等服务系统化的流程；引入“市场评价”机制，让投融资机构和相关专家对申报内容、答辩进行专业化的审核和辅导；同时，与人才中心达成新区项目引进合作，新区引才渠道更加多元化。

在新区沪甬人才合作示范区创建工作上，通过人才中心牵头委托第三方制定“沪甬人才合作规划”；组织新区“沪上人才直通车”进浦东活动，宣传推介杭州湾新区，开辟新区招引沪上中高端社会人才的新途径。

四、经验体会

新区与市人才中心人力资源服务的战略合作，让专业的人来做专业的事，以政府向市场购买服务的形式补齐功能区政府服务体系不健全、专业化服务水平不高、市场化程度不充分等短板，具有很强的现实意义。

在合作过程中，要充分发挥引导作用，在宏观上掌好舵，绝不能放任自流，做甩手掌柜。要提出目标任务，开展指导帮助，实施考核激励，这样才能有效地贯彻战略意图实现目标。

合作是提高管理水平和能力的过程。通过向市场购买服务，减少了具体的工作，却提出了如何在宏观层面有效地开展监管和工作指导的课题，要求更高，难度更大。工作人员必须加强自我学习，提升自身素质和能力。

合作是双方慢慢融合的过程。要建立交流机制，经常互动协调，不断磨合，研究每个项目实施的方法步骤，充分发挥各自的优势，达成最大成效。

中共宁波杭州湾新区党工委组织部

宁波保税区加快推动人力资源服务业发展

一、人力资源服务业发展现状

2018年，宁波保税区共集聚人力资源机构超100家，从业人数超过4000人，全年实现产值100亿元，完成税收超8亿元，财税贡献位列全市前列。

（一）发展业态多元、服务功能齐全

截至2018年底，宁波保税区共有102家人力资源服务机构取得人社部门颁发的审批许可，其中的30余家取得了人力资源许可，近70家取得了劳务派遣许可，2家取得了民办职业技能培训机构许可。人力资源机构中有80余家为民营性质服务机构，占比近90%。从事人力资源外包业务的有63家，占比超过71%；其次为招聘、劳务派遣与管理咨询类业务，均有一半以上企业参与经营。相较于2009年人力资源广场成立之初，人力资源服务业的主营业务已从劳务派遣、职业介绍等低端业务，开始向服务外包、管理咨询等中高端业态转型。

（二）规模扩张迅猛、龙头成长较快

2018 年以来，人力资源服务业呈爆发式增长，已经成为税收新的增长点，上半年纳税额超过了全区税收总额的 14%，纳税贡献排在商贸流通、类金融产业后，居第 3 位。2018 年 1 ~6 月，该区人力资源产业营业收入超百亿，完成税收 4.72 亿元，是 2017 年全年的 3.6 倍。税收超百万的人力资源机构有 19 家，税收超过了 4.6 亿元。税源结构进一步优化。个人所得税、增值税占纳税总额的 93%，其中个人所得税 1.46 亿元，占比 31%；增值税 2.93 亿元，占比 62%。人力资源产业税源结构已从以个人所得税为主向增值税和个人所得税并重方向转变。

（三）功能作用显现、溢出效应好

一是助力企业抢人才。产业园成立以来，园区机构服务宁波企业超 700 家，为宁波各大企业输送人才近 15000 人。2018 年上半年，区人社局主办，智囊团网承办了“我选甬保 保我甬现”宁波保税区新外贸新制造企业实习双选活动校园招聘会，为区内近 50 家外贸、制造类企业引进一批高质量的实习生、应届毕业生，在新外贸、新制造人才争夺战中抢得先机。

二是助力企业育人才。围绕跨境电商人才培养，在产业园内建立省市区共建跨境电商人才培养基地，建设跨境电商众创空间，国内第一个小语种跨境电商人才培养基地。同时，积极发挥人力资源机构培养专业人才的作用，从技能人才、管理技术人员层面组织开展了一系列培训，举办人力资源专题讲座、主题沙龙 20 余场，覆盖人数超过 3000 人。

三是助力企业强管理。以薪福多、2 号人事部、发工资网、薪云为代表的人力资源机构，以“互联网 + 薪酬服务”为核心，最后实现金融理财增值，完成了核算、发薪、报税、理财一条龙服务，解决了人力资源机构在客户信任度、发薪准确度以及成本方面的问题，解决了企业信息采集、信息核对及异地报税繁琐等问题，又满足了银行多元化获客、沉淀资金的需求，提高了企业管理效能。

二、主要做法

（一）建设人力资源产业园，促进要素资源集中

为聚集创新资源，通过共享资源有效地推动产业集群的形成，区人力资源服务产业园于 2016 年 10 月正式开业，由保税区人力资源大厦和人力资源专业街区两部分组成，2017 年成功获评“宁波市级人力资源产业园”，其中人力资源大厦建筑面积 2 万平方米（产业园部分建筑面积 1.5 万平方米），人力资源专业街区面积 307 平方米。人力资源大厦功能配套齐全，建有 2000 平方米的会议室、培训教室和 200 个机位的电脑教室，以及咖啡厅、健身房等。目前该区产业园已聚集了省商务人力中心、省外服、博尔捷、人事人、薪福多等集人力资源外包、培训、招聘、企业管理咨询、创业孵化于一体的优秀企业，各类人力资源服务产品“一站式采购中心”初步形成。

（二）完善管理协调机制，形成综合服务合力

区人力资源服务产业园在组织管理架构设计上，由区人社局统一领导、区人力资源开发服务中心负责管理、人力资源开发服务公司负责运营。公司内设综合部和市场部，配备专人提供完善的政策咨询、大厦入驻申请、登记注册、扶持资金申请等方面服务，并对入驻机构开展日常、月度和年度考核。延伸服务链，机构入驻产业园的后续服务与管委会财政局、各招商部门实行一一对应关系，整合资源，集成服务。

（三）出台产业扶持政策，提升发展竞争优势

一是制订产业园建设管理政策。为集聚人力资源产业，出台了《人力资源大厦运行管理办法》《加快宁波保税区人力资源服务产业园建设意见》《产业园企业入驻评审管理办法》和《入驻企业考核管理办法》，明确了运营机构、入驻条件、优惠政策及相关管理规定，规范机构入驻产业园的程序，优先支持服务层次高、服务附加值高、成长性好的机构入驻，并对入驻机构加强考核管理，将考核结果与政策兑现挂钩。

二是完善财政扶持政策。为推进服务业提速增效，人力资源机构按管委会财政扶持经济转型发展意见等政策给予扶持，在专项政策方面，财政局向管委会专题请示人力资源机构个人所得税事宜并获批示，明确了个人所得税专项补助办法及所得税2%的手续费补贴办法。

三是创新行政许可审批模式。针对该区通过招商平台利用财政扶持政策引进的人力资源机构的特殊性，保证此类机构顺利办理相关许可证照，正常开展人力资源服务工作，提出对招商平台企业参照“秘书企业”管理方式审批行政许可，由平台服务企业承担该机构日常管理、沟通协调。

（四）强化招商引资，促进人力资源产业聚集

一是积极建立“与招商部门的联动”机制。即以人力资源中心作为产业职能部门，调动和发挥区内贸易局、物流局、工科局、投促中心等招商部门的积极性和联动性，引进一批优质人力资源项目。

二是赴外参会，主动推介。积极参加每年的“深圳·宁波周”人力资源服务对接洽谈会、浙江省人力资源博览会、中国（宁波）人力资源服务创新创业大赛，广泛收集信息资源，积极对接联系的同时完成展示、推介，展现该区人力资源产业的良好风貌，扩大宁波保税区

人力资源服务产业园品牌知名度，引进近10个创新创业大赛优秀项目来产业园落地。

三是创新平台，以商引商。创新引进“平台型”人力资源机构为该区招商，尤其是为人力资源产业招商及企业管理提供个性化服务，2018年平台型企业共引进人力资源机构31家，类金融行业9家，现代商贸服务业2家，这些企业中已有7家实际产生税收，成果显著。

（五）服务实体经济，融合跨境电商发展

以赛代训，先后承办两届宁波市跨境电商职业技能电视大赛，选拔培养一批跨境电商创新创业人才。采取“2.5+1.5”模式，与万里学院合作建设二届跨境电商特色班；依托小语种优势资源，与浙江越秀外国语学院开展全国首个小语种跨境电商人才孵化基地，共计培养人才近150人。设立跨境众创空间，引进孵化一批创业团队。每年开展跨境电商技能实操、平台深解、师资培训会和参观游学等各类培训，近三年年培训量在500人次以上，为跨境电商产业发展输送了大量人才。同时，承接市局跨境电商专项能力规范、命题和培训标准开发，为全市跨境电商产业人才做出能力规范。

三、提升举措

（一）强化顶层设计

针对人力资源产业，一是要完善优化法律法规政策，制定协调统一的规章制度及内容，同步做好人力资源产业向公共服务转变的相应工作；二是结合保税区现状，全面展开战略规划落地工作，进一步培养知识型人力资源产业业务，真正为人力资源机构及产业的全方位发展提供动力支持；三是明确未来三到四年内，全区人力资源产业税收达到20亿元，并引进全国排名前十的人力资源机构落户保税区。

（二）科学精准施策

利用产业政策，加大产业体系建设力度，积极鼓励人力资源产业机构和企业自主创新及投资研发，逐步增强人力资源服务的技术含量，从而提升人力资源产业整体质效。同时，结合实际加大财政及税收支持力度，通过经费补助等有效方式，推动先进企业的全面发展。在此基础上，充分了解保税区人力资源产业及业态领域的个性化特征，并据此制定有效的发展方案及战略，指明保税区人力资源产业的正确发展方向，有效避免“走弯路”情况的发生。

（三）促进产业互动

发掘区内企业人才需要，提升企业人力资源外包比例，同时培育企业综合管理、专业服务功能外包，促进人力资源产业与区内其他产业同频共振。促进人力资源产业与区内“云物移大智”产业和宁波云制造示范基地的合作，提升线上服务功能，拓展服务渠道和市场服务面。推进与科技金融、科技创新深度融合，促进人才、资本、项目互动发展。

（四）提升品牌影响

充分利用各类媒体渠道，加大宣传和招商力度，努力营造全社会重视、关心、支持人力资源服务业发展的浓厚氛围。积极参加或承办各类人力资源服务业发展博览会、人力资源服务业创业创新大赛、人力资源服务发展论坛等活动，提高园区人力资源服务业的品牌知名度。

（五）强化要素保障

根据人力资源产业发展态势，为贴近人才资源服务市场，建议在宁波国际会展中心 11 号馆划出 2 万平方米场地，作为龙头企业聚集基地、高端人才服务基地，设立新外贸新零售人才学院，为国际贸易总部基地提供一体化人才服务。

（六）完善服务环境

一方面延伸“最多跑一次”服务链，为产业园机构提供便捷、高效的政府公共服务，另一方面围绕“共享、协作、开放”的产城融合理念，针对“一体两翼”的产业园布局，搭建一站式政务服务平台，线上建立智慧园区云服务平台，为企业和人才发展搭建关联共享产业链，提供系列化一站式智慧服务，提升管理服务效率。

中共宁波保税区党工委组织部

宁波国家高新区创新人才招引模式

2018年宁波国家高新区（新材料科技城）坚持将人才作为创新驱动的第一资源，围绕“六争攻坚、三年攀高”战略部署，紧扣国家自主创新示范区、宁波软件园、新材料科技城发展目标，坚持“科产城”融合发展理念，全力推进人才工作持续性、革新性、突破性发展。

一、主要做法

（一）精准施策，人才作用日益显著

采用共建科研平台引才、柔性合作服务引才、创业创新转化引才等相互结合的模式，加速集聚顶尖人才创新辐射资源。采用专项计划引才、行业赛事引才、论坛活动引才等相互结合的模式，加速集聚高端人才创新创业项目。做好高学历人才、专技人才、高技能人才三层梯队建设，结合自主创业引才、企业招聘引才、项目合作引才等多种模式，引进海外人才。以国内专家建站、国外专家引进为两大着力点，鼓励区内科技型企业自主培养专家团队，组织区内企业开展赴外招聘活动。认真落实“开放揽才、产业聚智”决策部署，以宁波软件园开园为契机，积极打造特色型中国软件名城核心载体。连续举办五届全

球新材料行业大赛、四届“高新精英计划”和四届天使中国创新创业大赛，逐步形成具有自主品牌效应的人才竞争评选引育机制。联合浙商银行宁波分行创建“人才银行”，面向人才企业提供总规模 5 亿元的授信额度。

（二）资本引才，引才机制再创新轨

2018 年，高新区（新材料科技城）在原有的“高新精英计划”品牌基础上，新推出了“高新精英资本引才计划”，是全大市区县（市）中第一个推出“资本引才计划”的，借鉴了市“3315 资本引才计划”，但与之相比又赋予明显突破和创新。“资本引才”，顾名思义，是要引进社会资本参与度高的项目，资助资金也与资本挂钩，市级的“资本引才”是按照实到社会资本的 30% 给予立项资助，高新区则是按照企业 5 年的计划货币投资总额的 30% 予以立项资助，更加看重企业的长远投资和发展。另外，明确提出了对项目年度经济指标的要求，提高入选难度，求质不求量。在获批建设国家自主创新示范区的契机下，启动“高新精英资本引才计划”，是进一步探索区域引才机制体制创新的第一步，它将与原有的“高新精英计划”同步实施，优势互补，主要体现在：一是人才结构的互补，“高新精英”主要是引进“高精尖的创新型人才团队”，“资本引才”主要是引进“实战型的科技创业人才团队”。二是发展优势互补，“高新精英”团队在引领国际前沿技术、填补国内市场空白方面拥有突出优势，“资本引才”团队在科技资本融合、市场拓展引领方面拥有突出优势。三是发挥作用互补，“高新精英”团队通过技术成果转移转化的方式来引领产业发展，推动转型升级，是创新驱动发展的核心动力，“资本引才”团队通过新产品、新技术的广泛应用来创造经济效益，带动产业发展，是企业提速增效的核心样板。

二、实际效果

人才引进量质齐升，形成了一支有规模、有实力、有梯度、有层次、有特色的人才大队伍。项目落地成长增速，平台聚才成效明显。

全年新引进高层次人才416名，同比增长19%，其中院士2名、特优人才7名、海外人才163名、硕士以上高学历人才385名，入选市“3315系列计划”人才项目19个、高端人才创新创业项目100余个。新建、扩建中科智研院、新材料联合研究院、国家级技能大师工作室等重大创新平台14个。培育国家科技型中小企业280家、省科技型中小企业94家、省高成长科技型企业40家、市创新型初创企业94家、市级高新技术企业苗子280家。区内每万人有效发明专利拥有量达130件。

三、特色亮点

（一）引才计划优势互补，提高经济效益

“高新精英资本引才计划”与原有的“高新精英计划”同步实施，优势互补，“资本引才”基于产能绩效和指标考核，更大力度、更深层次地引进产业化成熟度高、社会资本参与度深、市场销售能力强的人才企业，发挥科技资本融合、市场拓展引领方面的突出优势，通过新产品、新技术的广泛应用来创造经济效益，以社会资本杠杆撬动产业发展，加速发挥人才作用，体现实际经济效益。

（二）顺应当前趋势，引智更加精准

人才计划关注的重点对象已经逐渐向创新类项目转移，而对创业类项目的要求，则更加看重企业市场化的程度，不仅关注实到社会资本，更加看重企业的长远投资和发展。对申报项目提高入选难度，求

质不求量，总体来说就是更加看重企业的生存力、竞争力、发展力，评的就是企业的成长性、爆发性、增值性。

（三）合理量化指标，侧重可持续发展

更侧重企业可持续的投入和产出。对已注入社会资本的项目，关注市场投资主体的综合专业实力、注资可持续性和风控合作模式；对尚未注入社会资本的项目，侧重评估项目市场价值和投资成本效益。对已实现产出的项目，着重研究销售增长的可持续性和销售模式的合理性；对尚未产出的项目，仔细分析产品技术的市场性和投资融资的可能性。

中共宁波国家高新区（新材料科技城）党工委组织部

东钱湖旅游度假区“三位一体”培育高技能人才

高技能人才是人才队伍的重要组成部分，是产业大军的优秀代表，是技术工人队伍的核心骨干，在加快产业优化升级、提高企业竞争力、推动技术创新和科技成果转化等方面具有不可替代的重要作用。近年来，东钱湖围绕传统产业转型升级和高新产业发展布局双线并行战略，以“模式创新、政策激励、载体打造”三位一体工作为抓手，大力加强高技能人才队伍建设，提升全区技能人才结构和层次，为东钱湖打造智慧型、创新型都市功能区和文化型、生态型世界著名湖泊提供强有力的智力支撑。

一、创新培育模式，畅通技能人才提升通道

一是实施校企联合培育。鼓励区内企业和宁波甬江职高、第二技师学院等职业技术院校和技工学校合作，发挥学校育人和企业用人的耦合作用，采用开设专题培训学习、开展技能专业证书课程培训、企业新型学徒培养、定向委托培养等形式，引入先进的技能专业理念和职业资格认证体系，稳步提高培育的针对性和有效性，目前已有万金等 5 家企业与相关科研院校建立了长期人才、技术交流协作关系，全

年依托院校累计培育高技能人才120余人。

二是实施技能比武培育。采用“以赛代练”“以赛促学”“以赛推优”的培育模式，广泛开展旅游、工业行业岗位技能竞赛，举办全区首届旅游饭店行业服务技能选拔赛，积极组队参加全市旅游饭店服务技能大赛，获团体三等奖及所有单项三等奖；组织“享东钱湖之美·创疗休养胜地”的职工疗休养产品设计大赛，全区26家旅游企业参加服务产品设计大赛，提供优质参赛产品30余项；动员、选拔区内优秀技能人才参加2018“技能宁波”大赛，5名参赛人员进入单项20强，其中光辉幼儿园老师一举摘取育婴员工种“技能之星”桂冠。

三是实施分级精准培训。按照分级分类、按需培训的思路，指导、协助企业结合自身实际加强对员工技能、安全等培训，因材施教，因人施教，实现规模以上企业职工技能培训制度建立全覆盖。同时，根据培训周期和企业实际需求，每年选择1~2个全区范围急需工种集中进行专题培训，多手段铺平技能人才成长的路径。

二、加大政策激励，创优技能人才提升环境

一是出台“钱湖工匠”评选暂行办法。挖掘并激励一批在我区生产经营企业工作、拥有高技术技能、为所在企业作出较大贡献的企业实用型人才，授予“钱湖金匠”“钱湖银匠”荣誉称号，并给予最高1000元的工作津贴补助以及子女就学、安居保障、免费体检等人才服务保障。

二是出台高层次人才生活津贴发放办法。将高技能人才纳入区高层次人才范围之内，给予技师每月400元、高级技师每月1000元的生活津贴补助，以此鼓励并引导企业高技能人员实施自主培训，提升技能等级，提升积极性，在全区范围内营造“关爱技能人才、尊重技能人才、鼓励技能成才”的氛围。

三是出台完善职业技能培训工作意见。坚持培训与就业相结合，

培训促进就业的基本原则，对户籍劳动人员参加职业培训、创业培训并获得相应证书的，给予最高2000元的政策补贴，同时，对于失业人员、被征地人员和享受低保待遇等人员，参加全区职业指导、公益性岗位培训的给予培训费全额补助，全面提高全区劳动者技能水平和职业素质。

三、优化培育平台，做强技能人才发展载体

一是试点企业技能人才自主评价。立足东钱湖企业发展实际，选择产品附加值高、技能人才需求量较大的万金钣金作为东钱湖首家市级企业技能人才自主评价培养基地，邀请第二技师学院技能评价专家给予专业辅导，并配合制定以职业能力为导向，以工作业绩为重点，注重职业道德、职业素养和职业知识水平的企业自主评价体系。2018年11月，该企业已顺利通过市人社局职鉴处审批验收，获得市级示范基地的称号。

二是强化职业技能培训力量。立足区内企业及技能人才对高端优质培训资源的需求，结合相关产业发展实际，引进东韵职业技能培训学校入驻东钱湖商会大厦，重点开展育婴员、茶艺师、跨境电商三个工种的职业培训，填补了该类工种职业培育的空白，目前，机构成立审批已基本完成，并将于2019年下半年正式运作。

三是规范技能培训机构管理。完善技能培训机构动态和全过程监管机制，落实专人负责，不定期对培训工作开展、培训质量和效果、培训教学设施配置和师资、资金申报使用等情况进行抽检，探索建立年度报告评估和退出机制，对培训质量低劣、学员反映强烈或弄虚作假骗取培训资金的取消培训协议资格，充分保障技能培训对促进就业创业和稳定就业的正面作用。

中共东钱湖旅游度假区委员会组织部

人才研究探索篇

宁波实施“甬智回归”的路径和对策建议

党的十九大报告指出，人才是赢得国际竞争主动的战略资源，要聚天下英才而用之。宁波历史人文底蕴深厚、人才辈出。大量优秀甬籍人才在世界各地创新创业、工作生活。据统计，全球共有 100 多万宁波帮人士，活跃在全球60 多个国家和地区。市外“甬智”与宁波联系密切、感情深厚，一直以来都为宁波经济社会发展提供着强大智力支撑，是宁波实现高质量发展的最宝贵资源。深入分析市外“甬智”资源情况，畅通“甬智”资源回归渠道，千方百计创造条件，让各类“甬智”资源回到宁波有用武之地，留在市外有反哺之门，对宁波实施人才强市战略，走在高质量发展前列具有重要意义。为此，宁波市委组织部成立课题组，先后召开座谈会研讨会 20 余次，发放调查问卷 422 份，回收率 100%，赴武汉、大连、西安、杭州等城市实地走访，实地考察市外经促会、高校宁波同乡会等市外“甬智”组织 10 余个，个别访谈市外“甬智”100 余名，在充分掌握第一手资料的基础上，形成本课题报告。

一、宁波实施“甬智回归”的重大意义

“甬智”这一特殊人才群体，与宁波有着天然的紧密联系，是服

务宁波发展的潜在力量，应成为宁波引才聚智的重点对象。

（一）实施“甬智回归”是集聚海内外优秀人才的有效举措

当前，宁波正在习近平新时代中国特色社会主义思想的指引下，深入推动改革开放再出发、“八八战略”再深化，全面推进“六争攻坚、三年攀高”决策部署，努力实现走在高质量发展前列。人才是战略资源、第一资源，要实现这些宏伟目标，宁波市必须深化实施人才强市战略，坚定不移地走以人才为根本的创新发展之路，必须坚持开放揽才、产业聚智的工作定位，持续推进人才体制机制改革，制定更加积极开放的海内外人才集聚计划，形成具有较强竞争力的人才制度优势，加快集聚一大批引领创新发展的“高精尖缺”人才和一大批支撑产业发展的基础人才。实施“甬智回归”，就是要更好地吸引和集聚符合宁波未来发展的市外“甬智”人才，提升宁波人才储备度和竞争力，为宁波实现各项重大战略目标提供坚实人才支撑。

（二）实施“甬智回归”是密切宁波与市外“甬智”联系的情感纽带

故乡是情感的寄托，在外“甬智”大部分都有眷恋家乡、怀念故土、造福桑梓的初心，希望能够用自己的聪明才智、先进技术、雄厚实力为宁波的创新发展贡献力量。对宁波来说，迫切需要把“甬智”对宁波的乡情、亲情和友情维系好、运用好。实施“甬智回归”就是传递宁波对市外“甬智”人才的惦念之情，进一步加强情感联系、事业联系，让“甬智”人才始终感受到宁波是他们温暖的精神家园。对能够全职回甬创业创新的人才，要张开双臂热情欢迎他们回归。对暂时不能全职回归的“甬智”人才，尤其是两院院士、高层次专家学者以及知名企业界人士，要创新方式方法，鼓励和支持他们通过多种形式为宁波服务，实现“智力联系、技术回归、项目合作”。

（三）实施“甬智回归”是应对激烈城市人才竞争的因应之策

人才是战略资源、第一资源，区域之间综合实力的竞争实质上是人才的竞争。随着城市竞争的日趋激烈，各地对第一资源的渴求越来越白热化，都不约而同地将竞争的目光聚焦于和城市有某种特殊联系的市外人才，将这类人才作为重点引进的对象目标。一是实施“人才回归”类计划的城市越来越多。据统计，全国已经有20余个大中城市实施“人才回归”类计划或工程，如武汉的“校友资智回汉工程”、大连的“引凤归巢行动”等等，都成为各地重要的人才计划，为各地集聚高层次人才发挥了重要作用。二是“人才回归”创新举措越来越实。各地为了吸引人才回归，制定出台系列务实举措，人才回归效应明显。如西安市通过提供一流政务服务、支持设立研发中心、支持创办高技术企业、支持开展科技服务、优先保障用地需求、充分享受人才礼遇等6项举措，争取实现百万校友回归。三是“人才回归”类计划实施成效越来越好。“人才回归”类计划抓住了人才的核心需求，突出了一个“情”字，在实践操作中取得了良好效果。如武汉实施“百万校友资智回汉工程”以来，仅华中科技大学、武汉大学、中南财经政法大学三场校友活动就签下了4112.4亿元的项目总投资，还聘请了雷军、陈东升等一批知名校友担任招才顾问。

二、宁波实施“甬智回归”工程的现实基础

宁波籍人才遍布海内外、人才政策竞争力较强、人才净流入率跃居全国第2位，为实施“甬智回归”奠定了良好的现实基础。

（一）宁波拥有丰富的海内外“甬智”人才资源

宁波在全球拥有大量的各类优秀人才，并且呈现出层次高端、覆盖面广、成就突出等显著特点。一是顶尖人才储备丰富。以院士为例，

目前宁波籍院士已经达到116名，高居全国城市首位，约占浙江籍院士的一半。甬籍院士专业领域覆盖了中科院和工程院学科领域划分的所有学部，特别是信息、生命等学科领域内，更是集聚了众多甬籍院士，如中国科学院的生物学部216名院士中有19名甬籍院士，技术科学学部中也有13名甬籍院士。二是市外“甬智”覆盖领域全面。“甬智”人才在北京、上海、杭州、西安、南京等国内重点城市的知名高校、科研机构、实体企业、文化医疗等机构中均有分布。宁波市驻国内重点城市人才联络服务机构，对422位市外“甬智”人才从事领域进行问卷调查显示，从事实体企业的人才最多，占全部人数的30%，其次是高等教育领域占25%，再次是科研领域占23%，金融投资和专业服务分别占11%和10%，充分说明市外“甬智”人才领域覆盖全面，且层次高端（见图1）。三是市外“甬智”人才成就突出。在科学研究领域，中国第一位诺贝尔科学奖获得者屠呦呦就是知名甬籍人才，路甬祥、韩启德等是知名甬籍院士。在文化艺术领域，中央音乐学院院长俞峰、知名演奏家马友友、文学家冯骥才和余秋雨等都是甬籍人才。在企业家领域，包玉刚、邵逸夫、王宽诚等老一辈“宁波帮”早已享誉全球，丁磊、沈国军、郑永刚等新一代宁波籍企业家也在各自领域取得显著成就。

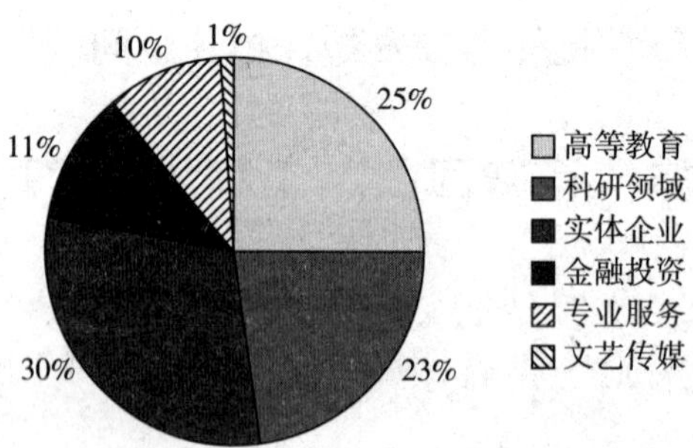

图1　抽样调查显示市外甬智领域分布情况

（二）市外“甬智”人才服务宁波的意愿较强

市外“甬智”人才始终与宁波有着特殊的情感联系，“回归”宁波、服务宁波也是大部分市外“甬智”人才的共同诉求。从高端人才看，回归宁波正呈加速趋势。宁波在多年以来没有一位甬籍院士全职回归的情况下，2018 年先后引进中国科学院柴之芳院士、中国工程院陈剑平院士、加拿大皇家工程院朱志伟院士，甬籍院士占全职在甬院士比例首次达到 27.3%。全市累计建设院士工作站 134 家，其中甬籍院士领衔建立的占到 25%。课题组在外调研座谈、个别访谈过程中，受访的高端“甬智”人才都表达出了服务宁波的强烈意愿。从高校毕业生看，有调查显示，目前大学生毕业后选择到新一线城市工作的比例正在逐年上升，2017 年有超过 60% 的大学毕业生选择到新一线城市工作，家乡城市超过“北上广深”成为受访人才优先选择的就业地。据宁波市就业局统计，宁波市 2017 年共接收高校毕业生 4.85 万名，其中甬籍大学生 2.74 万名，甬籍大学生归（留）甬占比达到了 56.4%（图 2）。课题组在对浙江大学的 30 名甬籍学子进行访谈时发现，80% 以上的学子明确表示有意向回到宁波就业创业。

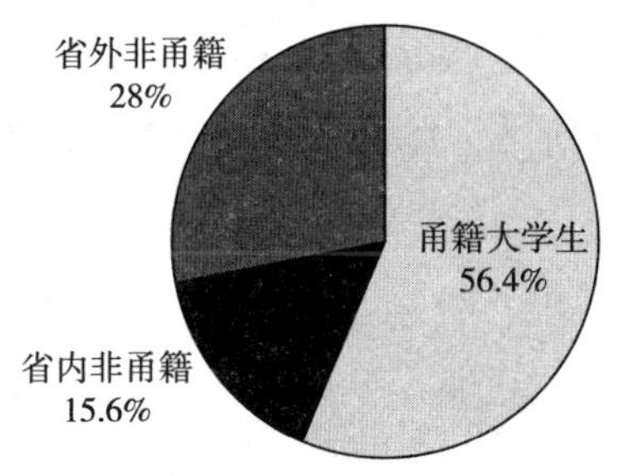

图 2　宁波市 2017 年接收高校毕业生籍贯比例分布

（三）市外“甬智”人才回归的动力不断增强

宁波将市外“甬智”人才作为吸引集聚的重要目标群体之一，不断创新政策和机制，增强“甬智”的回归动力。一是政策吸引力不断增强。2018 年，宁波市大力度出台人才生态建设“1 + X”系列举措，“1”是“加快推进开放揽才、产业聚智的若干意见”，“X”是引进顶尖人才、打造青年友好城、培育技能人才、保障人才安居、优化专家服务等一揽子实施办法，全方位打造人才生态最优市，对“甬智”等人才的政策竞争力、项目扶持力、生态凝聚力处于国内同类城市前列。二是机构延揽力不断增强。近年来，全市各地宁波经促会、宁波商会、宁波校友会等形式的“甬智”联谊组织蓬勃发展，成员联系紧密。镇海中学、效实中学、鄞州中学、慈溪中学等一批知名中学，在北京、上海、杭州纷纷建立校友组织，经常性地组织各类联谊活动。宁波还在全国 9 个重点城市设立了首批人才工作联络服务站，派驻专职人员针对“甬智”开展联络服务，为市外“甬智”回归牵线搭桥。三是活动凝聚力不断增强。宁波针对市外“甬智”人才，定期组织开展“院士智力回归”“甬籍学子宁波行”、乡情恳谈会、专家建言会等系列活动。宁波市还高规格举办“世界‘宁波帮’·‘帮宁波’”发展大会，1000 余位海内外宁波帮参会，35 个重大项目签约，总投资超 1500 亿元。系列活动的举办，为市外“甬智”回归宁波搭建了良好的活动载体，畅通了回归联络渠道。四是平台承载力不断增强。宁波积极打造甬江科创大走廊、前湾新区、新材料科技城等重大创新平台，积极吸纳“甬智”回归创业创新，并为市外“甬智”专题搭建了甬商总会、镇中校友创业园、海蓝宝“雁巢空间”等一批专属型高端平台载体。

三、宁波推进“甬智回归”存在的主要问题

（一）“甬智”的总体情况掌握还不够全面

由于“甬智”人数较多、分布广泛，且处于动态变动中，统计难度非常大。各地各部门虽然掌握少部分“甬智”信息，但全市尚缺乏

对“甬智”的精准统计与科学分类，尚未建立统筹联动的“甬智”动态数据库，不利于“甬智回归”的整体推进。实际工作中，往往掌握那些功成名就的“甬智”较多，对处于成长期的“甬智”和量大面广的在外甬籍学子等“甬智”掌握不全。特别是青年“甬智”，正处在科技创新、商海创业的关键时期，是未来经济社会发展的中坚力量，也是助力宁波高质量发展的未来力量。

（二）“甬智回归”的工作对象还不够精准

目前，宁波各类“甬智回归”的目标对象相对模糊，覆盖范围还有待进一步拓宽。一是对“甬智”的范围还未形成统一认识。实际工作中，往往停留在传统的“宁波籍”人才层面，忽视了曾与宁波有直接联系，在宁波学习、工作的人才。二是对“甬智回归”采取的工作方式还不够灵活。各地各单位在推进“甬智回归”中，更多的是期望“甬智”全职回到宁波，开展创业创新实践，但在“甬智”的智力柔性回归、柔性服务宁波方面，还缺乏真招实招和创新举措。三是对“甬智”中的基础人才关注度还不够。现阶段“甬智回归”的实施对象更多集中于院士、企业家等高端人才，但对于甬籍学子、在甬高校校友的关注度还不够高，定向吸引他们回归的创新举措还不够丰富。以2017届浙江大学毕业生为例，共有宁波籍毕业生305名，其中来甬人数为85名，仅占甬籍毕业生的27.9%（如图3所示）。

（三）“甬智回归”的联动机制还不够健全

宁波“甬智回归”工作缺乏一个总揽全局的系统工程或计划，各地各部门推进“甬智回归”还存在零敲碎打、各自为战的情况。从政策看，宁波推进“甬智回归”还缺乏系统性集成性的专项政策支撑，目前各项有助于“甬智回归”的举措还散见于各类政策中，集成度、识别度不够，不利于市外“甬智”对照了解。从渠道看，现有的驻

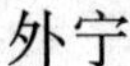

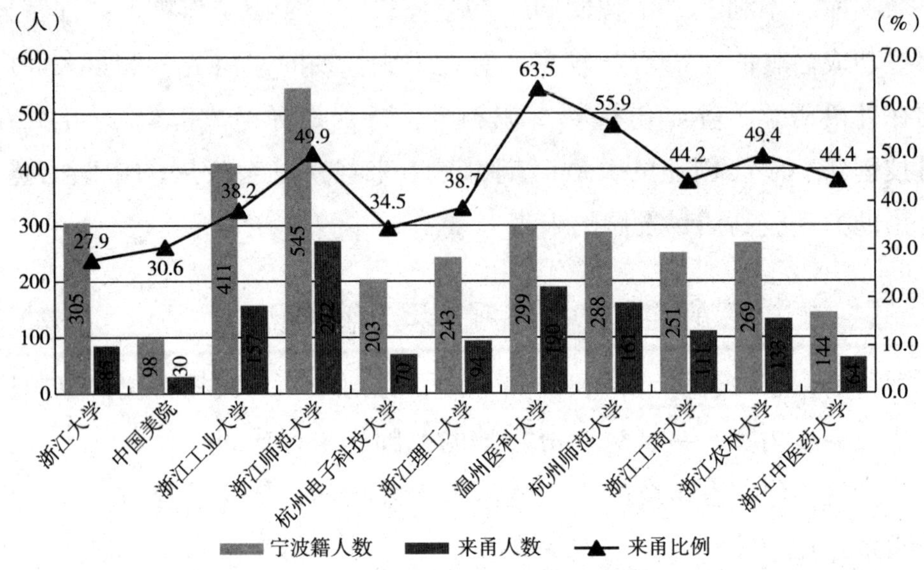

图3　省属重点大学宁波籍来甬情况

波商会、经促会联络联谊作用较好，但助力“甬智回归”的载体作用发挥不够明显。调研中，82%的受访者认为，同他们沟通最多的是经贸会、商会和校友会，这说明市级部门同“甬智”的联系不够密切，定期沟通机制尚未建立起来。从平台看，宁波还没有市级层面的“甬智回归”专门创业园区，也缺乏统一的面向回归“甬智”的综合服务联络中心，影响了宁波集聚“甬智”的平台集聚力。

四、宁波实施“甬智回归”要处理好五对关系

（一）处理好“甬智回归”和“甬商回归”的关系

知识经济时代，人才在哪里，项目就在哪里，资本就在哪里。在新时代，人才工作的定位已从“支撑发展”转向“引领发展”。“甬智回归”和“甬商回归”都是推动资金、项目、人才等要素资源回归的有效举措，但两者各有侧重。“甬商回归”侧重于招商引资，以资本

的回归，带动技术、人才等资源要素的集聚，而“甬智回归”侧重于以招才引智，带动项目和资本的集成式回归。在新发展理念下，“甬智回归”要与“甬商回归”统筹联动，建立“甬智＋项目＋资本”的工作机制，以集聚高端“甬智”为切入点，充分发挥“甬智”的引领性、先导性，助推高质量发展。

（二）处理好全职回归和柔性回归的关系

要用开放的眼光、共享的视角看待“甬智回归”，对“甬智”是否全职回归不求全责备。具体操作中全职引进和柔性回归两者并重，对适应了海外工作生活环境或需要市外更广阔平台的高端“甬智”，要以合作共赢为纽带，鼓励采取柔性回归的方式，吸引“甬智”的智力回归；对契合宁波产业发展需要、愿意回到宁波的各类人才，要千方百计创造条件，努力实现全职引进回归，让他们扎根宁波，为宁波的发展做出更大贡献。

（三）处理好回归前和回归后的关系

“甬智回归”是一个长期性、持续性的专项工程，要始终关注、全程服务。“甬智”回归前，工作重心应侧重保持相对稳定的情感联系，重在介绍家乡的发展成就、创新政策。“甬智”回归后，工作重心应侧重支持他们事业发展、生活生产，重在服务和保障。要建立“甬智”的全链条全方位人才创新创业服务体系，切实解决市外“甬智”回归前后的各类问题和困难，激发市外“甬智”的回归之情，拴住回归“甬智”的留甬之心。

（四）处理好“甬智”人才和其他人才的关系

实施“甬智回归”，既要体现宁波对“甬智”人才回归的强烈渴望之情，也要展现宁波开放揽才、兼容并蓄的宽广胸怀，让更多人才选择宁波、回归宁波、留在宁波。要精准实施“甬智回归”工程，加强政策实施的平衡性和统筹度，充分考虑非“甬智”人才和“甬智”人才的特殊需求，突出对“甬智”的情感牵引，防止相关支持政策向“甬智”过度倾斜、有所偏颇，影响人才工作整体效果。

（五）处理好“甬智回归”与作用发挥之间的关系

“甬智回归”要坚持以产业为导向、以用为本、以实绩论英雄的工作要求，不做表面文章，不为引进而引进、为回归而回归。要充分考虑宁波城市、产业对回归人才的吸引力、承载力，结合宁波产业创新转型发展需求，有的放矢、精准施策，在实践中检验“甬智回归”工程的实施成效，推动“甬智回归”与宁波发展同频共振、相得益彰，真正做到“甬智”和城市、产业协同共生。

五、精准定位“甬智回归”工程的实施对象

要以开放思维来明确“甬智回归”的实施对象，凡是祖籍在宁波、成长于宁波、曾在宁波学习工作过或与宁波有其他特殊关联的，都应纳入“甬智回归”的范围。具体实践中要分类施策，突出5类重点对象。

（一）甬籍院士顶尖智力

院士是最宝贵的人才资源。要把甬籍院士作为“甬智回归”的重中之重，定期向他们介绍宁波重大决策部署、最新发展形势，在加强感情交流、乡情交流的基础上，宣传宁波市引进顶尖人才专项政策，精准分析甬籍院士的专业领域、担任职务和回归意愿，围绕宁波重点打造的2个万亿级、4个五千亿级、6个千亿级产业集群，争取更多的甬籍院士全职回归，注重吸引院士的学生、助手、团队等来宁波创业创新。依托在甬的高等院校、科研院所等科研平台，企业工程中心、

研究院等创新平台，院士工作站、院士高端智力服务工程等合作平台，积极吸引甬籍院士采取多种形式，实现智力回归、技术回归、团队回归，全方位形成甬籍院士服务宁波创新发展的新格局。

（二）甬籍高层次专家学者

甬籍在外知名专家学者、专业技术人才、高技能人才等优秀高层次人才遍布世界，要畅通信息对接渠道和回归路径，在“3315 系列计划”等重大人才引进工程中，对甬籍专家学者予以适当倾斜，给予优先支持。要发挥用人单位的主体作用，大力支持高等院校、科研院所、医疗机构等用人主体，创新引才用智工作举措，加大力度引进知名市外甬籍专家学者。要鼓励企事业单位通过全职引进“甬智”、设立专家工作站、聘请“星期天工程师”等灵活多样的引才引智形式，吸引甬籍高层次专家学者回归。

（三）甬籍知名乡贤人才

知名乡贤有着独特的影响力、带动力。包玉刚、王宽诚、邵逸夫等老一辈知名乡贤兴建高校，培养了大量人才。丁磊、秦荣华、曹其镛等新一代乡贤实业兴甬，为宁波集聚了一批高端人才。要研究实施乡贤人才集聚行动，重点针对功成名就的在外甬籍企业家、社会活动家等知名乡贤，主动加强情感联系，动态跟踪他们的事业发展，吸引他们投资创业、研发创新、开坛讲学。对回归乡贤，要在人才政策、产业扶持、荣誉激励等方面，给予更大倾斜支持，努力形成示范效应，打造乡贤回归故里、乡贤引领产业的生动局面。

（四）在甬高校优秀校友

近年来，宁波每年有 4.3 万名高校毕业生走出校门，有 53% 的毕业生选择到了市外发展。当前，宁波正加快高水平大学建设，随着浙江大学“五位一体”校区、国科大材料学院、北航研究生院等一批知名高校先后建成，到2022年全日制在校生将达20万人，必将有更多的校友广泛遍布世界各地。对这一宝贵的校友资源，要发挥在甬高校的主体作用，引导广大在外校友携技术、项目、资金和团队回归宁波。要在产业对接、金融扶持、项目推进、服务保障等方面，对回归校友给予全力支持，引导更多从宁波高校走出去的校友回归。

（五）甬籍优秀学子

宁波基础教育发达，每年有3.44万名学子进入高等院校，到市外高校就读的学子比例达85%，他们是宁波潜在的人才资源。要全力打响宁波“青年友好城”这一全新的人才工作品牌，深入实施青年才俊集聚计划，持续举办人才科技周活动，对在外学子回甬参加招聘会持续给予路费补贴，更加积极组织开展校园招聘活动，吸引甬籍优秀学子回归。要积极发挥宁波知名中学作用，加强与在外甬籍学子的信息联络和情感沟通，宣传宁波吸引大学生的各项政策，宣传宁波城市品质提升的新进展，让甬籍学子关注家乡、回到家乡。

六、加快推动“甬智回归”的路径对策

宁波实施“甬智回归”，要秉承开放揽才、产业聚智的工作理念，聚焦市委市政府“六争攻坚、三年攀高”行动部署，着眼“甬智”全职回归、柔性助甬，找准路径、精准施策，统筹联动、全盘发力，充分激发市外“甬智”人才眷恋家乡、造福桑梓的热情，加快形成政策合力、工作合力，实现“甬智”人才的“感情回归、智力回归、技术回归、项目回归”。

（一）全面摸清“甬智回归”的基本信息

摸清“甬智”底数，找准宁波与市外“甬智”的关联点，是有效

开展“甬智回归”工作的前提。要把建立“甬智信息库”，放在工作首位，组织开展“甬智”普查工作，科学界定五类“甬智”范围，对他们的总体情况进行全面排摸，横向到边、纵向到底，把每个年龄段、每个行业、每个地区的“甬智”都吸纳进来，全面掌握“甬智”的工作单位、职务、职称、履历、专业、特长等信息。对数据库进行随时维护和动态更新，第一时间掌握“甬智”的新成果、新发展、新业绩。特别是要摸清宁波与市外“甬智”的关联所在，如同学、亲朋等联系链条。将数据库赋予相关政府职能部门、高校、医院、科研机构以及企业一定的共享权限，相关单位在共享“甬智”资源的同时，也可将所需人才及技术通过数据库公开发布，实现用人单位找“甬智”与“甬智”找合作单位之间的无缝对接，真正实现“甬智”资源利用的最大化。

（二）加快畅通“甬智回归”联系渠道

以加强情感交流、乡情联系为重点，统筹政府和市场两个主体、招才和招商两个网络、“宁波帮”和“帮宁波”人士两个资源，进一步优化海外人才工作站、国内重点城市人才联络站，点面结合、以点带面，全面联系不同类型、不同区域的市外“甬智”，争取实现联系全覆盖。对甬籍院士、高端人才、知名乡贤等“甬智”，建立“一个人才、一套方案、一名领导、一组团队”的联系机制。对在甬高校优秀校友，要鼓励和支持在甬高校举办校友回归专场活动，在市外、海外成立校友会，聘请一批知名校友担任校友回归召集人，以点带面，与优秀校友建立密切联系。对甬籍优秀学子，要鼓励和支持知名中学，在市外高校成立“同乡会”等联谊平台，与广大学子保持紧密联系。对具有未来潜力的青年“甬智”，要发挥共青团的独特优势，组建一批市外高校宁波学生联盟等交流平台，经常性组织他们到宁波产业园区、企业等层面考察交流。积极发挥市外经促会、商会、校友会社会团体力量，在社会团体中设置“甬智联络站”，以“甬智回归”为重点，加强市外“甬智”的联系联谊。

（三）有效凝聚“甬智回归”政策合力

加强“甬智回归”政策的顶层设计，整合集成分散于各类人才、教育、科技、对外开放等政策中有助于推动“甬智回归”的相关措施，特别是整合“甬商回归”相关政策措施，出台加快推进“甬智回归”实施意见，提高政策的辨识度，形成推进“甬智回归”工作的统领性政策。鼓励各地各部门根据意见精神和要求，结合自身工作职能和区域实际，出台细化落实“甬智回归”的专项政策，形成宁波推动“甬智回归”的政策体系，打造为独具宁波特色的“金字招牌”。研究专项政策，鼓励各类企事业单位，抓住“北上广深”人才溢出效应，有针对性地引进一批有意回归宁波发展的高端“甬智”。以“政府引导、市场募集”的方式，组建“甬智”基金，定向用于支持“甬智回归”的创业创新项目。

（四）整合创新“柔性归甬”工作机制

通过组建专家咨询委员会、召开宁波发展建言恳谈会、组建新型智库等方式，创新“甬智”柔性回归机制，吸引各类专家为宁波建言献策。充分运用建设院士工作站、开展项目联合攻关、聘请客座教授等引智模式，吸引市外高端“甬智”来宁波服务、柔性助甬。经常性举办宁波推介会、知名人士走访慰问、节假日恳谈和市外甬籍人才在甬亲属联谊等活动，定期组织市外“甬智”参观宁波发展成就展，展示宁波人才良好生态，提升“甬智”对宁波的归属感、认同感和荣誉感，坚定人才回归的信心。

（五）统筹打造“甬智回归”承载平台

抓住宁波推进“一带一路”建设综合试验区、“16+1”经贸合作示范区、全市域国家自主创新示范区建设等契机，加快打造甬江科创大走廊、前湾新区等战略平台，提升对“甬智”的承载能力。谋划打造市级“甬智回归”创业创新园，作为全市重大“甬智回归”项目的承载平台。支持各地结合自身产业实际和市外“甬智”资源特色，整合提升原有的创新平台，积极打造一批“甬智回归”主题创业创新平台（园区），为入驻平台的“甬智”人才提供创业创新“一揽子”支持。鼓励各地为入驻“甬智回归”创业创新平台、开展创业活动的人才，安排优惠办公和中试生产用房，统筹给予土地、金融、产业等优惠扶持。对建设成效明显的“甬智回归”创业创新平台，给予一定激励扶持，鼓励和推动平台做大做强。

（六）聚力健全“甬智回归”服务体系

落实“最多跑一次”改革，加快建设开放式全球引才网络平台，持续推进甬商总会、人才工作联络站、宁波校友会等机构建设，培育一批人才工作合作机构，形成政府和市场的合力，打造“宁波甬智回归服务总联盟”，开展“甬智回归”的协调对接和服务保障工作。采用政府购买服务形式，鼓励各类市场化人才服务机构开展“甬智”引进和服务工作，在“甬智”资源密集的区域，针对性选择一批知名人才中介服务机构开展长期合作，创新开展宁波城市品牌、企业雇主品牌宣传工作以及学子的组织发动工作，定向吸引“甬智”回归。建立“甬智回归”项目全程服务和代理机制，整合产业、科技、金融、人才等各类政策，积极为回归人才和项目提供技术咨询、转让、开发等方面服务。加强对“甬智回归”人才和团队服务机制，在落户、住房、就业、医疗、子女入学等方面给予优质服务。

（七）积极营造“甬智回归”的良好氛围

建立市委人才工作领导小组统一领导，各级各部门密切配合、共同实施、合力推进的“甬智回归”领导体系。建立“甬智回归”联席会议制度，研究和解决工作推进中的重大问题。建立“甬智回归”考核督促机制，推动各级各部门把实施“甬智回归”列入重要工作议程，确保取得实效。加大对“甬智回归”工程的资金投入力度，引导社会化资金投入“甬智回归”工程，运用市场化模式成立“甬智回归”专项支持资金，定向用于举办各类“甬智回归”活动、支持“甬智”创业创新项目等。充分利用各类新闻媒体宣传报道回归“甬智”人才的奉献精神和鲜活案例，努力营造社会高度关注、各界广泛支持、“甬智”踊跃参与的浓厚氛围。

中共宁波市委组织部课题组

宁波加快建设国际人才社区的对策研究

建设国际人才社区是吸引集聚国际化人才，营造适合国际化人才创新发展、和谐宜居的“类海外”环境，大力推进城市国际化的有效途径。习近平总书记曾多次强调：要以更加开放的视野引进和集聚人才，用国际通行的有效办法、更有吸引力和竞争力的政策措施、更便捷的服务吸引国际化人才。建设国际人才社区可在一定程度上满足国际高端人才流动和创新发展的需要，也是当前各地积极吸引集聚国际化人才行之有效的方法。因此，宁波加快建设国际人才社区，对于优化引才聚才环境、提升城市综合品质具有重要意义。本课题通过与宁波诺丁汉大学相关专家学者合作，采用文献分析、实地调研、问卷调查、个别访谈等方法，赴北京、上海考察当地国际人才社区建设现状，通过走访调研宁波相关国际人才集聚区域，面向国际人才发放调查问卷100余份（回收率95%），并多次召开课题研讨交流会，在充分掌握第一手资料和相关课题研究成果基础上形成本调研报告。

一、建设国际人才社区的重要意义

国际人才社区是指以一定地域为基础，社区中国际化人才数量达到一定比例，社区相应的组织制度、服务体系、环境设施趋向国际标准，包容各类文化和生活方式，不同国家、种族、民族背景的人能够和谐共处的城市社区。20 世纪 80 年代以来，全球范围内的政治、经济和文化的广泛交流加速了主要城市的国际化进程。这一过程不仅是经济产业和资源集聚的过程，更是一个人口重新组合和集聚融合的过程，吸引了大量海外移民，使城市人口变得更国际化。城市国际化发展和城市移民国际化直接催生了国际人才社区的形成。国际人才社区的发展和完善，能够为国际化移民提供良好的生活条件，为城市国际化的发展奠定坚实的物质和文化基础，是加快城市国际化进程、提升城市国际化品质的基本方略。城市国际化、移民国际化与国际化社区之间形成了一种互相影响的互动关系。

一是建设国际人才社区能够增强对国际化人才的吸引力。最新发布的福布斯中国《2018 全球人才流动和资产配置趋势报告》指出，国际人才流动除受到人才政策、经济格局、社会环境和科技创新这四大传统因素的影响外，还受到政治因素、文化历史形象、影响生活质量的因素、文化体验感的重要影响。优质的生活工作环境是吸引国际化人才的重要因素。

二是建设国际人才社区能够增强国际化人才对该区域的归属感。国际人才社区能够直接为国际化人才提供高品质的生活保障，人们共同拥有的特定文化环境和类似的生活行为方式、心理情感结构、价值体系更贴切国际化人才自身行为、情感和价值体系，容易令国际化人才产生心灵连接，让人才有家的感觉，提高归属感。

三是建设国际人才社区能够激发国际人才的创业创新激情。国际人才社区能够为国际化人才提供更加优质的创业创新一体化服务，满足国际化人才多元化的社交需求，营造良好的创业创新环境，为国际化人才创业创新提供更强助力。

二、相关高能级城市国际人才社区建设经验

（一）北京：统筹谋划四个国际人才社区试点

北京市政府 2017 年出台的《关于推进首都国际人才社区建设的指导意见》中统筹谋划建设朝阳望京、中关村大街、未来科学城、新首钢等四个国际人才社区试点区域，以国际化人才需求为导向，打造一批有海外氛围、有多元文化、有创新事业、有宜居生活、有服务保障的特色区域。北京市将建设国际人才社区作为优化首都人才发展环境、提高北京吸引集聚国际化人才能力的重要手段和载体。北京市通过国际人才社区建设为国际人才创业创新搭建良好的承载平台，提供住创一体的生活配套，确保国际化人才引得进、留得住、用得好，着力打造“国际人才聚集区、人才政策试验区、创新创业示范区、宜居宜业典范区”。北京市将国际人才社区建设区分为中期目标和远期目标。中期目标为到 2020 年，首批国际人才社区试点区域建设基本完成，与国际化人才相适应的政策体系基本建立，公共管理服务水平不断提高，国际化工作、生活、文化氛围逐渐显现，首都国际人才社区品牌初步树立，取得明显的人才集聚效应。远期目标为到 2030 年，国际人才社区集聚人才的能力不断增强，成为国际人才创业创新与宜居宜业协调发展的典范，社区试点范围逐步扩大，城市国际化水平大幅提升，辐射带动京津冀区域形成更大范围的国际人才聚集区。

（二）上海：持续发挥国际人才社区人才集聚作用

上海市作为国际化大都市，一直都是国际化人才集聚度较高的区域。上海在 20 世纪 90 年代就建设了碧云国际人才社区，该社区以超前的规划和理念，按照外向型、多功能、现代化国际新城的功能定位，参照国际标准和惯例进行建设，是迄今为止上海规模最大、社区配套

功能最完善、综合环境最具创意的国际人才社区，聚集了来自世界 60 多个国家和地区 1000 余户外籍人才家庭。最近，上海在推进全球科技中心建设过程中，同步加大对新类型国际人才社区建设的关注和投入。为满足部分科学家、科研人员、高级人才的居住需求，上海 2018 年谋划在张江核心区域建设国际社区人才公寓，“以科创为特色，集创业工作、生活学习和休闲娱乐于一体的现代新型宜居城区和市级公共中心”，张江国际社区人才公寓以小尺度、多层为主，开放的街区增加了周边居民的接触活动，增强社区活力。

（三）建设启示

从北京、上海两地国际人才社区建设实践来看，国际人才社区建设中要综合考虑多方面因素：一是要选择经济活力强和就业机会高的区域；二是要在设计上兼顾文化多样性，呈现出包容开放的姿态；三是要配备国际化高标准的设施和服务，确保居住在社区内的国际居民的生活品质；四是要以明确的出入境政策和高效治理来聚集高端人才；五是在建设模式上可以使用政府引导、市场力量参与的共建模式，充分发挥各方优势，共同为社区建设做出贡献。

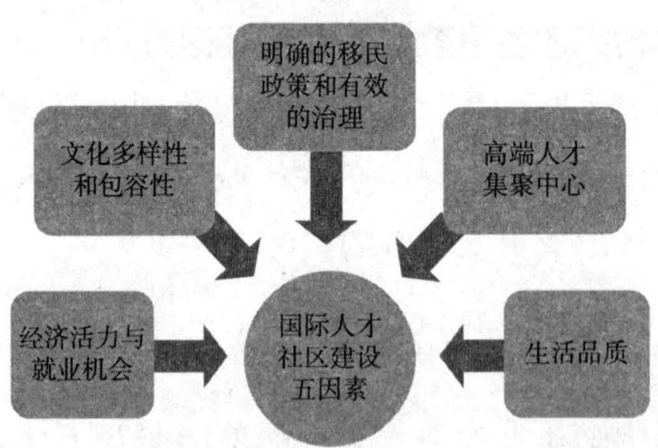

图 1　先发城市国际人才社区建设重要影响因素

三、宁波建设国际人才社区的现实意义和基础条件

（一）在甬国际化人才需要国际人才社区的有效支撑

截至2017年底，稳定在宁波工作的外籍人才约为2700人，加上家属成员，宁波外籍人士共计8000人左右，主要来自韩国、美国、日本、英国和德国等。2700名外籍人才中，高端人才（A类）682人，占外籍人才总数的25.72%；专业人才（B类）1737人，占外籍人才总数的65.50%；其他外籍人才（C类）203人，占外籍人才总数的7.65%。稳定在宁波工作的外籍人才男女比例为8∶2，主要年龄段在30～50岁之间。上述外籍人才中，30%拥有硕士或博士学位，55%为本科学历，涉及用人单位约2000家。同时，宁波还拥有海外归国人才3.5万人左右，其中海外高层次人才1.1万人左右。

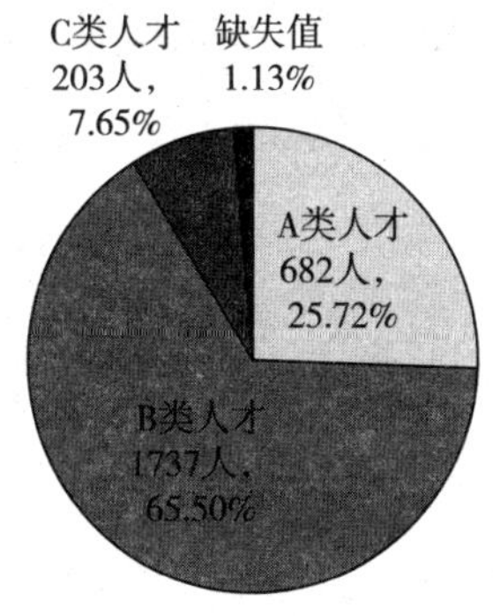

图2　宁波外籍人才的总量结构

调研显示，85%以上的在甬国际化人才（含外籍人才和海外归国人才）对在宁波生活和创业创新表示满意，但同时有82%以上的国际化人才表示宁波有必要建设国际人才社区，并期望自己能居住在国际人才社区内。

（二）国际人才社区有助于解决当前国际化人才的切实需要

调研显示，国际化人才选择在宁波生活和工作最看重因素依次为：生活安全舒适度、优质的健康和医疗服务、低环境污染、宁波的经济发展和就业前景。国际化人才在宁波面临的主要挑战是住房、医疗、子女教育等问题。在住（租）房方面，33% 以上受访者表示寻找到合适住（租）房非常困难，37% 的受访者表示一般，认为寻找住（租）房容易的外籍人员低于 30%；主要问题在于认为不易于寻找到有较好配套服务的住（租）房屋。在医疗方面，国际化人才认为中国医生对于病人隐私的保护意识薄弱，一些“近距离身体接触”的中式诊治方式容易令外籍人才产生不适，去公立医院治疗会耗费大量时间成本。在子女教育方面，60% 以上的国际化人才认为在工作地点附近无法找到较为优质的国际化教育资源，影响了生活居住的质量。建设高品质的国际人才社区将有助于解决国际化人才最关注的生活安全适度等问题，为国际化人才提供系统化、高品质的居住、医疗和子女教育服务。

（三）宁波具有建设国际人才社区的良好基础

宁波从 2016 年初就启动建设国际人才社区的实践探索。老外滩作为宁波市独特的中西经济文化交流的特色街区，积聚了大量人气，具备较好的外籍人士活动基础。宁波在老外滩核心区域挂牌“老外滩国际人才社区”，由市场机构负责实际管理。宁波老外滩国际人才社区以引产聚才打造宜居宜业国际化家园为目的，主要设置三大区域板块：人才资本项目的碰撞聚变区、国外智力项目的信息汇集区以及国际化人才休闲区。在此基础上建立四大功能平台：信息发布平台、综合服务平台、文化交流平台和商务对接平台，从生活、居住、休闲、工作和创业各方面，为外国人才、海外留学归国人才、在宁波的留学生、准备出国的预备人才以及来自港澳台地区的人才提供服务。老外滩国际人才社区的建设强调软硬实力同步发展，既为国际化人才在宁波生活工作提供良好的居住和就业环境，也为建立更深的文化纽带，加深国际化人才尤其是外籍人才对于宁波的了解，增强对宁波的感情提供平台和窗口。

（四）宁波为国际化人才服务的市场化机构活跃

目前，宁波已集聚一批为外籍人才服务的第三方机构和社交群体。在外籍人才服务方面，较有知名度的第三方机构有宁波灵达商务服务有限公司，专业为外籍人士提供综合安居、搬迁及商旅服务。另有沐兰和 Find in China 两大专为外籍人士提供信息交流的平台，主要职能为发布宁波政策、生活和工作信息、搭建网上二手市场、组织宁波及周边地区活动和旅游。此类第三方机构已具有一定的市场影响力，比如灵达商务的服务对象遍布宁波，且与宁波外籍员工主要用人企业建立了良好的合作，沐兰和 Find in China 两大服务机构的平台外籍使用者都在 500 人以上，在外籍人才圈内有一定声誉。此外，宁波外籍人才还自发组织一批社交群体，如宁波外派人员社群、宁波国际女性社群以及外籍人士创新创意社群等。

四、宁波建设国际人才社区的方向和基本要求

（一）宁波国际人才社区的建设方向

宁波建设国际人才社区的目标人群应该是具备高素质、高技能、有创造性的国际高端人才，要通过营造“舒适、安全、便捷、包容性强”的有国际氛围、有多元文化、有宜居生活、有服务保障、有经济活力、有较高人气的特色区域，提升国际化人才在宁波生活和工作的幸福感和归属感。国际人才社区应该以宁波特有品牌和文化为根基，

以国际化人才需求为导向，开发适合宁波国际化人才的社区元素，让国际人才社区成为“聚天下英才”的人才高地。

（二）宁波国际人才社区建设应当把握的基本要求

——政府引导，市场主体。处理好政府引导与市场主体的关系，充分尊重市场规律，通过积极发挥政府的推动作用来撬动市场力量。通过在国际人才社区综合谋划实施支持创新创业的产业政策、人才政策，在居住空间、创业空间、医疗保险等方面给予国际人才相应政策支持，引导国际创新创业人才向宁波集聚。

——多元包容，开放共享。从国际化人才需求角度出发，尊重不同国家人才的文化差异、信仰差异、语言差异和习惯差异，求同存异、促进共生、追求和谐，着力形成多元文化背景人才共存交融的宽松氛围。在园区规划、空间布局、公共服务等方面坚持开放共享，引导国际化人才便捷、均等地享有各类创业创新支持举措。

——系统全面，宜居宜业。按照国际理念和国际标准，整合区域内教育、医疗、文体等优质资源，营造良好的创业创新和营商环境，吸引外籍人才创业孵化机构、国际商业服务和中介机构入驻，打造一流的硬件设施、提供一流的政务服务、培育一流的双创生态，建设融工作、生活于一体的国际人才公寓、创客小镇等国际化人才聚集区，最大限度地实现国际化人才引得进、留得住、用得好。

——上下联动、协同发力。市、县、乡三级协同联动，加大各类资源要素向国际人才社区倾斜力度，合力打造国际化人才聚集高地。通过政策引导和支持，吸引符合宁波市重点发展产业的海外高端人才，打造具有国际核心竞争力的特色产业集群，搭建科技成果就地转化服务平台，实现创业与创新的联动，突出创新核心，整合区域优质创新资源，建立健全创新创业生态系统。

五、宁波国际人才社区建设的具体路径

（一）明确宁波国际人才社区建设选址和功能定位

宁波国际人才社区建设要充分借鉴北京、上海等地的实践经验，结合宁波区域实际，综合考虑区域资源禀赋、建设基础、文化氛围、产业集聚和政策支持力度等因素，采用有步骤、分区域的方式推进建设，重点谋划三个国际人才社区区块，打造“一体两翼”的宁波国际人才社区建设格局。“一体”就是东部新城国际人才社区，集聚市、区两级资源，在宁波城市新的核心区块探索建设一个全新的国际人才社区。发挥东部新城新兴产业基础较好、交通便利、配套完善、城市品质较高等综合优势，依托甬江科创大走廊、甬江人才创新中心等平台，辐射南北两大高教园区、国家自主创新示范区等重点区域，提供高品质的国际化医疗、教育和安居服务，成为宁波国际化人才集聚新高地。“两翼”：一是整合提升老外滩国际人才社区。充分发挥老外滩国际人才集聚的优势和原有国际人才社区建设基础，突出政策服务、创业交流、生活休闲主题，适当谋划整合一批适合国际化人才租住的高品质人才公寓，新建国际人才一体化综合服务平台，支持江北区人才资源服务产业园拓展国际人才资源的供需配给和保障服务功能，整体提升现有老外滩国际人才社区的综合服务功能。二是探索建设北仑国际人才社区。远期考虑在北仑区块建设国际人才社区，发挥滨海城区优势，依托北仑区国家引进外专智力示范区和海外工程师集聚的良好基础，支持北仑区建设国际人才社区，引导国际化人才为北仑区和梅山新区的海洋经济发展提供更大助力。

（二）创新举措集聚各类国际创新创业人才

一是加快落地国际化人才出入境等特殊支持政策。加快宁波争取

外国人出入境事项便利化政策落地，加大在国际人才社区的宣传和推广力度，为国际化人才提供包括出入境管理便利措施、来华签证特殊政策、永久居留权等事项办理服务。积极争取外籍高端人才个人所得税补贴、科研设备进口税收减免等政策在国际人才社区逐步推行，鼓励国际人才参与各类科研项目，与宁波企业合作课题攻关，推动股权激励、成果收益分红等政策向参与联合攻关的国际化人才适用。积极推动国际职业资质认证、国际人才职称评定等许可事项落地。

二是支持国际人才社区引进国际化人才资源。鼓励支持国际人才社区引进以外籍人才为主的创业团队，支持高新技术企业直接聘用外籍人才，对引进外籍人才达到一定数量的园区和企业给予奖励。支持外国留学生在国际人才社区就业创业，鼓励支持区域内企业、机构和组织按照条件聘用外国留学生，组织外国留学生招聘会，为企业吸引延揽外国留学生人才搭建平台。用足用好外国留学生相关支持政策，支持外国留学生到高新技术企业就业或创办高新技术企业，对聘用外国留学生达到一定数量的企业、吸引外国留学生创业团队达到一定数量的创业载体给予一定奖励。

三是推动社区人才国际化发展。支持国际人才社区内符合条件的单位设立博士后科研工作站，将博士后日常经费资助、科研活动资助、国际化培养交流资助适当向社区内的博士后科研工作站倾斜，支持工作站开展国际化人才培养，包括申请“甬江学者计划”、国际化培养交流派出和引进计划等。聘用外国专家、海外工程师等到国际人才社区开展短期技术咨询、服务及交流的，提供国际旅费、生活费等经费支持，支持社区国际化人才申报省级以上重点人才计划、市“3315 系列计划”等人才支持政策。

（三）健全完善国际人才社区服务支撑平台

一是建设国际人才政务服务中心。整合政府相关部门服务资源，在重点国际人才社区建立国际人才政务服务中心，打造集人力资源、社会保障、公安户籍等功能于一体的高端人才服务体系。落实国家移民局支持宁波有关出入境政策便利措施，推进外籍人才出入境管理改革试点建设。建立一支国际交往能力突出、业务能力熟练的工作人员队伍，更好为国际化人才提供便捷高效的服务。加强信息化建设，建立国际高端人才基础信息库，动态掌握国际化人才的流动情况、需求情况和发展情况，提高国际化人才服务效能。

二是完善国际化人才资源的市场服务。进一步做大做强宁波现有国际人才市场化服务机构，支持江北区、鄞州区和保税区人力资源服务产业园区发展国际化人力资源服务业务。加快推动放开外资人力资源机构准入限制，吸引知名的国际科技中介、人力资源中介、商业服务机构、商会组织总部等中介入驻国际人才社区或设立分中心，通过中介机构搭建起国际化人才来甬创业或工作的桥梁纽带，并用市场化方式满足国际化人才的各类服务需求。

三是打造国际人才创新创业平台。在国际人才社区支持打造国际人才创新创业园区，重点支持国际化众创空间、留学人员创业孵化器等国际人才创新创业聚集空间建设。支持东部新城国际人才社区建设国际人才大厦，选取东部新城“门户”区域商务楼宇，运用智能建筑、智慧办公等技术手段，建设国际人才大厦。根据人才工作需求，提供国际互联网、全球电视电话会议系统、数据跨国处理云办公系统等硬件环境。

（四）积极打造“类海外”社区公共服务环境

一是打造国际化教育服务体系。进一步满足国际高端人才对子女的国际化教育需求，在国际人才社区内利用 3 年左右的时间，规划建设 3 所以上与国际化教育完全接轨的国际学校。整合提升现有华茂外国语学校、宁波滨海国际学校等国际学校办学水平，构建能够满足国际化人才需求的基础教育服务体系，为区域内各类国际化人才子女教育提供优质服务。

二是打造国际化医疗服务体系。通过与国际医院合作成立合资医院，或引进国际医学人才，确保在宁波储备相当数量的精通外语、医术精湛的国际医生。争取与上海等地合作，共享医疗资源，邀请上海和杭州的国际医生定期到国际人才社区出诊或提供咨询服务。努力创造条件，尽快建设打造若干家符合国际化标准的综合医疗机构，利用优质医疗资源为国际人才提供便捷、优质的医疗服务。加强与国际主流保险公司合作，在定点医院实现与国际医疗保险结算体系直接衔接。

三是打造国际化社区环境。加强统筹规划，在国际人才社区内重点交通枢纽、道路沿线、景观绿地、公共设施及重点单位设立多语种图文标识，建设一套符合国际标准、融入中国元素、美观通俗易懂的标识体系。系统编制国际人才社区公共区域景观提升方案，在现有基础上，增加景观绿量，全面提升区域绿化水平。科学考虑国际人才社区环境规划，采取规范户外广告设置、打造优美大街等措施，促进社区环境更加整洁、文明、规范、有序，营造美丽的城市景观环境。

中共宁波市委组织部课题组

宁波加快打造长三角区域人才高地研究

根据市委、市政府参与长三角一体化、深化沪甬合作工作部署，市委组织部围绕“六争攻坚、三年攀高”决策部署和“党建争强”工作方案，就宁波与上海两地开展人才领域合作的基本情况、主要需求进行调查研究，并提出对策建议，形成本研究报告。

一、基本情况

近年来，宁波充分发挥沪甬两地地域相邻、人缘相亲优势，积极与上海开展人才领域合作，大力交流对接高端人才和科教资源，合力推动人才共育、资源共用、成果共享。

一是人才对接趋于多元化。在引才机构建设方面，2016 年 2 月，在市政府驻沪办经济合作处增挂人才工作联络处牌子，2018 年 3 月，成立宁波市驻上海人才联络服务站并派出挂职干部，负责宣传推介宁波创业创新环境和联系服务在沪各类高层次人才。在引进高端人才方面，2018 年初专门赴上海开展“3315 系列计划”政策宣讲会，发挥人才政策对高端人才的集聚效应，截至目前，入选“3315 计划”的 138 个高端团队中，有 16 个团队、100 余位高层次人才来自上海。在引进高校毕业生人才方面，每年组织参加在上海举办的浙江省人才洽谈会，先后组团赴复旦大学、同济大学、东华大学、华东理工大学等上海重点高校举办各类校园招聘活动 10 余场，每年邀请上海等长三角地区城市近 6000 名高学历毕业生来甬参加高洽会等人才活动。在人力资源服务业合作方面，持续开展产业发展合作，定期组织宁波人力资源服务机构参加“人力资源技术与服务大会”“上海·宁波周”高层次人才合作交流等活动，推动宁波人才市场产业孵化基地与上海人才服务行业协会加强交流合作。

二是平台合作趋于紧密化。充分利用上海知名高校、科研院所等高端资源，开展校（院）地、校（院）企合作，先后引进共建复旦大学宁波研究院、上海海事大学宁波研究生院、中科院上海药物所宁波生物产业创新中心、同济大学在职研究生培养基地等科教合作平台。截至目前，共有 7 所上海高校与宁波开展在职研究生培养，累计在港口物流、电信工程、临床医学等 20 多个专业培养在职研究生 3510 人。中科院上海药物所宁波生物产业创新中心落户宁海，助力宁海县打造“千人计划”生命健康产业园，已集聚省级以上重点人才计划人才 8 人。

三是干部挂职趋于常态化。为深入学习借鉴上海改革开放先进理念和做法，经与上海市委组织部对接协调，2009 年开始，宁波每年选派 5 名左右干部赴上海市辖区挂职锻炼，挂职单位一般以上海的区县有关部门和街道为主，每批挂职时间为 3 个月，截至目前，累计已选派 48 名市管干部和处级干部，近期还将有 5 名干部赴徐汇区挂职。

二、主要需求

坚持需求导向、问题导向、实效导向，从“上海所长、宁波所需”出发，围绕宁波市三个方面需求与上海加强务实合作，力争补短板、求突破。

一是对高端人才的需求。宁波拥有全国最多的两院院士（累计

116 名，健在 89 名），但只有 1 人全职在宁波工作，全市全职两院院士仅 3 人，自主申报入选国家重点人才计划 102 人，与上海相比存在极大差距。目前，上海人才国际化、高端化程度高，拥有两院院士 182 人，其中甬籍院士 22 人，国家重点人才计划专家 1011 名，在沪创业创新的留学人员达 15 万余人，连续 5 年当选外籍人才眼中最具吸引力的中国城市第一名。加强沪甬合作，宁波要以引进或柔性使用上海高端人才为重点，特别是突出在沪甬籍高端人才，助力宁波转型发展。

二是对产业人才的需求。宁波是全国首个“中国制造 2025”试点示范城市，对制造业领域人才的需求极大。经对宁波重点发展产业的 1240 家企业监测分析，人才需求持续保持高位，特别是新装备制造、汽车及零部件、智能家电等 3 个制造业领域人才需求一直处于“极度紧缺”状态。上海人才总量达 500 万人，高技能人才总量达 106.8 万人，先进制造、金融和互联网人才位居前三，其中先进制造业人才比重达到 20%。加强沪甬合作，宁波要加快发展实体经济，吸引上海产业人才向宁波流动，形成人才与产业发展的良性互动。

三是对高端人才平台的需求。知名高校、大院大所等高能级平台缺乏，一直是制约宁波创新能力和发展潜力的重要因素。全市有 8 家国字号科研机构，只有中科院宁波材料所、兵科院宁波分院 2 家较成规模；虽有 15 所在甬高校，但没有“211”“985”高校，宁波大学刚被列入“双一流”建设高校。上海正在加快建设具有全球影响力的科技创新中心，拥有 90 家中央科研院所、10 所“211”“985”高校，有 13 所高校、56 个学科入选“双一流”高校、“双一流”学科建设名单。加强沪甬合作，宁波要把高校院所作为突破口，吸引上海的高校院所到宁波设立分校、分院、分中心，提高宁波自主创新能力，助力国家自主创新示范区建设。

四是对重点领域干部挂职的需求。上海市在科创中心建设、产业发展、城市管理等方面在全国处于领先地位。宁波与上海在干部选派挂职工作上，存在单向挂职、领域不广、数量不多、时间不长等现象。加强沪甬合作，宁波要立足长三角一体化重大项目推进需求、宁波亟须的专业化干部培养需求、专业技术人才和国有企业经营管理人才培养需求，加大干部选派挂职锻炼力度，为深化沪甬合作与交流创造条件。

在深化沪甬人才合作，推进长三角一体化发展的过程中，有两方面问题还需关注：一是加强两地人才合作交流，需高度关注人才的流动规律和趋向，有针对性地强化宁波人才政策和环境竞争力，防止在合作中出现宁波向上海的人才“逆流”现象；二是在干部挂职工作中，还存在“宁波热、上海冷”的情况，据上海市委组织部反馈，当地每年接收和派出挂职干部的任务十分繁重，其市直机关单位一般不接收挂职干部，也没有选派干部来甬挂职的计划。如何通过深化合作，促使上海向宁波开放更多的干部挂职领域和区域，丰富挂职形式，提升挂职层次，需进一步加大力度。

三、对策建议

围绕宁波“六争攻坚、三年攀高”决策部署和打造人才生态最优市目标，打好“地缘牌、乡情牌、产业牌、宜居牌”，找准宁波与上海人才合作契合点，与上海开展深度人才发展合作，在上海主推打造的长三角区域人才高地中把握工作主动权。

一是开展人才发展战略研究合作。围绕人才国际化、高端化等主题，加强两地人才工作部门和研究机构的交流互访，定期举办人才发展高峰论坛，及时交流研究成果、政策制度和创新举措，推动两地人才发展战略创新、理论创新、实践创新。

二是开展人才发展平台共建合作。在宁波探索建设沪甬人才合作示范区，作为浙沪合作示范区的人才合作先行试点区，建设人才产业园，承接上海溢出高端人才及项目。争取上海支持在沪的高等院校和科研究院所与宁波开展战略合作，共建研究生院、研究分院、产业园等创新平台，加快推进上海交通大学、同济大学、华东师范大学与宁波有关方面的项目合作，促进两地人才资源协同使用。

三是开展高层次国际化高端化人才引进合作。深化人才信息对接，推进高层次人才资源共享、海外引才网络平台资源共享，组团参与上海自贸区创业汇、中国浙江·宁波人才科技周等高层次人才引进活动，定期在两地举办人才政策和环境推介活动，鼓励和支持人才到对方开展创业创新活动，对入选两地人才计划的人才团队，按有关政策给予支持。加强与在沪的甬籍院士、甬籍高端人才等合作对接，吸引人才回流、智力回归。

四是开展人才培育成长合作。定期组织开展学术论坛、技术研讨等高端交流活动，推动两地高端人才把握最新科技动态。两地共享党政、经营管理、科技、教育、文化、卫生等领域培训师资、基地等资源，定期组织开展各类培训活动，提升产业人才、专业技术人才的创新能力。探索开展不同领域、不同层次的国内外人才联合培训项目，推进国际人才本土化和本土人才国际化。共建共享人才国情教育基地，加强对专家人才的政治引领吸纳。

五是开展人才有序流动合作。在科技、教育、文化、卫生、金融等多领域开展专家互访交流，特别是卫生、教育领域，鼓励双方柔性引用各类专家。推进人才市场改革，完善人才市场准入协同机制，加强人才资源市场合作，开放人才资源市场和人才信息库，及时发布对方人才需求信息，加强两地人才服务行业协会和机构间的业务交流及市场开发合作。两地协同举办专业人才招聘会，宁波加强赴沪开展高校巡回招聘活动，促进各类人才资源在两地有序流动。

六是开展干部选派挂职交流。抓紧与上海市建立互派干部人才挂职机制，实现两地互派干部人才挂职交流制度化常态化。加大宁波选派干部人才赴上海挂职力度，重点选派各级专业化干部、后备干部和业务骨干，重点赴上海市金融、科技、规划、港航物流、城市管理等职能部门和上海自贸区及陆家嘴金融区、张江高科技园区等功能区挂职平台。探索选派卫生、教育等专业技术人才和国有企业经营管理人才赴上海挂职学习。鼓励和支持各地各单位主动对接上海，立足实际提出挂职需求，统筹推动各层面干部人才挂职交流。

中共宁波市委组织部课题组

宁波打造青年友好城的战略意义和路径选择

青年是国家的未来、民族的希望。青年兴则民族兴，青年强则国家强。党的十九大以来，以习近平同志为核心的党中央高度重视青年发展事业，关心青年成长进步，反复强调青年一代有理想、有本领、有担当，国家就有前途，民族就有希望。今年的市政府工作报告提出“打响青年友好城品牌，持续增加高校毕业生来甬和留甬数量”，说明宁波已经充分认识到青年尤其是青年人才是宁波经济社会发展的生力军和中坚力量，赢得青年才能赢得未来。

一、宁波打造青年友好城的战略意义

（一）青年时期是人才思维最活跃最具创造力的阶段

青年时期是人一生中思维最活跃、精力最旺盛的时期，也是人才成长和使用的“黄金期”。有学者对公元 1500 ~ 1960 年间，全世界 1249 位杰出自然科学家和 1982 项重大科技成果进行统计分析，发现自然科学家发明的最佳年龄段是 25 ~ 45 岁，峰值是 37 岁。国内研究同样表明，中青年人才是我国创新驱动发展的中坚力量和人才队伍的主力军。其中，45 岁以下的人才占到企业管理队伍的 78.6%，占专业技术人才队伍的 78.9%。宁波打造青年友好城就是要营造一个能够集聚广大青年人才的城市综合环境，尤其是能够激发青年创造思维，有利于实现其创意灵感、创新活力、创业激情的城市环境。

（二）城市环境成为集聚青年人才的核心因素

随着时代的发展，青年人才选择就业生活的城市标准也在发展变化，城市公共服务水平、政府治理效能、社会文化的包容度等软环境逐渐成为城市吸引集聚人才的核心要素，哪里城市综合环境好，青年人才就往哪里去。据一项针对 1500 名高校在校生的调查显示，有超过 60% 的年轻学子有流动意向，其中城市综合环境成为影响其流动的最关键因素。65% 以上的受访学子将城市能级地位作为影响其流动的最主要因素，其次是专业发展空间、人才优惠政策、离家距离远近、公共服务水平、社交圈等因素。宁波打造青年友好城就是要适应青年人才流动的规律，为青年人才流向宁波提供更加完善的城市综合环境，全领域多方位发力，打造青年人才“宜居宜业宜创宜商”的良好城市环境。

（三）宁波需要通过吸引青年人才积蓄发展动力

宁波正处于发展的关键时期，尤其是宁波正在积极切换发展动能，让创新成为发展动力，人才成为第一资源，迫切需要打造青年友好城，通过集聚青年人才增添发展动力。从先发城市经验来看，近年来深圳市创新创业势头强劲，很大程度上得益于其集聚了大量思维活跃、创造力蓬勃的年轻人。据统计，深圳市常住人口平均年龄始终保持在 32 周岁左右。从宁波产业结构来看，宁波正在加快发展以数字经济为代表的新经济，新经济具有前沿性、创新性、知识密集等特点，需要一大批具有先进知识技术和高超技能的青年人才来奋力推动，宁波大力发展的服务业也是青年人才大量集聚的领域。从宁波社会发展来看，宁波的医疗、教育、文化、社会治理等事业普遍面临着青年人才短缺的情况，需要一批又一批的青年技术专家、青年骨干教师、青年文化人才、青年志愿服务者等持续接力，不断创新。

二、宁波具有打造青年友好城的基础优势

宁波提出打造青年友好城并不是凭空提出，而是基于宁波城市实际发展需要，宁波打造青年友好城是应对新形势下人才争夺、人口集聚要求的策略升级，是从更深层次更加长远角度谋划做好青年人才工作的创新举措。

（一）宁波具有集聚青年人才的城市特质

宁波历史悠久、人文荟萃，同时也是一座具有年轻时尚特质，充满活力的现代化国际港口城市。从城市精神来看，青年人才思维活跃、思想前卫，渴望获得更多认可和尊重，而开放、创新、包容是宁波城市精神的重要内容，能够更好地接受和包容青年人的想法和创意，这是宁波能够有效吸引青年人才的优良文化基因。从公共服务来看，2018 年宁波城市基本公共服务满意度居全国前三，连续九年获评“中国最具幸福感城市”，青年人重点关注的基础教育、社区医疗等服务水平全省全国领先，具有集聚青年人才的独特吸引力。从居住环境来看，宁波城市空间形态丰富多元，江河湖海湾样样俱全，城区空气质量优良率超过 87%。2018 年发布的《全国城市人才生态指数》显示，宁波房价/收入比为 2.17，青年人才购房压力小，非常适合青年人才就业创业、生活安居。

（二）宁波具有打造青年友好城的工作基础

宁波高度重视青年人才集聚工作，近年来围绕着集聚青年人才，

为青年人营造良好创业创新和生活环境推出了一系列有效工作举措，成效明显。在全市层面，市委市政府审时度势，积极应对当前人才需求尤其是青年人才的需求，明确提出建设青年友好城的目标，打造中国（宁波）中东欧青年创业创新中心，从全局高度考虑全市青年发展工作，大力集聚青年人才。在市级相关部门层面，突出宁波青年人才发展需求全链条，不断构建完善的青年人才服务体系。如团市委联合宁波股权交易中心，成立“青年创业创新板”，支持青年创业。团市委还积极组织“宁波—青年友好城”推介团，赴上海、宁波相关高校开展推介，举办甬沪青年（大学生）人才合作交流。市人力社保局定期举办宁波大学生创业创新大赛，激发青年创业创新热情。在区县（市）层面，各地也高度重视青年工作，将集聚青年人才、服务青年发展作为重要工作内容。如北仑区在全市率先推出“青年北仑”计划，内容涵盖青年住房、信贷、就业、创业、发展、业态、旅游休闲支持和青年子女入学、家庭医疗、综合服务保障等十个方面。

（三）宁波打造青年友好城的政策优势

2018 年以来宁波陆续出台《关于加快推进开放揽才产业聚智的若干意见》《关于宁波市集聚全球青年才俊打造青年友好城的实施意见》等政策，对“青·英”“青·归”“青·创”“青·苗”“青·匠”等“五青”人才形成引、育、留、用的完整政策体系。在青年人才引进方面，持续提高青年人才在各类人才计划的入选比例，并给予新引进青年人才相应的安家补助。不断放宽青年人才落户门槛，符合条件的可先落户后就业。在青年人才培育方面，加大存量人才的自主培养力度，如对自主培养的“青年长江学者”等青年高端人才，给予最高 100 万元奖励，对入选“十百千技能大师培养工程”的青年技能人才，最高给予 10 万元培养经费。在青年人才留甬方面，宁波采取多种举措积极提高在甬高校毕业生留甬比例。如对毕业 10 年内的青年基础人才在宁波购买符合条件住房，一次性给予购房总额2%、最高8万元的购房补贴。在青年人才发挥作用方面，鼓励青年人才创业创新、贡献才智，大力建设众创空间、星创天地等青年创业平台。对青年人才租用的生产、科研用房，根据资金投入情况，给予一定的租金减免，对创业项目给予直接资助、免担保创业贷款及贴息等。

三、宁波打造青年友好城的路径选择

宁波打造青年友好城是一项系统全面的工程，是宁波以集聚青年、发展青年为中心的城市塑造行动，在战略上要谋深谋远、保持定力，在战术上要时不我待、只争朝夕，建议从青年人才成长、创业、生活、软环境等四个友好型维度打造青年友好城。

（一）建设青年成长友好型城市

完善青年人才的培养评价激励机制，打通青年人才成长通道，让宁波成为最有利于青年人才成长发展的城市。一要加大对青年人才的教育培养力度。积极争取中央、省支持在甬建设高水平大学，扩大在甬高校的研究生、博士生招生规模。发挥宁波高职教育优势，扩大在甬高职院校对中职院校毕业生的招生规模，为中职学生学习深造提供更多机会。加强对青年技能人才的教育培训，实施青年技工能力提升专项计划，加大青年技能人才能力提升的补贴力度，提高宁波中高级青年技能人才规模。二要实施让青年人才脱颖而出的评价机制。青年人才渴望成才，也渴望获得社会的尊重。推动实施青年人才举荐制，在我市“3315计划”“泛3315计划”“宁波市十大杰出青年”等计划和荣誉评选中，推行青年人才举荐制，设立市青年人才举荐委员会，完善青年人才举荐机制。推动实施一批青年人才培养专项计划，加大各类专项计划中的青年人才入选比例。深化职称制度改革等举措，打破唯学历、唯资历、唯论文的职称评定要求，将青年的发明创造、对社会贡献度与职称评价标准有机结合。三要加大对青年成长成才的激励力度。落实我市人才政策对青年人才成长发展的各项激励措施，对自主培养成为相应层次的人才给予奖励，拓宽青年人才成长奖励的层面和力度。组织开展各领域青年人才评选激励活动，如评选一批金融青年先锋、生态文明菁英、青年设计师、创投菁英、生医菁英、电子牛人、软件达人等各行业优秀青年人才，予以高规格的表彰奖励。

（二）建设青年创业友好型城市

青年人才充满创业激情，要注重从创业友好层面发力，让青年人才有充分发挥的舞台和贯穿创业全程的扶持体系。一是在青年创业初创阶段，注重保护和激发青年人才的创业创新闪光点，支持各在甬高校的创业创新学院向有创意灵感、创业意愿的青年人才开放各类设施，建设一批创意转化场所。面向青年人才发放科技创新券，将使用范围更多地向创意转化阶段延伸，支持青年人才在高校、企业等创业创新场所使用。支持众创空间向专业化发展，支持发展一批专业为青年人才提供创意转化、中间试验的青年主题专业众创空间。二是在青年创业成长壮大阶段，着力解决青年人才创业项目有较成熟的产品或商业模式后面临的资金和市场推广问题。支持更多企业在“青年创业创新板”挂牌，提高获得融资和挂牌贷企业比例，创新宁波青年创业专属金融产品的运用方式，简化资金申请发放程序。提高为青年创业人才配备助创专员的比例，积极为青年人才打开市场，探索为市县两级人大代表和政协委员配备青年助理，畅通青年创业难题反馈渠道。三是在青年创业成熟阶段，重点助力青年人才规范公司运营，进一步拓展市场。要加强对青年人才创业成熟项目的专业服务，在会计、法律、审计、人力资源等方面给予全方位的支持，积极支持青年人才企业登录创业板、科创板等。加强与创业青年的联动联谊，拓展我市青创联谊会、青联组织的覆盖范围，支持优秀创业青年互相学习，共同成长。

（三）建设青年生活友好型城市

生活品质已经成为新时代青年人才选择城市的重要因素，宁波要注重建设适合青年生活居住的城市，为吸引集聚青年人才提供有力保障。一要优化青年人才安居服务，坚持“房住不炒”的房产调控定位，全面落实青年人才安居政策，让合理的房价成为吸引青年人才的来甬留甬的重要因素。探索建设更加符合青年人才住房需求的未来社区和青年社区，提高居住品质。建设一批青年人才驿站，对新来甬就业创业的青年人才提供 7 天内的免费中转。二要提供高品质的青年人才教育医疗服务，以青年人才子女教育为重点，加强对 0 ~ 3 周岁的幼儿托育服务供给，为宁波青年人才减轻幼儿看护和教育负担，提升适龄人口生育意愿，将其打造成为宁波城市公共服务品牌，吸引青年人才来甬留甬就业创业。提升社区医疗服务质量，打造若干个在长三角具有影响力的特色高端医疗服务中心，为青年人才提供便捷高质量的就医服务。三要提供高品质的青年休闲旅游服务，积极推动满足青年人需求的公共运动基础设施列入市政府年度民生实事工程。推动在宁波人才日、五四青年节等特殊节点对青年人才实施全市旅游景点半价优惠等举措。推进城市新兴商业业态布局，建设一批符合青年人需求的体验式消费休闲场所。

（四）建设青年软环境友好型城市

城市软环境是体现城市对青年人才影响力的重要方面，宁波要在优化城市空间环境、挖掘青年文化内涵以及政务服务环境等领域增强对青年人才的吸引力。一要优化城市空间环境，加强城市精细化设计，打造符合青年人需求的社区空间和小尺度空间，强化精品意识，增强小尺度空间的景观化、时尚化，使城市空间更加便捷、美观、富有活力。打造一批地标性的青年广场，布局设立青年文化走廊、青年社交平台、青年休闲娱乐等公共服务设施。二要挖掘彰显城市青年文化内涵，充分挖掘宁波青年友好城的文化内涵，利用抖音、微信等新媒体加大宁波青年文化传播力度。办好宁波国际微电影节、宁波草莓音乐节、中国方程式大奖赛等有区域影响力的青年文体品牌竞赛活动。拓展青年文化交流方式，依托索菲亚中国文化中心等载体，加强与中东欧青年的文化交流。大力弘扬宁波青年志愿者文化。三要优化青年政务服务环境，为青年人才创业创新和安居生活提供更好的政务服务，充分发挥宁波政务服务水平全国领先的优势，以深化“最多跑一次”改革为抓手，利用“互联网+”技术，加强面向青年的综合服务平台建设。在多元开放的各级党群服务中心建设“青年之家”，打造服务青年人才的阵地。

王明荣　徐　毅

宁波与相关城市人才政策比较研究

人才资源是经济社会发展的第一资源，人才竞争已经成为城市竞争的核心。创新实施人才政策是增强城市人才集聚比较优势、竞争优势的重要抓手。近年来，宁波相继出台一系列含金量高、成效明显的人才创新举措，人才集聚效应显著提升，为宁波走在高质量发展前列，努力当好浙江“两个高水平”建设的排头兵提供了有力人才支撑。

一、宁波现行人才政策及执行情况

（一）宁波现行人才政策

2018 年以来，我市着眼打造人才政策竞争优势，突出对标追赶、拿出真招实招，市委人才办会同有关部门出台“1 + X”的人才政策升级版，形成了较为完整的现行人才政策体系，我市现行人才政策特点可以概括为“全覆盖、全链条、全过程”。

一是实现各类人才全覆盖。随着我市人才政策的升级完善，现行人才政策实现了高端人才与基础人才、创业人才与创新人才、技术人才与技能人才、海外人才与国内人才以及青年人才等全覆盖，为宁波经济社会发展集聚最全面的人才。如出台了《关于加快推进开放揽才产业聚智的若干意见》《关于宁波市集聚全球青年才俊打造青年友好城的实施意见》《宁波鼓励企业引进“海外工程师”暂行办法》《宁波市专家服务管理办法》等政策意见。在海内外高层次人才方面，我市专门针对海内外高层次人才和团队引进的“3315 计划”和“泛 3315 计划”等政策，对符合宁波重点产业导向的创业创新人才以及电子商务、港航物流、金融保险、文教卫体、专业服务、规划设计、时尚创意、科技服务、现代农业等重点领域人才进行政策覆盖。在技能人才方面，我市加大对技能人才的政策支持，近年来出台了《宁波市职业技能培训条例》《宁波市职业技能培训补贴管理办法》，对技能人才培训开发不断加大扶持力度。

二是涵盖引育留用全链条。我市人才政策注重涵盖人才引育留用全链条，为人才开发提供全面的政策保障。在人才引进方面，加大人才引进的支持力度并完善引进配套体系，为人才引进提供系统的政策支撑，如对入选“3315 计划”的高端创业创新团队，符合条件的，给予最高 1 亿元创业创新资助经费。不断降低人才落户门槛，应届大专毕业生可先落户后就业，多渠道帮助引进人才解决配偶就业和子女就学问题。在人才培育方面，支持企业等用人主体加大人才培育力度，同时积极鼓励人才自我提升，如对我市自主培养的顶尖人才，给予最高 800 万元奖励，给予培养单位一次性 500 万元奖励；对自主培养成为特优人才、领军人才的分别给予 50 万元、10 万元奖励；对企业在职人员攻读我市产业发展急需的硕士、博士的，毕业后给予 50%、最高 5 万元的学费补贴。在支持人才留甬方面，为人才提供购房补贴并系统解决子女就学问题，积极采取措施支持高校毕业生留甬，如为不同层次人才提供购房补贴，最高给予 60 万元；对毕业 10 年内的基础人才在宁波大市范围内首次购买家庭唯一住房的，可享受购房总额 2%、最高 8 万元的购房补贴。在人才发挥作用方面，通过深化职称制度、绩效工资、科技成果转化机制和人才流动机制等改革，推动人才作用发挥最大化，如对由市财政资金形成的职务成果，可按成果发明人占成果所有权70%以上进行分割；高校、科研院所等可设立特聘岗位引进高层次人才。

三是贯穿创业创新全过程。我市关注人才创业创新整个过程，为人才企业从初创到发展壮大提供系统的扶持政策。在人才企业初创阶段，给予配套启动资金，为人才提供创业担保贷款和贴息，如对高校在校生和毕业5年内高校毕业生创办实体，可享受最高30万元创业担保贷款和贴息；引导保险公司为人才企业推出自主创新产品质量保证保险、产品责任保险等险种，对投保企业给予最高100万元补助；加大科技创新券支持力度，创业企业最高可申领10万元科技创新券。在人才企业发展阶段，给予发展较快的人才创办企业持续支持，如“3315计划”人才（团队）创办企业自成立之日起，5年内发展成长较快、对宁波经济社会发展贡献较大的，经认定后再给予企业最高500万元资助经费。在人才企业壮大阶段，支持人才企业挂牌上市，对企业在新三板实现直接融资的，给予最高50万元补助；对企业在境内外成功上市的，给予最高500万元补助；对宁波重点发展产业中的上市公司并购国内高新技术企业和研究机构的，给予最高1000万元补助。

（二）宁波人才政策执行情况

一是人才集聚效果突显。2018年全市人才净流入率达10.08%，跃居全国城市第2位；新引进高校毕业生数、新迁入市区户口数分别增长18.9%、19.7%，均实现高幅增长。特别是高端人才加快集聚，在多年仅有2名全职院士的情况下，近一年成功全职引进9名海内外院士，甬籍院士全职回归实现零的突破，达到3人；柔性引用顶尖人才48人、领军人才160人，均实现同比翻番增长。

二是重大人才平台加快建设。成功获批国家自主创新示范区，甬江科创大走廊、前湾新区等战略平台纳入全省大湾区规划。仅2018

年，就有浙江大学、中科院大学、北京航空航天大学、乌克兰国家科学院等近10所知名高校院所落户宁波，推动中官路创业创新大街成功新创建省级“千人计划”产业园，宁波实现省级园区创建最早、数量最多两个“全省之最”。

三是人才体制机制不断创新。在40家企业试点中级职称自主评审，在全市6000多家企业开展技能人才自主评价，对高科技人才项目，将间接费用提取比例提高至50%。2018年新出台的国家自主创新示范区建设意见中，有14项人才创新体制机制改革举措处于全国领先水平。建立市场力量广泛参与、深度融合的人才开发机制，全市拥有人力资源服务机构超1000家、产值超400亿元，均居全省首位。

四是人才国际化加快推进。充分发挥“一带一路”开放桥头堡和“宁波帮”优势，推进“16+1”经贸合作示范区建设，2018年首次举办世界“宁波帮·帮宁波”发展大会，邀请484位宁波籍嘉宾和300位帮宁波人士参与，签约项目53个、2094.7亿元，投资额创历史新高。建设开放式海外引才网络平台，打造线上线下联动的全方位国际引才网络。

五是人才服务持续优化。高效运行由25家职能部门组成的高层次人才服务联盟，每年为2万余人次提供政策咨询、融资、落户、子女入学、证件办理等全过程、一站式优质服务。首创性推出“互联网+社保卡”人才服务APP，人才无须另行办卡，凭手机扫码即可直接享受场馆健身、交通出行等十项免费服务，实施仅5个月，专家就免费享受公交出行7万人次、场馆健身2800人次。

二、宁波人才政策与同类城市比较

我们选择了杭州、西安、成都、武汉、南京、青岛、深圳等7个同类城市的人才政策（见表1、表2），具体就各地人才引进、培育、激励、保障等4个方面政策进行分类比较。

表 1 相关城市经济社会发展基本情况对比表（2018 年）

	宁波	杭州	西安	武汉	成都	南京	青岛	深圳
GDP（亿元）	10745.5	13509	8349.9	14847.3	15342.8	12820.4	12001.5	24221.98
财政总收入（亿元）	2655.3	3457.5	1460.39	2900	超 3000	1470（地方收入）	3705.5	9102.4
常住人口（万人）	820.2	980.6	1000.4	1108.1	1633.0	843.6	939.5	1302.7
R&D 投入强度	2.6%	3.3%	4.91%	6.54%*	2.38%*	3.07%	2.78%	4.3%
人才总量（万人）	241.2	229*	314.1	240*	460.8	220	193	510
全职院士数量（人）	10	38	60*	67	32*	81	33	41

注：①数据来源于各城市统计公报；②带＊数据为 2017 年数据。

表 2 相关城市出台的主要人才政策

城市	主要政策列表
宁波	•《关于深化实施海外高层次人才和高端创业创新团队引进“3315 计划”的意见》（2016） •《关于实施“泛 3315 计划”引进支持急需紧缺高层次人才的意见》《关于创新“3315 计划”引进模式支持民间资本引进高端创业团队的实施意见》（2017） •《关于加快推进开放揽才产业聚智的若干意见》（2018） •《关于宁波市集聚全球青年才俊打造青年友好城的实施意见》（2018）
杭州	•《关于杭州市高层次人才、创新创业人才及团队引进培养工作的若干意见》（2015） •《加快推进杭州人才国际化意见》等（2018） •《关于贯彻落实稳企业稳增长促进实体经济发展政策举措的通知》（2019）
西安	•《西安市深化人才发展体制机制改革打造“一带一路”人才高地若干政策措施》（2017） •《优化高层次人才服务工作的十三条措施》《“西安伯乐奖”奖励政策》《高层次人才创业或成果转化绩效奖励政策》《技术转移机构资助兑现政策》（2017）
武汉	•《关于建设创新创业人才高地的实施意见》（2015） •《关于支持百万大学生留汉创业就业的若干政策措施》（2017） •《关于加强大学毕业生安居保障的实施意见（试行）》《关于实施技能兴汉工程的意见》（2017）
成都	•《关于深入实施创业天府行动计划加快打造西部人才核心聚集区的若干政策》（2016） •《成都市引进高层次创新创业人才实施办法》（2016） •《关于创新要素供给培育产业生态提升国家中心城市产业能级若干政策措施的意见》《成都实施人才优先发展战略行动计划》（2017）

续表

城市	主要政策列表
南京	•《关于“创业南京”人才计划的实施意见》（2015） •《关于建设具有全球影响力创新名城的若干政策措施》（2018） •《关于进一步加强人才安居工作的实施意见》《南京市青年大学生“宁聚计划”实施办法（试行）》《关于大学本科及以上学历人才和技术技能人才来宁落户的实施办法（试行）》（2018）
青岛	•《青岛市科技创新高层次人才团队引进办法》（2016） •《关于助推新旧动能转换进一步做好就业创业工作的实施意见》（2017） •《青岛市“金种子”人才储备工程实施细则》（2019）
深圳	•《关于促进人才优先发展的若干措施》（2016） •《关于完善人才住房制度的若干措施》（2016）

（一）人才引进政策比较

主要对相关城市市级重点工程人才引进奖励、安家补贴、引才激励等方面政策作对比评估。

比较发现宁波对人才引进安家补助、购房补贴和基础人才补助方面总体额度处于第一梯队，在补助力度和方式上均比较领先（见表3）；在高端团队引进方面，宁波最高补助1个亿，一般的优秀项目给予500万~2000万元的补助，同样处于第一梯队，与相关城市相比仍有竞争优势（见表4）。但是，比较发现宁波对中介引才的激励力度还有待提升，相关城市市场化引才激励力度更大，如深圳设立“引才伯乐奖”，最高奖励200万元（见表5）。

表3　相关城市有关国家、省、市级重点工程人才引进奖励和安居补贴政策

城市	补助范围	类别	顶尖人才	国家级/特优人才	省级/领军人才	地方级/拔尖人才
宁波	15万~800万	安居补贴	800万	160万	120万	70万
杭州	60万~500万	安家租购房补贴	500万	100万	60万~80万	—
西安	121万~800万	一次性奖励加安居补贴	800万	370万	121万	—
武汉	71万~600万	一次性奖励加安居补贴	600万	150万	71万	—

续表

城市	补助范围	类别	顶尖人才	国家级/特优人才	省级/领军人才	地方级/拔尖人才
南京	170 万～300 万	安居补贴	300 万	200 万	170 万	—
青岛	130 万～600 万	一次性奖励加安居补贴	600 万	250 万	130 万	—
深圳	196 万～600 万	一次性奖励加安居补贴	600 万	336 万	236 万	196 万

注：数据来自各地政策。

表 4　相关城市引进高端团队奖励政策

城市	高端团队或项目资助	
宁波	“3315 计划”团队	一般 500 万～2000 万，最高 1 亿元
	“泛 3315 计划”团队	100 万～500 万
杭州	领军型创新创业团队	60 万～2000 万
西安	高层次人才优秀创新项目	100 万～5000 万
武汉	高层次人才团队项目	100 万元资助和最高 1000 万元股权投资
南京	高层次人才团队项目	50 万～500 万
青岛	高层次人才团队项目	1000 万～1 亿
深圳	“孔雀计划”创新创业团队	2000 万～8000 万
	预备团队	最高 500 万

注：数据来自各地政策。

表 5　相关城市引才激励方式比较

城市	引才激励方式
宁波	聘请知名人士担任“海外引才大使”，每年给予 5 万元经费，并根据引才荐才成效再给予相应奖励
杭州	奖励个人或中介组织引才最高 30 万元资助
西安	设立引才西安伯乐奖，最高 100 万元奖励
武汉	每年设立不少于 200 万元市级引才奖励专项资金，对引才业绩突出的海外人才工作联络站、人力资源服务机构给予奖励补贴。企业引才，最高给予企业 100 万元奖励补贴
成都	鼓励企业通过猎头公司等人力资源服务机构引进人才，按其引才成本的 50% 给予企业补贴，最高 10 万元
青岛	对成功引进高层次人才的中介机构和个人，每引进 1 名顶尖人才奖励 30 万元；每引进 1 名特优人才奖励 10 万元；每引进 1 名领军人才奖励 5 万元；每引进 1 个高层次人才团队奖励 20 万元
深圳	设立“引才伯乐奖”，最高奖励 200 万元

注：数据来自各地政策。

（二）人才培养政策比较

主要对相关城市高层次创业创新人才提升培养、技能人才培养等方面政策作比较。

比较发现宁波对于人才培养支持力度较大，在高层次创业创新人才的培养提升方面，给予最高800万元的奖励，同时给予培养单位500万元的奖励，对其他层次的人才培养也分别给予相应奖励。在技能人才培育方面，宁波同样给予不同层次的人才技能提升奖励，重视对本土人才的培养扶持，如给予“十百千”技能大师培养工程入选人才最高10万元的培养扶持。但是宁波在技能人才奖励方面还有一定差距。如西安对获得中华技能大奖的人才给予最高50万元的奖励，宁波则只有5万元。对于世界技能大赛获奖的选手，杭州最高给予50万元奖励，宁波没有具体金额的规定（见表6）。

表6　　相关城市技能人才培育方式及扶持力度比较

城市	各地技能人才培育方式
宁波	• 对新取得国际行业资质证书的人才给予每人3万元的资助。 • 实施“十百千技能大师培养工程”，分三个层次分别给予培养人选10万元、6万元、2万元资助。 • 世界技能大赛获奖选手给予一定奖励。 • 对市优秀高技能人才给予10万元奖励，对获得中华技能大奖、省杰出技能人才、全国技术能手的分别给予5万元、3万元、2万元奖励
杭州	• 对新取得国际行业资质证书的人才给予每人2万元的资助。 • 组织和推动优秀高技能人才开展国（境）外交流培训。 • 世界技能大赛获奖选手给予15万~50万元
西安	• 鼓励各类技能人才参加国内外技能大赛，对于获得“中华技能大奖”“全国技术能手”等奖项的个人或团体，给予最高50万元奖励，并给所在企业奖励10万元
成都	• 对在世界技能大赛中获奖的给予3万~20万元奖励
深圳	• 实施“技能菁英工程”，每年遴选30名技能菁英，组织赴国（境）外开展技艺技能研修培训、技能技艺交流及参加国际技能竞赛

注：数据来自各地政策。

（三）人才激励政策比较

主要对相关城市人才荣誉激励、科技成果转化激励等方面政策进行比较。

比较发现宁波现行人才荣誉激励力度较强，但是在科技成果转化激励的方式方法上还有待创新。在人才荣誉激励方面，宁波设立杰出人才奖，对获奖人才给予最高100万元的奖励，同时将每年的“谷雨”设为宁波人才日，为人才提供物质和精神双重激励。杭州市对杰出人才给予每人30万元的资助，深圳市给予鹏城杰出人才每人100万元的支持，并且市财政每年安排专项资金不少于10亿元用于在产业发展和自主创新方面作出突出贡献的人才奖励（见表7）。在薪酬绩效激励方面，西安提出对企业引进的高端人才可按其个人所得税留市区部分的相应额度，在政策执行期内给予对应额度的全额奖励。在深圳前海创业创新的可按照港澳个人所得税政策执行。在科技成果转化激励方面，宁波规定高校、科研院所对科技成果转化收益，可按不低于70%的比例对相关人员进行奖励，探索赋予科研人员科技成果所有权或长期使用权，对由市财政资金形成的职务成果，可按成果发明人占成果所有权70%以上分割。相关城市都高度重视科技成果转化激励，在科技成果转化方面创新突破力度较大，如杭州市鼓励人才带高新技术研发成果、专利技术等在杭州实现成果转化和产业化，对符合条件的给予不超过60万元资助；西安市对科技成果转化人员所得收益的个人所得税可在5年内分次缴纳；深圳市对于符合当地产业发展需求的技术转移机构，政府给予最高1000万元研发资助。

表7　相关城市人才奖励政策比较

城市	奖项名称	奖励力度
宁波	宁波市杰出人才奖	60万~100万
杭州	杭州市杰出人才奖	30万

续表

城市	奖项名称	奖励力度
西安	西安英才奖	30 万～50 万，特别贡献奖 150 万
武汉	武汉杰出人才奖	50 万
南京	科技产业高层次人才奖励	根据对南京的经济贡献奖励
青岛	青岛市突出贡献人才功勋奖	100 万
深圳	鹏城杰出人才	100 万，总额每年 10 个亿

注：数据来自各地政策。

（四）人才保障政策比较

主要对相关城市人才落户、基础人才住房保障等方面政策进行比较。

比较发现，在人才落户方面，目前的宁波人才落户门槛相比于西安等城市还有进一步放宽的空间，如西安市规定年龄在 35 周岁（含 35 周岁）以下，无论是否在就业择业期内，愿意在西安市区就业、创业并定居生活的，可持相应学历学位证书、身份证、户口簿（或集体户口卡）申请落户，宁波对于非应届毕业生需要签订劳动合同且按规定参加社会保险。在基础人才的住房保障方面，宁波采取的是购房后补助的方式，但是补助力度相较于一般城市都要大，对于留下基础人才能够发挥更加有效作用。杭州、深圳等城市采取一次性生活补贴的方式，杭州这次允许符合条件的企业在自有存量建设用地上建设一定比例的人才公寓，切实解决企业人才安居问题。西安、成都等城市则采取提供一定期限的免费租赁房、人才公寓等方式，在操作上反而显得繁琐（见表 8）。

表 8　　相关城市基础人才住房保障支持政策情况

城市	基础人才住房保障
宁波	毕业 10 年内的基础人才在宁波大市范围内首次购买家庭唯一住房的，可享受购房总额 2%、最高 8 万元的购房补贴
杭州	提供公共租赁住房保障，允许企业配建一定比例的人才公寓；给予博士 3 万元、硕士 2 万元一次性生活补贴

续表

城市	基础人才住房保障
西安	3 年内普通高校新毕业大学生或 5 年内“985”“211”院校新毕业大学生免于资格审核住公租房，过渡期内执行廉租住房租金标准。普通高校新毕业大学生给予 1 年租住过渡期；“985”“211”院校新毕业大学生给予 2 年租住过渡期
武汉	人才公寓租价售价均低于市场价 20%；未来 5 年，建设和筹集 250 万平方米以上大学毕业生保障性住房
成都	建设配套租赁住房供高技能人才租住；青年人才驿站提供外地应届大学生 7 天免费入住
南京	学士（含高级工及以上）600 元/月、硕士 800 元/月、博士 1000 元/月（3 年），可申购共有产权房；本科、硕士享 30 平方米公租房
青岛	对来青创新创业并购买首套商品房的博士、硕士研究生，分别给予 15 万元、10 万元一次性安家费。 住房补贴 36 个月：博士研究生 1200 元/月、硕士研究生 800 元/月、本科毕业生 500 元/月，紧缺专业博士 1500 元/月、硕士 1200 元/月
深圳	一次性租房和生活补贴：博士 3 万元、硕士 2.5 万元、本科 1.5 万元

注：数据来自各地政策。

三、提升宁波人才政策吸引力和竞争力的对策建议

通过对宁波人才政策和执行情况的分析梳理，结合与相关城市的政策比较，建议宁波今后在以下四个方面提升人才政策吸引力和竞争力。

一是进一步发挥市场化人才开发优势。宁波在市场化人才开发方面一直居于全国领先地位，海外工程师、院士工作站柔性引智、“3315资本引才计划”等在国内都具有创新性。要继续巩固和扩大市场化人才开发优势，在加大中介引才奖励力度、运用市场力量引进人才项目、引入市场资源建设重大科创平台、激发存量人才发挥作用等方面进一步创新政策，增强市场化人才开发的政策竞争力。

二是加大人才国际化推进力度。聚焦提升人才出入境和停居留便利度，积极争取国家移民局支持，实施更大力度的国际人才出入境便利政策和外籍人才在甬就业创业政策，探索开展国际职业资格比照国

内职称资格办法，支持更多国际人才和在甬国外留学生在甬创业创新。进一步加大海外引才中心建设，织密海外引才网络，支持龙头企业通过国外并购等方式就地吸引国际化人才。加快本土人才国际化，不断扩大国际行业资质证书范围，加大与国外机构合作开展国际化人才培养力度。

三是提升人才政策的开放度。进一步探索放开人才落户门槛，落实《2019 年新型城镇化建设重点任务》要求，全面取消落户限制，为宁波人才乃至人口集聚提供政策支撑。实行更加灵活开放的青年人才举荐制度，组建青年人才举荐委员会，对于符合条件的青年人才，经举荐委员会推荐，可直接申报相应层次人才。提升长三角区域人才政策开放协同度，探索长三角一体化的人才互认互享机制，支持长三角区域人才互流互通，最大化发挥人才效能。

四是推动关键领域的人才政策创新。从比较结果来看，宁波在技能人才培养开发方面与相关城市还有一定差距，要进一步加大力度，尤其是对于获得国际、国内重要技能大赛奖项的高技能人才给予更多扶持。要进一步创新科技成果转化政策，为科技成果转化提供更加有效支撑，如对于为科技成果转化提供公共服务的机构平台建设，给予土地出让、税收等方面的优惠政策。

王明荣　廖绍云　徐　毅

宁波对大学生吸引力：现状、影响因素与对策建议

人才是第一资源，大学生是城市的基础人才资源，也是城市发展潜力所在，一座城市吸引集聚大学生的规模和质量将深刻影响城市未来发展格局。近期，市政府发展研究中心联合浙江省人才发展研究院，针对宁波对大学生吸引力和影响因素等问题进行深入调研，分析宁波对大学生吸引力的现状，对300位在浙大学生进行问卷调查，并对其中30位浙大学子进行一对一访谈，了解影响大学生来甬的主要因素，并提出增强宁波对大学生吸引力的对策建议。

一、宁波对大学生吸引力的现状分析

（一）宁波接收大学生数量近年总体呈下降趋势，但2018年增长趋势明显

从接收大学生数量来看，2017年宁波市接收大学生数量为4.85万人，相比2013年的5.3万人，接收数量下降0.45万人。

从与深圳比较来看，深圳2017年接收大学生数量达10.11万人，相比2013年增长了77.4%，宁波与深圳年度接收大学生数量差距从

2013 年的 0.4 万人拉大至 2017 年的 5.26 万人。

从接收生源地来看，宁波 2017 年接收的 48543 名高校毕业生中，包括 27353 名甬籍大学生（占比 56.3%）和 7557 名省内非甬籍大学生（占比 15.6%），甬籍大学生占比过半。但是相比 2016 年 2.91 万甬籍大学生留甬工作（占比 60.3%），2017 年甬籍大学生占比下降了 3.9%。

从大学生毕业城市来看，省内（市外）高校毕业生是在甬就业大学生的主要来源，2017 年宁波高校毕业生留甬就业人数为 13818 人（占比 28.5%），省内其他城市高校毕业生来甬就业人数为 19234 人（占比 39.6%）。

2018 年上半年，宁波市接收大学生数量明显回升。截至 6 月底，已接收 30337 名，比上年同期增加 20.9%。其中外省生源 11423 人，占总人数的 37.7%，比上年同期增加 35.4%；省内市外生源 7014 人，占总人数的 23.1%，比上年同期增加 1.7%；宁波生源 11900 人，占总人数的 39.2%，比上年同期增加 7%。

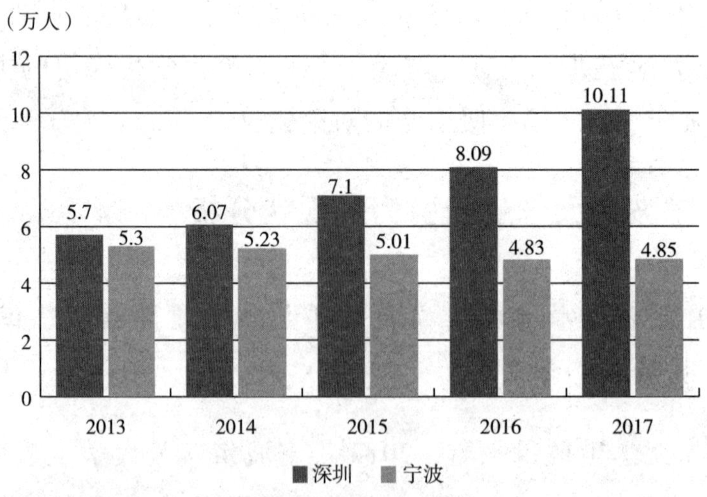

图 1　2013～2017 年宁波与深圳每年接收高校毕业生人数比较

（二）在甬本科毕业生留甬比例略有下降，但专科毕业生留甬比例稳步上升

1. 在甬本科院校毕业生留甬比例略有下降

2016 年，在甬 6 所本科院校[①]留甬就业人数为 9216 人，占毕业生总数的 37.3%；2017 年留甬就业人数为 8574 人，占毕业生总数的 36.2%，留甬比例略有下降。其中，留甬比例最高的是宁波大学科学技术学院，稳定在 50%左右。近两年宁波大学留甬比例降幅较大，从 2016 年的 42.8%降至 2017 年的 35.9%。

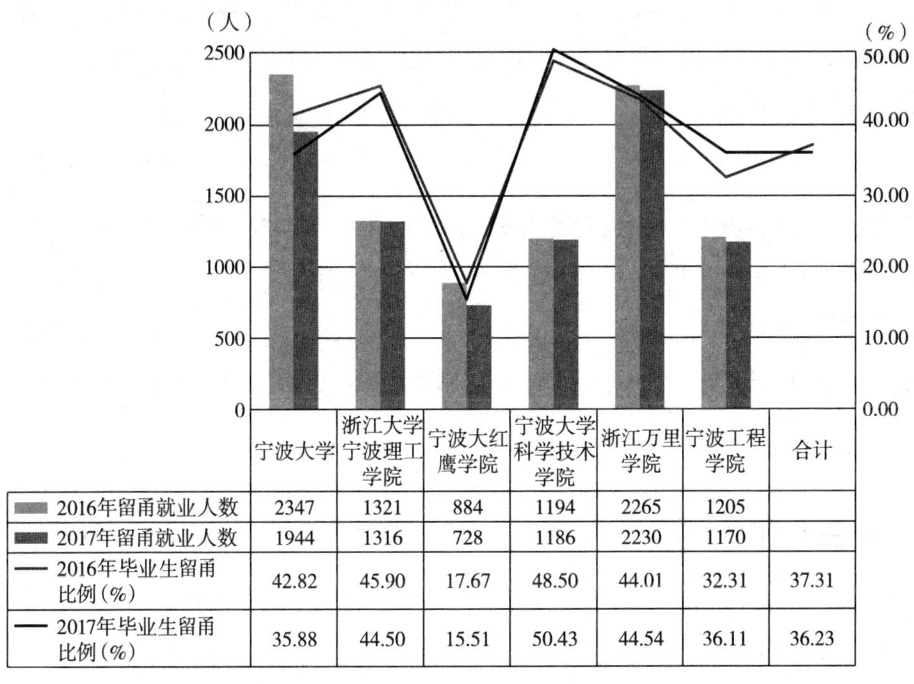

	宁波大学	浙江大学宁波理工学院	宁波大红鹰学院	宁波大学科学技术学院	浙江万里学院	宁波工程学院	合计
2016年留甬就业人数	2347	1321	884	1194	2265	1205	
2017年留甬就业人数	1944	1316	728	1186	2230	1170	
2016年毕业生留甬比例（%）	42.82	45.90	17.67	48.50	44.01	32.31	37.31
2017年毕业生留甬比例（%）	35.88	44.50	15.51	50.43	44.54	36.11	36.23

图 2　2016 年和 2017 年在甬本科院校毕业生留甬情况

2. 专科院校毕业生留甬比例有所上升

2017 年，宁波 6 所专科院校留甬人数占毕业生总数的 49%，比

① 宁波诺丁汉大学和宁波公安海警学院未公布毕业生流向数据，故未统计在内。

2016 年提升 8.2%。宁波专科院校留甬比例比本科院校高 11.7%。其中，宁波城市职业技术学院留甬比例最高，超过 50% 的毕业生选择留甬就业；浙江医药高等专科学校留甬比例最低，仅有近 25% 的毕业生留甬就业。

（三）在杭本科院校毕业生来甬意愿不足

从 7 所杭州本科院校 2017 年毕业生来甬和留杭人数来看，来甬人数和留杭人数差距明显。7 所高校平均来甬和留杭人数分别占毕业生人数的 4.7% 和 48.9%。其中来甬比例最高的是中国计量大学，占毕业生人数的 6.1%；来甬比例最低的是浙江大学，仅占毕业生人数的 3.4%。留杭比例最高的是浙江工商大学，占毕业生人数的 60.5%，留杭比例最低的是浙江理工大学，占毕业生人数的 35.2%。

从近三年浙江大学毕业生来甬情况来看，2015 年至 2017 年间浙江大学本科毕业生来甬就业人数降幅明显，从 2015 年的 124 人降至 2017 年的 70 人。但浙江大学硕士毕业生来甬就业人数则呈上升态势，2017 年硕士毕业生来甬人数达 148 人，比 2016 年增加 12 人，占该年浙江大学来甬就业人数的 61.9%，硕士毕业生已成为浙江大学来甬就业的主力军。

（四）宁波对周边台州、舟山等城市大学生吸引力较强

从省内其他地市本科院校（杭州、宁波除外）来甬就业的毕业生来看，2017 年浙江师范大学向宁波输入大学生数量最多，达 599 人，占毕业生人数的 10.1%。台州学院和浙江海洋大学紧随其后，分别为 436 人和 410 人，占毕业生人数的 11.5% 和 12.5%。温州大学、丽水学院和湖州师范大学的来甬比例维持在 8% 左右，嘉兴学院来甬比例最低，仅为 4.7%。宁波对地域相近的金华、台州、舟山等地大学生吸引力较强。

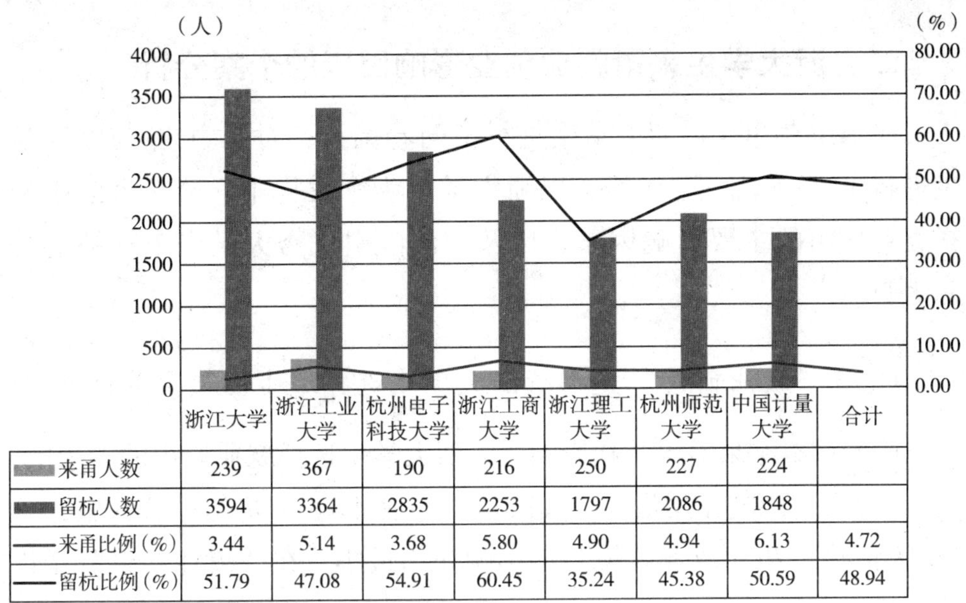

	浙江大学	浙江工业大学	杭州电子科技大学	浙江工商大学	浙江理工大学	杭州师范大学	中国计量大学	合计
来甬人数	239	367	190	216	250	227	224	
留杭人数	3594	3364	2835	2253	1797	2086	1848	
来甬比例（%）	3.44	5.14	3.68	5.80	4.90	4.94	6.13	4.72
留杭比例（%）	51.79	47.08	54.91	60.45	35.24	45.38	50.59	48.94

图 3　2017 年杭州 7 所本科院校毕业生留杭来甬就业情况

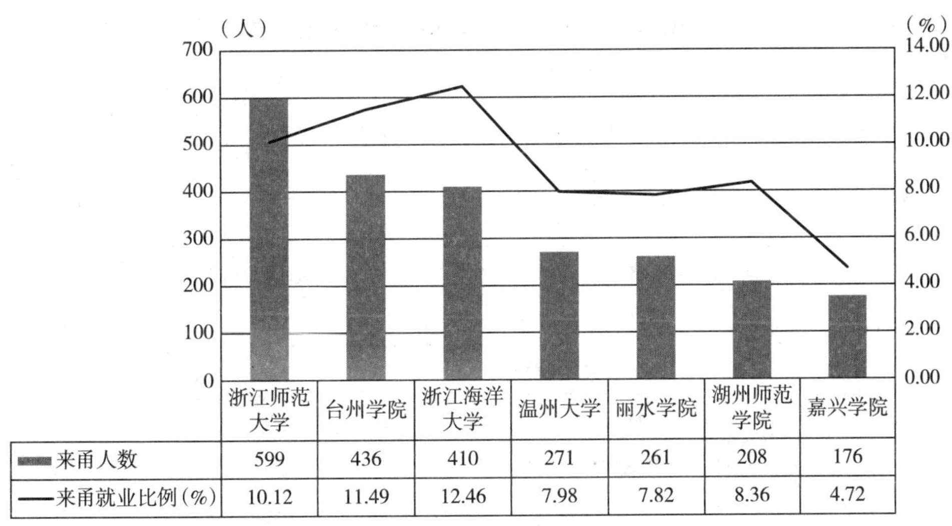

	浙江师范大学	台州学院	浙江海洋大学	温州大学	丽水学院	湖州师范学院	嘉兴学院
来甬人数	599	436	410	271	261	208	176
来甬就业比例（%）	10.12	11.49	12.46	7.98	7.82	8.36	4.72

图 4　2017 年浙江省其他城市本科院校毕业生来甬就业情况

二、浙大学生来甬就业创业影响因素的个案分析

课题组对300位浙大学生进行了问卷调查，对其中30位浙大学生进行了“一对一”访谈，以浙大学生为个案样本，分析大学生选择就业城市的主要影响因素，以及宁波吸引优秀大学生来甬的优势和劣势。

（一）“就业前景”是影响浙大学生选择城市的最主要因素

问卷调查结果显示，在影响受访浙大学生选择就业城市的因素中，“就业前景”影响作用最大，其次是“生活环境”，再是“公共服务”，“个人情感”和“政务政策”的影响作用最小。在“就业前景”中以薪酬待遇水平、升迁发展机会和产业发展水平这三个子影响因素为重。此外，“生活环境”和“公共服务”也是毕业生选择就业城市时较为重视的方面。

表1　受访浙大学生对选择就业城市影响因素的评分情况

维度	具体影响因素	分项得分	总体得分
就业前景	产业发展水平	4.22	4.26
	创新创业氛围	3.86	
	升迁发展机会	4.41	
	薪酬待遇水平	4.53	
生活环境	自然生态环境	3.82	4.16
	社会文明程度	4.26	
	城市发展前景	4.43	
	住房及其他生活成本	4.12	
公共服务	子女教育	4	4.13
	医疗卫生	4.28	
	社会保障	4.1	

续表

维度	具体影响因素	分项得分	总体得分
个人情感	城市认同感和归属感	4.13	3.65
	父母意愿	3.49	
	朋友圈子	3.45	
	爱人所在地	3.51	
政务政策	引进和评聘政策	3.7	3.55
	居留落户政策	3.77	
	政务信息获取	3.27	
	政务办理手续及流程	3.46	

（二）受访学生就业选择"两个80%"现象值得关注

问卷调查结果显示，80%的受访大学生表示不考虑去宁波就业，主要原因为对宁波地缘情感认同度低，就业前景竞争力弱。问卷调查结果显示，不考虑去宁波就业的浙大学生在选择阻碍其前往宁波就业的因素时，将城市认同感和归属感排在了第一位，排在第二、第三、第四位的分别是城市发展前景、朋友圈子和父母意愿。在分析具体原因时，浙大学生认为宁波民营企业大多为家族管理模式，担心无法适应企业的管理方式、组织氛围等。同时，深圳、杭州等城市的信息技术产业、现代服务业等发展迅速，比宁波市较为传统的产业环境更具发展前景。

在访谈中，发现80%以上的甬籍受访者对于宁波十分热爱和自豪，有着强烈的认同感和归属感，将宁波列入了就业主要候选城市。

（三）城市前景和宜居环境是吸引浙大学生来甬的关键因素

问卷调查结果显示，20%考虑来甬就业的浙大学生选择的吸引因素中，排在前两位的是城市发展前景、以住房为代表的生活成本，排在第三、第四和第五位分别是薪酬待遇水平、社会文明程度和自然生态环境。在吸引因素前五位中，生活环境维度因素占了三位。

在访谈中，多位受访者指出宁波的优势还包括良好的人居环境、较高的生活品质、适度的生活节奏等。大多数甬籍受访者表示，在一线城市工作一段时间后，如果买房无望，很可能会回甬寻找合适的工作机会并定居。部分甬籍受访者则表示，宁波生活品质较高，回甬就业是自己的首选，公务员和国企员工是回甬就业的主要职业选择方向。

（四）个案分析小结

对浙大学生的个案调查显示，在浙大非甬籍学生看来，宁波的就业前景、公共服务水平尚佳，但由于对宁波城市前景、产业发展规划缺乏了解，导致城市认同感和归属感较低。而浙大甬籍学生则普遍具有较强的意愿回归，在人才工作中要根据不同对象采取更有针对性的吸引政策。

三、宁波增强大学生留（来）甬吸引力的对策建议

（一）进一步提升市外大学生来甬规模和质量

一是要明确吸引市外大学生目标要求。认真梳理分析省内（市外）大学生主要来源情况，明确宁波未来3~5年内吸引大学生的目标任务，尤其是吸引“双一流”优秀大学生比例和周边区域高校毕业生吸引目标，增强工作操作性和针对性。

二是再塑校友回归和甬籍学子回归动力。针对甬籍学子普遍愿意回归的现状，让个人因素和家乡情怀成为助推校友回归和甬籍学子回归的重要动力。把校友回归和甬籍学子回归作为“甬智回归”的精准实施目标，加强与在外宁波高校校友和甬籍学子的信息沟通联络，依托在外人才工作联络站、高校校友会等平台，支持设立校友回归创业创新园，引导更多优秀人才回归。

三是要实施更有竞争力的吸引政策。深入实施青年人才集聚专项政策，统筹用好面向高校毕业生的购房补贴、就业补贴、薪酬资助、创业扶持、创意孵化等综合性大学生激励政策，形成更有竞争力的政策环境。

（二）进一步提升在甬高校毕业生留甬数量和质量

一是要更精准定位宁波高校毕业生留甬工作重点。突出关注本科院校毕业生留甬率低于专科院校毕业生、甬籍高考优秀学子“出去多、回来少”的人才结构变化趋势，实施更加精准的举措，将增强本科院校毕业生和合作共建研究生院毕业生留甬作为提升宁波高校毕业生留甬工作的重点，优化宁波人才素质结构。

二是要创新大学生留甬的支持政策。加大对在甬本科院校人才政策和城市发展宣传力度，提高对宁波人才政策的知晓度和城市的认同度。鼓励优秀大学生在甬创业创新，提高对宁波城市的黏性，带动更多优秀学子留甬。面向本科院校推出更多城市经济、现代服务业、高端制造领域的实习岗位，支持在甬企业提供更多研发创新、企业管理、创意设计类实习岗位。

（三）进一步提升宁波城市公共服务、产业前景和城市品质综合吸引力

一是要提升优质公共服务对大学生的承载力。公共服务水平未来或将成为吸引优秀人才的决定性因素。要发挥宁波良好城市人才生态的吸引力，根据大学生的购房、教育、交通、娱乐、医疗等需求，系统做好城市对人才承载力的综合谋划研究，为宁波未来吸引大学生做好基础支撑。

二是要提升城市未来产业发展对人才的吸引力。进一步清晰产业人才需求规划，突出以数字经济为代表的战略性新兴产业，引领传统

产业转型升级以及支撑城市现代服务经济的大学生人才需求，系统做好规模、结构和专业需求预测，优化外部引进和本地培养供给结构。

三是要提升宁波城市品质的传播影响力。提高宁波城市综合品质吸引力，着力塑造青年友好城、创业友好城的城市品牌，增强年轻人的认同度。增强对宁波城市的影响力和传播度，采用“社交网络 +”形式推进城市形象宣传，运用与年轻人相契合的传播方式，增强大学生对宁波城市的认同度。

浙江省人才发展研究院课题组

宁波归国留学人员创业创新调研报告

宁波市委、市政府高度重视人才工作，2018 年市侨联组织力量，历时四个多月，对全市各区县（市）侨（留）联组织、重点留学生企业、科（留）创园、重点院校等进行了走访调研，对留学人员创业创新状况进行了研究分析，力求掌握全市归国留学人员创业创新总体状况，为宁波支持归国留学人员创业创新提供决策参考。

一、宁波归国留学人员总体概况

在数量方面，从现有数据看，2014 年宁波归国留学人员总数是 1.22 万，到 2018 年 9 月，已达 1.97 万。全市海外高学历、高层次人才累计自主申报入选省级以上重点人才计划 381 人，在甬工作的国家重点人才计划人才超 220 人，在省内仅次于杭州，位居第二。归国留学人员数量逐年递增，总体呈加速化趋势，说明宁波对海外学子的吸引力在不断增强，留学人员归国来甬发展的动力在不断提升。这既是出国留学人员由“精英化”过渡到“大众化”的必然结果，也是宁波创业创新环境优势的充分体现。

在学历方面，全市归国留学人员中，硕士以上占比达到 55%，其中博士占比 10% 以上。专业涵盖面广泛，几乎涉及了计算机、经济、金融、传媒、生物、管理、建筑等所有学科，其中计算机、金融、管理、生物等占了半壁江山。在年龄方面，出生于1980～1995年间的年轻创业人员占比80%，有近七成的归国留学人员年龄介于25～35岁之间，均处于就业、创业的黄金年龄。宁波归国留学人员呈现年轻化态势，这主要得益于宁波经济相对发达，又为沿海开放城市，家长视野相对开阔，家庭对于子女教育极为重视，自费留学占比达90%以上，其中不少家庭在子女中学阶段甚至小学阶段就送到国外留学。宁波留学归国人员留学国家主要集中在美国、英国，合计占比达60%；其次是澳大利亚、加拿大，占比30%，日本、德国、法国及其他国家占比10%。

在归国就业、创业方面，宁波归国留学人员主要分布在高校、科研院所、各开发园区及留学人员创业园等，如宁波大学、宁波诺丁汉大学和中科院材料所等单位，集聚归国留学人员相对较多，其中宁波诺丁汉大学共有教职员工862人，除外教外，归国留学人员达342人，占比达39.68%。另据不完全统计，目前宁波归国留学人员创办企业1500多家，其中规模以上企业560余家，占比为37.5%，主要集中在余姚、慈溪、鄞州、奉化等地区。其中，有归国留学人员或团队独立创业的，也有“二代”接掌家族企业的，相比较而言，“创二代”群体在家族资源、人脉资源、信息资源、金融资源等方面更具优势，得到的支持更多，其创业起点相对较高，创业的成功率也相对更高。

二、宁波市归国留学人员创业创新影响因素分析

（一）宁波归国留学人员创业创新的主要优势

1. 多重发展机遇并存

一是国家战略机遇：宁波作为长江经济带的龙头龙眼和“一带一路”战略支点城市，积极申报自由贸易港，加快建设“16＋1”经贸

合作示范区、国家自主创新示范区、“一带一路”建设综合试验区。二是产业转型机遇：“十三五”期间，宁波明确了新材料、高端装备、港航物流、生命健康、新一代信息技术等五大产业发展重点。同时，拥有石油化工、装备制造、新材料、汽车制造等8个千亿级优势产业集群。特别是新材料产业发展水平位居全国前列，拥有一批掌握先进技术的行业龙头企业。这些都是宁波走上产业中高端的发力点，也可以说是广大海外留学人员归国创业创新、实现梦想的着力点。三是企业转型机遇：宁波民营经济占全市经济总量的80%以上，中小企业超过14万户，创造了70%的经济总量、75%的税收和85%的就业岗位。这些企业普遍亟须引进转型升级的产品、技术、项目，对高端高知人才非常渴求。归国留学人员在海外学习期间，不乏接触到世界知名高校、科研院所等一流科教资源，得到名校名师的细心培育；海外创新文化的熏陶，造就了留学人员出色的创新意识和能力。大部分归国留学人员在回国的同时，也带回了一批国际领先的高新技术或专利技术，且多数创业者本身就是某一领域的技术专家，到宁波创业有巨大的市场空间。

2. 人才政策持续发力

郑栅洁书记指出：“选择宁波就是选择未来，宁波愿为海内外人才创业创新提供一流的政策、一流的服务，助四海英才寻梦、追梦、圆梦。”宁波把全面升级人才政策作为提升人才工作的核心竞争力的关键举措，形成覆盖更全面、指向更精准、支持更有力的人才“引用育留”全链条政策体系。特别是在持续实施“3315计划”的基础上，又先后推出了关注城市经济发展的“泛3315计划”和吸引民间资本投入的“3315资本引才计划”，不断提升人才政策吸引力，并积极推动人才新政各项政策落实，为高端人才创业创新提供有力政策支撑。大多数归国留学人员通过勤工俭学或者学成毕业后在国外就业等方式，在回国前就已经积累了丰富的工作经验，具有世界眼光和国际视野。归国以后，他们不仅带回了先进的科学技术，同时也带回了先进的管理技术和理念。宁波人才政策的全面实施，为归国留学人员先进的管理模式和理念提供了落地条件，有力地促进了宁波科技进步和产业发展。

3. 成功企业（人士）引领带动效应明显

不少宁波归国留学人员企业已经逐步在宁波这片热土上开花结果，并驶上了发展快车道。如张彦博士的激智科技和姚力军博士的江丰电子，年销售额均超 5 亿元，特别是张彦博士让两位民营企业家 800 万元“天使投资”换得 10 亿上市收益的故事，更是激动人心。李霖博士创办的宁波讯强电子科技公司，通过实施精准化的发展战略，不到 5 年时间就发展成为全国声磁防盗标签这一领域的最大供应商，紧盯全球龙头的美国企业，稳居世界第二的地位。此外，王一鸣的锦浪新能源已经过会，即将上市，金亚东的长阳科技已进入上市辅导期，黄孟波的五谷铜业、薛志刚的星博生物、张发饶的能之光、朱俊澎的年轮映画等 4 家企业已挂牌新三板……这些归国留学人员的“才富”故事，在发挥归国留学人员创业创新标杆示范引领作用的同时，也已成为宁波招才引智的金招牌。

4. 平台构筑成效显著

宁波新材料科技城、国际海洋生态科技城、中官路创业创新大街等平台的提档升级、加速发展，为人才培养、成长提供了良好的平台。归国留学人员利用自身优势和资源牵头成立的宁波市智能制造产业研究院、国际材料基因工程研究院、浙江国千能源研究院，以及宁波阳明工业技术研究院等科研平台，对于不断扩大智力资源要素充分流动并实现价值的渠道，推动个人发展与国家进步相融合，也起到了重要作用。各区县（市）更是实现了留（科）创园的全覆盖。宁波人才承载能力的不断提升，有利于留学人才带着关键技术、带着重大项目、带着新兴学科回归宁波，以实现“引进一个人才、带来一个团队、落户一批项目、形成一个产业”的目标。如日本海归人才姚力军，在 10

余年间相继引进了91名高层次人才，其中省级以上重点人才计划人才20余名，占余姚市重点高层次人才的三分之一。

5. 宁波城市优势

宁波书藏古今、港通天下，是古代“海上丝绸之路”的始发港，被习近平总书记誉为记载“一带一路”历史的活化石。宁波以7000年前的河姆渡文化为起点，在唐代就已形成与当代宁波城市格局相近的城市规格，并依赖地理优势成为全国最大的开埠港口。近代以来，宁波成为“五口通商”（广州、厦门、福州、宁波、上海）口岸之一。宁波具有厚重的商业传统和商业基础，以包玉刚、邵逸夫、李达三等人士为代表的近现代“宁波帮”更是享誉全球。改革开放以来，宁波成为我国首批沿海对外开放城市、计划单列市、副省级城市，是当之无愧的对外门户城市，具有对接国外市场、利用国际资源的便利条件，方便归国留学人员创业创新。宁波作为长三角南翼经济中心，当前正在深入实施的“一带一路”和长江经济带建设两大国家战略在宁波交汇，这更是国内许多城市无可比拟的独特优势。归国留学人员大多在国外有很多同学、校友、朋友和亲戚，长期与国外保持密切联系，可以更容易地获得国际信息，有利于充分利用国内外两个市场的两种资源，及时与国外最新科技进展保持同步，通过国际合作，共同开发新产品、拓展新市场。

（二）宁波归国留学人员创业创新主要制约性因素

调研中发现，归国留学人员到宁波创业创新面临的制约性因素，主要集中在市场、资金、人才、文化和公共服务等方面，较为突出的是融资和用人用工问题，其中既有外在大环境的原因，也有宁波区位的原因，还有归国留学人员自身能力的原因。

1. 市场因素

第一，虽然归国留学人员创办的企业是最活跃、发展最快、潜力最大的经济实体，也是自主创新的主体，但目前为数不少还处于创业初期，多数公司员工不超过 100 人，其新产品知名度不高，整体规模还较小，总体实力、竞争力不强，在现实市场竞争中，由于其不具有品牌效应，缺乏经济实力和社会影响力，与大型企业和跨国集团相比，处于弱势地位。第二，归国留学人员研发的技术、项目大都比较领先，但其经营理念和管理方式不一定能完全适应国内实际，回国后面对复杂的国内市场，他们往往会有力不从心的感觉。第三，企业运营经验欠缺对创业创新构成了障碍。归国留学人员的优势主要集中在掌握了先进的科学技术，但是由于之前或者求学，或者就业，真正有创业经验的不多，他们回国后创业创新往往是第一次管理一个完整的企业，涉及的诸如法律、投资、市场营销等方面的管理经验不足，也制约了企业的发展。

2. 资金投入因素

归国留学人员创业创新，资金投入是必要条件。但在调研中发现，资金问题成为影响我市归国留学人员创业创新的一个突出性因素。一是自有资金难以维持。尤其是创业初期，需要大量的资金投入，自有资金难以支撑太久，项目的进一步开展和实施缺乏赖以维系的资金动力。二是银行贷款困难重重。和其他民营企业一样，归国留学人员创业企业在贷款融资方面面临很大的困难，国内银行向企业贷款一般以实物资产作为抵押，如土地、房产、设备等。显然，创业初期的科技、文体类等轻资产企业并不具备这方面的优势，大多只有技术、理念、方案、设想，没有固定资产，因而无法从银行取得抵押担保的贷款。三是民间资本对接困难。归国留学人员创业创新主要是高新科技等方面，这类企业在产生高回报之前，要有前期高投入的代价，并且投资回报期比较长。这对大多追逐短平快的民间资本而言，显然意愿不强、兴趣不浓。四是风险投资市场还不够成熟。相对来说，宁波风险投资公司规模较小，选择投资项目往往慎之又慎。据了解，大多又为“跟投”，远远不能满足大规模归国留学人员创业企业的融资需求。

3. 文化环境因素

归国留学人员此前在国外多年的生活经历，回到国内创业创新，面临国内熟悉而又陌生的文化环境，往往会感到“水土不服”。一是对国内的社会环境认识有所偏差。国外市场经济发达，法律制度经过多年发展相对规范，而国内尚处全面深化改革时期，转轨期间，营商环境的市场化、法制化和国际化程度，还不能与国外相提并论。部分归国留学人员出国多年，缺少对国内社会环境的认识，水土不服的现象时有发生。二是宁波文化中的部分局限性因素对形成创新文化也有一定影响。宁波文化具有务实、开拓的优势，只做不说或多做少说，但另一方面，也或多或少地存在着小富即安、易于满足，守成有余、创新不足的问题，“闷声发大财”的处世哲学导致信息损耗和丢失。三是缺少社交文化活动。归国留学人员习惯了在国外期间的丰富交往活动，回国后也期待能有一个社交平台用以维系彼此之间的往来。这不仅是适应国外生活习惯的必要途径，也是他们回国以后尽快融入城市、融入社会的主要渠道。当前，专门针对归国留学人员的社交平台还不多见，留学生联谊会等组织的活动也存在活跃性不足、针对性不强、周期率偏长的问题，这在一定程度上不利于归国留学人员深度融入宁波的社交文化。

4. 公共服务因素

公共服务不足，也制约了归国留学人员创业创新。一是科技企业发展所需要的高素质专业人才和高技能人才资源不足。宁波归国留学人员总量相对北京、上海和杭州等并不占优势，吸引和培养国际化人才的环境仍有待进一步改善。留学人员企业对高层次人才的需要强烈，却难以吸引到足够的具有海外留学背景的管理人员和技术人才，特别是设立在宁海、象山等相对偏远的区县（市）企业，吸引和留住高层次人才就更加困难。原本已在宁波从业的归国留学人员，也不乏离开宁波，转而去北京、上海等城市就业的。在机械制造、纺织服装等劳动密集型行业企业，甚至用工问题都极为突出，难以招到适龄的熟练工人。二是服务精细化程度不够。留学归国人才创业创新方向多为高新技术产业或为社会消费服务的新领域，认证事项、审批环节、牵涉部门都比较多，但目前为海归创业创新人员提供咨询、代办等服务载体的实体化落地以及中介服务市场的培育，都还有待于提高与完善。他们对现有人才政策和产业扶植发展政策的了解、接受和掌握程度还不足，对于社会保障、子女入学、公共出行等事项的诉求也较为强烈；政府部门服务的专业化水平、精细化程度也都还有需要进一步提高的空间。三是缺少专门为归国留学人员创业创新服务的统筹机构或部门。当前，国内尚未明确由哪一家党政部门或组织承担对归国留学人员的管理和教育职责。

从宁波情况来看，目前从事归国留学人员管理服务的组织主要有以下几个：一是市委人才办于 2011 年牵头组织成立海外高层次人才联谊会，通过快速吸纳在甬创业的国家、省“千人计划”、市“3315 计划”人才以及有突出贡献的海外人才，目前已聚集了近 600 位来自海外的优秀科技人才；二是市委统战部于 2016 年牵头成立了宁波欧美同学会（留学人员联谊会）；三是市侨联于 1995 年率先在全国成立了首家宁波市留学人员和家属联谊会，2016 年 6 月又倡导成立了“宁波市侨联青年创业联合会”，各区县（市）侨联组织也成立了海（留）创会组织，组织体系较为健全，覆盖面、服务面也比较广泛。但是还缺乏一个能够统一协调、管理留学归国人员工作的组织体系，各单位业务比较分散，信息缺乏有效互通，资源难以共享，尚未形成助推归国留学人员创业创新的整体合力。

三、推进宁波归国留学人员创业创新的对策建议

为进一步推进宁波归国留学人员创业创新，为实践“六争攻坚、

三年攀高”决策部署、推动宁波走在高质量发展前列贡献力量，建议从组织体系、服务保障和创业创新环境建设上精准发力，有效激发归国留学人员创业创新动力，充分释放归国留学人员创业创新活力。

（一）建立强化开展留学人员工作的组织体系

建立由市委人才领导小组相关单位为成员单位的归国留学人员创业创新联席会议制度，就归国留学人员到甬创业创新的相关政策性问题提出意见和建议，指导各区县（市）和市直各部门、各企事业单位吸引归国留学人员到甬创业创新。

依托宁波市人才工作领导小组，下设归国留学人员工作领导小组，统筹归国留学人员管理服务工作，各区县（市）也设立相应的专门服务管理平台，并以各级各部门留学人员服务机构为主体，充分发挥国内外各类留学人员组织、社会团体的作用，形成政府主导、社会参与、相互配合、上下互动的归国留学人员全方位服务管理体系。建立工作激励机制，把服务归国留学人员创业创新工作成效情况纳入目标管理考核。

开展全市留学人员情况普查，建立留学人员数据动态管理系统。调研中发现，目前宁波对归国留学人员基础数据掌握得还不够全面、充分、及时，还没有哪一个部门或单位能完全掌握，单靠侨联系统一家摸清摸实这些信息，也存在较大困难。建议市里组织力量，并提供经费保障，对全市归国留学人员、宁波籍在外特别是北上广深等地及国（境）外就业创业出国留学人员、海外在读留学人员等三类人员的数量、层次、年龄结构、专业领域、创业创新情况等进行深度全面系统调查，并开发、建立留学人员数据动态管理系统，以便于及时掌握更新全市留学人员总体情况和动态状况，更加有效地开展留学人员服务管理工作，吸引、凝聚他们为宁波的建设发展贡献力量。

（二）积极落实归国留学人员创业创新的政策保障

当前，宁波及各区县（市）都出台了极具吸引力的人才政策和创业创新政策，建议适时对各地、各个部门、各个层面的归国留学人员创业创新政策进行全面梳理，编纂出台宁波市归国留学人员创业创新支持政策清单，使归国留学人员无论是对市级层面，还是区县（市）级层面的人才政策和创业创新支持政策一目了然，心中有数，从而可以选择最适合其发展的地区落地，开展创业创新。

同时，要完善政策推进机制，推动各项归国留学人员创业创新政策落实。建立需求对接机制，把宁波经济、产业发展需求和留学人员能力需求、创业创新需求结合起来，实现科学对接、及时对接和有效对接。优化归国留学人员创业创新办事流程，结合“最多跑一次”改革，利用“互联网+”工具，积极推行一站式办理、上门办理、预约办理、自助办理、同城通办、委托代办等多元化服务形式，打通“最后一公里”。

（三）着手建立保护创业创新成果的法制环境

归国留学人员创办的高新技术企业在成长和壮大的过程中，因国际竞争，或因被抄袭，或因商业秘密而产生的知识产权纠纷必然发生。有效的知识产权保护氛围是吸引高科技企业落户的重要因素。建议借鉴深圳发展经验，在畅通知识产权绿色通道、有效催生高科技企业的基础上，加大用法律保护在宁波注册的归国留学人员企业创业创新成果，力求使宁波率先在全国达到发达国家的知识产权保护水平，从而吸引、凝聚全国各地的海外高层次人才汇聚宁波。

（四）着力构建归国留学人员创业创新的资金支持平台

注重发挥财政资金的积极引导作用，优先对接商业模式清晰、技术领先的归国留学人员创业创新项目。引导银行等金融机构改进贷款评估方式，在归国留学人员创业创新授信等方面提供更多便利。加大海归人才项目与民间资本的对接力度，吸引更多的民间资本积极投入留学人员创业创新项目。研究出台更多更有效的基金吸引政策，争取更多的基金落户宁波，投资宁波海归人才项目，全力打造“天使之城”。

（五）全面畅通归国留学人才与企业的对接渠道

调研中发现，引进的归国留学人才项目中，真正孵化成功的不多，有的成长缓慢，有的已经淘汰。建议建立“人才+企业”对接机制，更多地发挥企业和企业家的作用，把回甬、来甬、归国留学人员引导到企业中，由企业提供平台，发挥企业家作用，更加有效地扶持归国留学人员创业创新。这样也可以满足企业创新引领、转型升级的需求，实现互补双赢的结果。此外，建议制定出台鼓励归国留学人员企业与高等院校、职业技术院校等进行人才对接、合作的政策措施，既有利于解决学生的实习、就业问题，也有利于解决企业人才、人工短缺及招人难、招工难的问题。

（六）切实加大对留联会组织的工作支持力度

目前，宁波主要有“海高会”“欧美同学会”“留联会”及各区县（市）海（留）创会等归国留学人员组织，在团结、凝聚、联系、服务归国留学人员方面，发挥了积极作用，也取到了良好成效。但从侨联系统来看，市“留联会”及各区县（市）海（留）创会等留学人员组织，其工作经费都没有纳入财政预算，这就不可避免地制约了其活动的活跃开展和组织的进一步发展。建议加大对归国留学人员组织的工作支持力度，提供足额经费保障，以利于归国留学人员组织更好发挥作用。

市委统战部（市侨办）课题组

宁波农村创业创新人才队伍建设研究

全面实施乡村振兴战略是党中央着眼于全面建成小康社会作出的重大战略决策。习近平总书记指出，乡村振兴要依靠人才，人才作为第一资源，在推动乡村振兴战略中具有决定性的作用。为推进农村创业创新人才队伍建设，宁波市委组织部（市委人才办）和市农业农村局联合进行了深入调研，以创业创新人才培育为抓手，切实拉长农村人才短板，发挥人才引领示范作用，进一步支撑乡村振兴战略实施，为实现农业农村现代化探索新路径。

一、农村创业创新人才队伍建设的基本情况

（一）人才主体更加多元

近年来，宁波坚持以“产业结合创业、创业带动产业”的思路，推进农村创业创新人才培育，形成各类人才集聚农村创业创新的趋势。十九大以来，工商企业家、留学归国人员、在外创业青年、大学毕业生、科技人员、退伍军人、退休干部、新乡贤等各类人才主体纷纷到农村投资兴业，新型职业农民积极开展农业创业，现有新型农业经营主体主动适应发展新形势进行再创业，加快了农村产业升级发展。全

市现有农业经营单位1.1万个，农业经营户64.7万个，其中农业龙头企业2890家、农民专业合作社4055家、工商注册的家庭农场3769家、工商注册的农家乐休闲旅游业700余家。据不完全统计，十九大以来新到农村创业创新的人才超5000人；2018年全市高层次农村实用人才培训数近2500人，同比增长56%。

（二）平台载体更加广阔

全市基本实现了“只要想创业，都可以在家门口找到合适的创业孵化载体”。一是大学生创业园发展迅速，居全国同类城市前列。全市已有市级及以上大学生创业园19家，其中国家级创业孵化示范基地2家（全省共计4家），省级创业孵化示范基地7家，共有创业场地面积21.2万平方米。2014～2017年，全市新增大学生创业人数累计达12998人。二是农业创业创新平台体系加快构建。全市已基本建立“产业园区—‘双创’基地—‘双创’联盟—农创园（青创农场）—家庭农场（庄）”等农村创业创新平台体系，形成农产品电商、农家乐民宿、美丽田园、农产品加工销售等多种创业创新载体。如慈溪现代农业产业园作为首批11个国家现代农业产业园，吸引了一批高端现代农业人才入驻创业；宁海越溪乡引进了国能智信小微企业园，为人才到农村创业创新提供了广阔平台。

（三）农村“双创”路径更加多样

经过近几年的探索实践，宁波形成了多种农村创业创新的新路径。主要包括：一是以土地经营者角色直接从农民或村集体组织中租用土地，进行规模化种养殖活动。二是在农业产业链各环节实现创业，如创建农业企业、家庭农场，以及从事生产、加工、销售、物流等业务并形成“公司＋农户”“公司＋家庭农场”“公司＋合作社＋基地”等业态。三是建立现代农业多种服务组织，如发展农机农资、种子种苗、农业科技等服务组织，为现代农业发展提供配套服务。四是参与农业产业融合发展，在农村发展多种产业类别融合的新业态，如农家乐民宿经济、农村电商、林下经济等。

（四）农村“双创”模式更加丰富

主要呈现五种类型：一是种养殖生产型。主要从事特色农业、品牌农业生产经营，如返乡大学生创办的归本水稻农场、悠悠农场、羊羔仔农场等家庭农场和休闲农业。二是科技转化型。转化应用分子育种、新品种、新技术、新工艺等发明专利和新科技，进行农业创业创新。如金豚食品科技有限公司的金乌猪种业培育、宁波微萌种业有限公司的蔬菜种质创新与分子育种、易中禾生物技术有限公司的名贵中草药种苗繁育和生物药业等。三是全产业链发展型。依托农业主导产业和特色产业，推进产加销研一体化。如海曙蔺草、余姚榨菜等产业集群，以及明凤渔业有限公司、蓝尚海洋科技有限公司等开发的全产业链。四是平台服务型。创建现代农业服务组织，搭建专业化服务平台。如宁波海上鲜 B2B 交易平台将渔业与互联网结合，成为全国最大的网上海鲜交易平台，在全国 11 个地市建立了办事处，年撮合交易值达 20 亿元。五是融合发展型。综合化发展产业和跨越化利用农村资产，打造田园综合体，推进一二三产融合发展。如江北区的老樟树民宿开发农业文化旅游，打造亲子田园综合体；象山县的莫宁森家庭农场，发展紫菜育苗、养殖、加工、电商销售一体化的紫菜产业，打造紫菜特色小镇。

二、农村创业创新人才队伍建设的主要做法

多年来，宁波始终坚持人才先行，坚持创新驱动发展战略，主动适应和引领经济发展新常态，高度重视集聚农村创业创新资源，注重打造农村创业生态体系，营造了良好的农业农村人才发展环境。

（一）汇聚人才工作合力

市委、市政府高度重视人才工作，确立人才引领乡村振兴的战略定位，根据“六争攻坚、三年攀高”决策部署，努力创建人才生态最优市，大力集聚乡村振兴各方面优秀人才。

一是全面建立人才工作体系。结合新时代人才发展新形势，市县两级全面建立由党政主要领导担任人才工作领导小组正副组长的工作体系，将乡村人才振兴计划纳入全市人才工作重要内容，将引育乡村人才、出台农村实用人才发展规划纳入市委农办职责分工和年度重点任务书，基本确立农村创业创新人才队伍建设工作体系。

二是实施新型农业经营主体培育抓落实专项行动。2017 年，市委、市政府全面开展“大脚板走一线、小分队破难题”抓落实专项行动，市委农办牵头农业部门组建小分队，实施新型农业经营主体培育抓落实专项行动。一年多来小分队深入一线调研和指导 100 多次，协调帮助农业企业解决用地、融资、生产技术、项目开发合作等难题 80 多个。各区县（市）也积极开展“走一线、破难题”工作，有力支持了新型农业经营主体创业创新和发展壮大。

三是形成支持农村“双创”良好氛围。各级各部门着力加强创业创新典型宣传，树立一批、宣传一批，以典型引路，促进农村创业创新。每年组织开展宁波市“十佳”家庭农场、“十佳”农民专业合作社、“十强”农业龙头企业评选活动。利用报纸、电视、网络等多种媒体开展农业农村创业典型、新型职业农民标兵等宣传，两年来已集中宣传 80 多人，引起较好反响。充分发挥基层平台作用，开展创业培训、创业宣讲、创业沙龙、创业微课堂等多种形式的政策推送和宣传。

（二）强化农业农村人才引进培育

全市强化人才作为第一资源在乡村振兴战略中的定位，增强人才在农业供给侧结构性改革和农业农村升级发展中的第一驱动力作用，加快推进农村“引才、育才、用才”工作。

一是实施现代农业领军人才引进工程。2017 年，市委、市政府出台《关于实施“泛 3315 计划”引进支持急需紧缺高层次人才的意见》，把引进现代农业领军人才和团队作为 9 大专项引才计划之一，给予入选人才项目 50 万 ~500 万元资助。2018 年首次实施即吸引 23 个高端人才（团队）项目前来申报，4 个项目最终入选。

二是实施现代农业领军人才培育工程。2016 年，市委组织部和市委农办联合启动实施现代农业领军人才培育工程，计划在“十三五”期间每年培训 80 人左右，至 2020 年打造一支 300 人左右的具有核心竞争力、能引领带动农业转型升级的人才队伍。培育工程以市级以上新型农业经营主体为重点对象，采用工商企业家培训方式，着力提升农业经营主体的决策、经营、管理水平，增强创业创新能力，发挥引领带动作用，促进现代农业升级发展。目前全市已完成培训 2 期，共 173 人。浙江万里学院农业专家钱国英教授入选 2018 年市杰出人才。

三是实施新型职业农民培育工程。鼓励引导职业农民立足特色资源优势积极创业，发展成为新型农业经营主体，并进一步做强做大。2014 年以来，全市累计培训新型职业农民 1.7 万人，新增家庭农场、农家乐民宿经营户、种养经营户、农村电商经营户等 1.6 万家。加快发展农创空间，培育农村创客大军。2015 年以来，全市累计辅导培训大学毕业生等“农创客”“青创客”近 1 万人次，通过农村双创平台集聚孵化双创人才 8000 余人。

（三）加大人才发展政策扶持

近年来，宁波以优化资源配置为目标，不断强化农村人才发展的政策保障力度，破解制约创业创新的瓶颈。各级各部门结合实际，制定出台了一系列扶持政策，初步构建了系统化政策架构。

一是加强大学生农业生产领域创业就业扶持。我市于2010年出台政策，开始扶持大学生在农业生产领域创业。2012年又进行了提升完善，印发《关于进一步完善大学生在农业生产领域就业创业扶持政策的通知》，对符合要求的创业大学毕业生，市财政给予每人每年1万元补助；对符合要求引进大学毕业生就业的农业生产经营主体，给予1～2名聘用人员每人每年1万元的基本报酬补助，并要求区县（市）财政按不低于1∶1的比例配套。截至2017底，全市享受财政补助的创业就业大学生已达到1620多人次，大学生已逐渐成为现代农业创业发展的中坚力量。

二是加强农村土地要素保障。2014年，市政府出台《关于进一步加快农村土地承包经营权流转促进农业转型升级的意见》，市财政每年安排3000万元，对流出期限10年以上，通过村委托流转或参加村土地股份合作社的农户，给予流出土地每亩200元的补助，对整村委托流转或土地股份合作、面积在500亩以上且流转期限10年以上的村，给予每村10万元的补助。全市探索创新了整村整组连片流转、跨村整片委托流转、土地股份合作等多种流转模式，各区县（市）全面建立了县级土地流转信息网，涉农乡镇（街道）全部建立了土地流转服务中心，完善了流转管理服务。截至2017年底，全市农村承包土地经营权流转面积达到152万亩，占农户家庭承包面积的69%。

三是加强农村金融要素保障。2003年起，人民银行宁波中心支行、财政部门、人社部门等通力协作，不断完善贷款政策，扩大放贷规模，满足不断增长的创业需求。各地结合实际出台了一系列农村产权抵质押贷款办法，不断拓宽农民融资渠道。据统计，2014～2017年，全市金融贷款政策已惠及农村创业人员1万多人，贷款还款率达到99.99%，呈现“贷得出、用得好、收得回”的良好格局。着力扩大农村保险服务，政策性农业保险制度更加完善，市财政每年安排2000万元进行扶持，财政保费补贴平均不少于50%，保险细分险种达到58个，实现了主要农产品保险全覆盖。此外，我市还出台了《关于深入推进“电商换市”加快电子商务发展的若干意见》，对农村电子商务创业给予社会保险补贴、担保贷款贴息、带动就业岗位补贴、经营场地场租补贴等支持。出台《关于进一步完善城乡居民基本养老保险制度的实施意见》，对城乡居民基本养老保险和农村社会养老保险制度进行衔接并轨，农业农村创业人才可在户籍地参加城乡居民基本养老保险，解决了后顾之忧。

（四）优化农村创业创新服务

为鼓励支持各类人才在农业农村领域创业创新，宁波大力搭建平台，完善服务，不断拓展农业农村创业空间。

一是加强大学生农业众创园建设。搭建以慈溪坎墩都市农业生态园为核心的大学生农业众创园，依托农业现代产业园区、农业科技创新扶持项目，打造大学生在农业生产领域创业的集聚区。2017年，玉兰农场、宁波戚家山等大学生创业基地先后被列入省级科技示范基地，三北金慈等5个基地列入无公害、绿色食品基地，掌起人家生态农庄列入精品园创建。

二是加强涉农贷款融资担保平台建设。推进绿色金融、普惠金融改革创新，发展一批非营利性小额贷款担保公司、村镇银行、市农信担保公司、农村资金互助社等，缓解了农民融资难、融资贵问题。加强农村服务网点和ATM机布点建设，完善了农村金融服务设施。

三是加强农技推广服务。着眼为农业创业人才提供有力科技支撑，市农业局于2015年组建了水稻、旱粮油料、蔬菜瓜果、榨菜、草莓、生猪、白鹅、兔业、禽业、蔺草等10个农业产业技术创新与推广服务团队，聘任市级农业技术首席专家12名，开展全市先进适用技术的研发与推广，促进了农业科技成果转化应用。每年举办大型科技下乡活动，推介发布全市农业主导品种和主推技术。各级农技专家针对主要农事季节，组织开展“科技服务月”“三下乡”等各类进村入户服务活动。市县两级农业专家还与创业大学生结对帮扶，手把手开展技术指导，逐步造就了一支综合素质高、创业能力强的农村创业人才队伍。2017 年，有 4 位大学生主持了县级农业科技项目，获得项目资金 16 万元，20 余人次参加了市、县科技项目的实施。

四是加强人才和市场对接服务。着眼加强农业生产经营主体与各涉农高校供求信息的对接，市农业局每年组织农业经营主体参加全省农业专场招聘会，引导现代农业经营主体引进科技人才，提高自主科技创新能力。着眼帮助创业人才和新型农业经营主体拓展国际国内新兴市场，每年组织 300 多家农业企业参加中国食博会、浙江农博会等国（境）内外的重点展会，取得了较好成效。

三、农村创业创新人才队伍建设的经验模式

（一）打造农业众创空间“青创农场”模式

2017 年，宁波作为全省首批试点，倾力打造“青创农场”，由团市委联合市委农办、市人力社保局等 8 家单位，通过搭建平台阵地，加强统筹合作，营造创业氛围，广泛延伸政府服务链条，打通政策衔接节点，逐渐形成新形势下青年农业创业新品牌。

一是聚集资源筹建创业阵地。充分调动市、县、乡镇（街道）三级党政资源和社会资源，通过“新建 + 改造 + 共享”的多元模式，将各类资源整合集聚到“青创农场”创业阵地，并上下联动，孵化创业人才。目前，全市已建立市级“青创农场”3 家，区县级“青创农场”7 家，基层园区创业创新基地 57 家，累计投入建设资金 2.7 亿元，种植面积达 1.72 万亩，吸引青年返乡创业 1537 人，带动就业 2187 人。

二是精心打造生态链条。各区县（市）围绕当地资源优势和产业特色，推进“专精化 + 差异化”发展，形成了“青创农场”特色发展

方向。如宁海县以农旅经济（民宿）建设为重点、象山县以海产品开发为重点等。推进“互联网＋农业”建设，依托天猫、淘宝等平台，将农业接入互联网，推动青年农业创业与电商结合，打开“青创农场”农产品销路渠道。

三是推进全程服务保障。加大资金扶持，为符合条件的青年提供地租减免、免费创业见习、基本报酬补助、小额贷款利息减免等一系列创业优惠政策。如鄞州区提供每家 2 万元的租金减免，8 万元的创业补助。采用“酒店式管理＋学院制孵化＋项目化运作”的运营管理模式，为入驻青年和企业提供全方位服务，开展策划、咨询、培训、项目跟踪等全程指导，助力农场茁壮发展。2017 年，全市各级“青创农场”年销售额达 3.98 亿元，资产总额为 2.48 亿元，获评全国农村青年致富带头人 2 人，省级带头人 10 人。

（二）推进农村“双创”人才精准培训模式

宁波以中高端人才培育为引领，分级分类实施精准培训。

一是牢牢抓准培训对象。针对新型农业经营主体，致力培育一个标兵、引领一方产业、带动一批农民，深入实施轮训计划，支持新型农业经营主体再创业，提升企业发展层次和综合竞争力。针对有意在农业农村领域创业的人才，根据创业方向意愿，分类开展培训。

二是“量身定制”培训项目内容。着眼提升经营、管理、创新等能力，大力推进专业化、精细化培训，研究开发了现代农业领军人才、农村电商、“青创农场”、农家乐民宿、绿色农业等不同层次的培训项目。在培训内容上注重发展新理念、新技术、新模式等内容培训。

三是不断创新培训模式。坚持产学研结合，形成“农民学院＋产业部门＋农民学校＋产业基地＋农业企业”等多种组合培训，探索创新了三产融合培训、孵化式培训等多种行之有效的培训模式。同时积极拓宽培训渠道，引导吸纳宁波市农合联、味香园葡萄专业合作社、明凤甲鱼有限公司等20多家农业企业参与人才培育。

四、农村创业创新人才队伍建设存在的问题

当前，在农村创业创新人才队伍建设实践中，仍面临一些困难和挑战，尤其在以下几方面需要重点关注、破题。

（一）创业创新的意识意愿有待增强

调研显示，在校大学生毕业后选择农业农村领域创业就业的占比不到10%，工商主体对农村创业创新总体也呈观望状态。主要原因在于：一是农业产业投资大、周期长、收益低，市场和灾害风险多，使许多创业者望而却步。二是传统观念影响较深，许多人仍觉得从事农业生产不够体面、低人一等。三是优秀创业项目难找，农业农村创业供需信息不对称现象较为普遍。

（二）新型农业经营主体整体层次不高

从综合实力来看，2018年宁波仅2家农业龙头企业进入全国500强，仅3家农民合作社进入全国300强，与山东、四川等省相比在数量和规模上都存在较大差距。从年龄和学历结构看，经营主体总体呈现年龄老化、学历偏低现状。全市农业经营主体55岁以上的占47%，初中及以下文化占50%，在长远发展上存在人才素质的瓶颈。主要原因在于：新型农业经营主体多数是由长期从事农业生产的农民发展而来，人才引进和大学生、工商企业家占农业创业人数比例较低。

（三）要素保障有待强化

农村创业创新在人才、资金、资源等方面的要素制约依然十分突出。人才保障方面，存在高层次人才匮乏、人才难留等问题，雇佣的大学生由于不满收入、办公条件等原因，流动频繁。土地保障方面，

存在土地流转面积小、分布散、流转期限短、建设用地指标不足等困难。综合保障方面，金融保险、财政税费、经营用水用电等支持力度不足，相关政策较为分散。同时，城市人才流向农村还存在户籍、土地、公共服务制度等政策体制障碍。

（四）服务管理有待优化

平台建设方面，全市还缺少农村人才大专以上学历提升教育平台，两级农民学院（校）在创业创新人才培育上的作用发挥还不够，创业创新人才集聚交流平台过小、层次较低，难以发挥整体人才集聚效应。人才管理方面，对农村创业创新人才动态管理不足，农业职业技能评定范围需进一步拓宽。人才服务方面，农村创业项目地址相对较偏，交通、电力、信息等基础设施难以跟上，农村教育、医疗、文化、娱乐等服务设施与城镇有较大差距，还不能满足青年创业人才的需求。

五、农村创业创新人才队伍建设的对策举措与工作建议

结合宁波的探索经验，下一步农村创业创新人才队伍建设应坚持聚焦产业、突出实效，以吸引优秀人才向农村集聚和提升现有人才“内生动力”为重点，坚持分类开发，强化要素保障，充分激发人才创业创新动力，为推进乡村振兴战略提供更为有力的人才支撑。

（一）坚持农村“双创”人才优先发展

人才资源是实现乡村振兴的核心要素，要及时推动发展战略转型，确定以“双创”人才为核心的人才优先发展战略。加强对农村人才工作的组织领导，建立完善农村创业创新工作体系，明确责任分工和目标任务，形成上下联动、齐抓共管的良好局面。持续加大政府人才发展投入，建立市县两级人才工作专项投入稳定增长机制。加大农村教育、卫生、医疗、文化等公共服务设施建设投入，不断优化农村创业

人才发展环境。鼓励社会资本、民间资本加大投入，构建多元化人才投入体系。

（二）创新农村“双创”人才开发方式

培育农村“双创”人才队伍，要重点吸引各类高素质人才到农村创业创新，引入优化人才结构的源头活水。一方面，要坚持高端引领，继续深入实施“泛 3315 计划”、现代农业领军人才培育工程，打造一支具有引领示范作用的农村创业创新人才队伍。另一方面，要积极盘活现有人才资源，支持更多社会精英投身乡村振兴，完善高等院校、科研院所等事业单位专业技术人员到乡村和农业企业挂职、兼职和离岗创业创新等制度，健全农业科技领域科研人员以知识产权为基础、以知识价值为导向的分配政策，加强科技特派员和基层农技推广人才队伍建设，带动农村创业创新人才发展。

（三）加快构建农村“双创”平台体系

坚持筑巢引凤，吸引优秀人才向农村“双创”平台集聚。做强做精国家、省、市、县各级现代农业园区，大力实施绿色都市农业示范区工程，在中心城区周边规划建设综合性、多功能城郊农业园区，打造成为城乡融合发展的乡村振兴示范引领区，吸引各类人才到园区开展创业创新。要加快建设乡村“农创园”，以扩大规模、突出特色、集聚资源、打响品牌为方向，建设一批标准高、服务优、示范带动作用强的农村“双创”园区（基地），为返乡下乡人才提供可选择的创业创新场所。

（四）完善农村“双创”政策体系

加快制定出台引导人才回归乡村创业的指导意见，明确指导思想、基本原则和政策扶持方向，在土地供给、科技创新、人才引进、财政引导、税收优惠、生态环保等方面出台新的支持政策。建立乡村“双创”用地保障机制，安排一定比例年度新增建设用地计划指标，专项支持人才从事农业农村新产业、新业态。加强科技支撑，鼓励“双创”人才开展农业科技研究，推进农业新品种、新技术优先在创业创新人才中推广转化。强化金融支持，制定鼓励引导工商资本参与乡村振兴的指导意见，大力发展农村普惠金融，引导更多工商资本、金融资本、社会资本等投向乡村人才“双创”。

（五）优化农村“双创”配套服务

加强信息库建设，构建农村人才“双创”项目库、信息库、客商库、人才库等数据库，实现跟踪管理、智能管理、精准管理。加强创业指导，利用现代信息技术手段，开展多层次的“双创”人才培训，探索设立农村人才“双创”顾问团，建立乡村“双创”导师制度，加强对乡村“双创”人才的培育指导。加强人才激励，充分利用各类新闻媒体，全方位、多角度对乡村振兴和乡村“双创”进行宣传报道，树立一批典型，强化引领带动，激发各类人才到乡村创业创新的热情激情。

宁波市农业农村局课题组

"创二代"企业家培养工作研究
——以镇海区为例

宁波是民营经济先发和发达地区，经改革开放40年的持续发展，民营企业正逐步进入代际传承高峰期。加强"创二代"培育工作，不仅是民营企业自身的"家事""私事"，更是关系经济社会发展的"大事""要事"。近年来，镇海区聚焦"强基固本""传承创新""增强实效""责任担当""示范引领"，努力在提升品牌、拓展亮点、做实基础上下功夫，造就一支高素质的新生代企业家队伍，推动区域经济发展，为民营企业代际传承和转型发展作了大量的有益尝试与探索。

一、主要做法

（一）聚焦"强基固本"，着力构建组织网络体系

一是吸纳"创二代"加入组织，实现一张网里"聚"起来。目前，全区共有"创二代"会员127人，成立区级"创二代"联谊会，下设6个镇、街道、园区联谊分会（小组），实现区、镇两级"创二代"组织全覆盖。二是优化队伍结构。以召开区"创二代"联谊会第二次会员大会为契机，优化领导班子及理事结构，新增自主创业企业

创始人或合伙人、区内规模以上企业高层管理人员（副总经理以上）、区外知名企业驻镇海公司主要负责人等三类对象，调整充实“创二代”队伍，吸收热心“创二代”、自身素质过硬的“创二代”加入。三是搭建信息共享平台，畅通沟通交流渠道。充分运用互联网手段，创建微信群、QQ 群等沟通交流网络平台，开展政策分享、信息传播、资讯发布，做到线上有平台、线下有组织，上下联动、左右互动，增进凝聚力。截至目前，127 名会员已全部加入“创二代”微信交流群。四是充分发挥联络联谊作用，架构合作协作平台。近年来，联谊会致力于推进“创二代”与有关职能部门、“创二代”与老一辈创业者，以及与区外“创二代”组织间的合作交流。如沙塔科技与夏厦齿轮在区经信局指导下合作开展智能化工厂建设；“创二代”成员与埃美柯沈总座谈如何通过“应酬、应变、应对、应付”来统筹管理工作生活中的繁杂事务等。

（二）聚焦“传承创新”，着力打造培育培养平台

立足形势发展实际，创设培育新平台，创新培养新模式。镇海区委统战部和区工商联联合设立宁波帮传承与创新学苑，分二批吸纳“创二代”会员和新生代创业者加入，每期研修班学制一年，每月 18 号为课程日，有针对性对“创二代”学员进行体系教学，实现对全体“创二代”的轮训。2017 年，首期研修班共有学员 63 名，其中“创二代”50 名，新生代创业者 13 名，平均年龄 32 岁，圆满完成一轮系列专题讲座、一次新老对话传承、一回新新互动激励、一轮小目标分享会、一次科技创新考察、一场基金金融对接、一次红色教育洗礼、一场慈善爱心接力、一套自学参考书目、一篇发展思路论文等十项教学课程。宁波帮传承与创新学苑教学取得较好效果，不仅探索了一种培育模式，还推动了由“创二代”学员“要我学”到“我要学”的态度转变、由政商“背对背”到“亲”“清”的关系转变，更有效促进了

"创二代"学员发展信心的提振、发展思路的拓展和社会荣誉感、责任感的增强。2018 年，二期研修班开课，共有学员 71 人。

（三）聚焦"增强实效"，着力推动活动载体多样化

一是开展理想信念教育。积极组织"创二代"参加以"守法诚信、坚定信心"为重点的非公有制经济人士理念信念主题教育实践活动。先后组织"创二代"参观南湖"一大"会址、南湖革命纪念馆，集体接受党史和革命传统教育，感受红船精神；组织参观沙家浜革命历史纪念馆，走进沙家浜芦荡湿地、红石民俗文化村，感受"芦荡火种，鱼水情深"的深刻含义。二是开展工作交流活动。组织"创二代"赴慈溪庵东镇商会开展交流学习，并与庵东镇"创二代"联谊会缔结友好联谊会；组织"创二代"赴原江东区学习该区"创二代"联谊会"五位一体"发展模式及"太阳花"公益基金运作模式。三是开展名企访学活动。组织"创二代"走进华为公司、吉利汽车、锐明技术、海伯机械等，骆驼"创二代"走进方太集团、海康威视、华立集团等，借鉴学习名企的发展思路、先进管理经验。组织"创二代"走进大学科技园、前海梦工场，学习其成功运作经验。四是借力外脑进行头脑风暴。组织参加名家论坛，对话央视央广财经评论员、著名商业观察家陆新之；组织参加"甬商大讲堂"，聆听经济学家李稻葵作宏观经济形势分析。此外，骆驼商会组织多批次"创二代"企业家赴北京大学、浙江大学等高等院校进行封闭式培训。成立至今，结合"创二代"实际需求，已组织各类活动达 20 多场，累计参与达 500 余人次。

（四）聚焦"责任担当"，着力弘扬慈善正能量

一是主动服务党委政府重大战略。积极响应区委区府号召，投身"五水共治"行动，区"创二代"联谊会副会长、夏厦齿轮总经理夏

挺在“聚力建设名城名都、助力剿灭劣Ⅴ类水·镇海统一战线在行动”启动仪式上作表态发言。二是成立镇海区“创二代”慈善基金。2018年1月，面向“创二代”发起了“善行天下 为爱而筹”为主题的慈善爱心接力募集活动，募集资金23万多元设立镇海区“创二代”慈善基金，用于安老、助幼、助医、助学、济困等方面慈善公益事业。此外，骆驼“创二代”向红十字会捐款设立了骆驼商会“创二代”联合会博爱智慧基金，九龙湖商会成立了“创二代”“鹰”基金，帮助贫困学生就学、就业。三是参与各类光彩、公益活动。年初，区“创二代”联谊会及成员企业在2018年度镇海区公益创投评审暨社企项目对接活动中认领了“马路天使”镇海区环卫工人健康关爱项目等4个公益创投项目，共出资16万多元。此外，骆驼“创二代”每年组织到街道敬老院看望老人，庄市“创二代”多年来一如既往开展助学活动等等。

（五）聚焦“示范引领”，着力营造政治关爱环境

一方面，多渠道提高“创二代”的政治地位。以区人大、区政协、区工商联换届为契机，以综合评价为抓手，按照“思想政治强、行业代表性强、参政议政能力强、社会信誉好”标准，做好“创二代”推荐、选拔和政治安排。目前，在区“创二代”中，共有区人大代表5名、政协委员11名；九届工商联执委安排“创二代”12名，其中：区总商会副会长2名，秘书长（兼）1名、常委3名。另一方面，营造良好的舆论氛围。利用各级媒体、刊物、网站宣传报道镇海区“创二代”的典型人物和案例，让全社会了解、关心、支持“创二代”，形成有利于新一代企业家健康成长的社会氛围。2017年2月，宁波电视台《宁波新闻·甬商义行》栏目播出了恒隆高科董事长江龙的公益事迹。近五年来，一批新生代企业家在我区民营企业新老交替中崭露头角，所涉足的领域比老一代更广，比如新经济、新技术、新

领域，有的已成为老一代有力的接班人。例如，首游网络总裁沈乐跳出家族传统产业进军网络游戏，起步五年企业估值26亿元，2017年企业营收突破2亿元。

二、存在的不足

自2013年6月成立镇海区“创二代”联谊会以来，整整五年时间，镇海区在探索中前行、在创新中发展，取得一些成绩，得到了一些肯定。2015年，骆驼“创二代”在全市“创二代”工作经验交流会上作典型发言；2017年，区“创二代”教育培养实践与探索项目获评市工商联系统工作创新奖一等奖；2018年4月，区委林雅莲书记专题调研区“创二代”工作，对“创二代”工作充分肯定并提出了新的勉励和期望。

同时，也清醒地认识到，与新时代发展的要求相比，从“创二代”期盼来看，镇海区“创二代”工作还存在着不少差距，主要表现在：理事会的主体作用有待进一步发挥，联系会员服务会员能力有待加强；工作模式有待进一步创新，活动载体设计还有待深化；制度建设和规范化方面有待进一步加强等等，这些问题都需要在今后的工作中认真加以研究，并切实进行改进。

三、下一步打算

（一）创新思路，力求在思想政治引领上有新突破

根据新形势新要求，不断探索实践体现新时代特征、符合企业家实际的工作思路，深化完善“创二代”培育培养载体建设。一是以“不忘创业初心，接力改革伟业”为主题，深化理想信念教育，引导“创二代”大力弘扬企业家精神。二是做强宁波帮传承与创新学苑教育品牌，面向“创二代”群体，开办好第二期研修班，通过体系教

学，与时俱进，不断提升“创二代”传承与创新能力，进一步弘扬宁波帮精神。三是强化典型宣传，以纪念改革开放四十周年为契机，以营造企业家发展环境、弘扬企业家精神为重点，挖掘、选树“创二代”典型，讲好新时代“创二代”企业家故事，塑造新一代企业家队伍良好形象，增强“创二代”影响力。

（二）联络联谊，力求在主体作用发挥上有新突破

一是积极协助营造“亲”“清”新型政商关系，创造条件搭建政企沟通平台，逐步完善政企沟通联系机制，为企业发展创造良好环境。二是加强“创二代”之间互动交流，通过小目标分享会、读书会等形式，利用好微信交流群等网络沟通交流平台，共同分享在坚守父辈基业的基础上如何探索创新之路及其接班历程、心灵体验等，切实提升“创二代”创业创新能力和实际解决问题能力，打造具有实效性、针对性、落地性的“创二代”学习分享交流合作平台。三是探索扩大与国内外工商社团、企业界的交流合作，组织引导会员企业参与海内外交易会、洽谈会、博览会等各类经贸活动，对标巨人企业组织开展学习取经活动，捕捉合作商机。

（三）循循善诱，力求在体现队伍优势上有新突破

“创二代”直接受第一代企业家的熏陶，具有企业家精神底蕴，同时具有受过更好的教育、更加宽广的视野、更加强烈的创新胆识与冲动，我们要保护好并利用好这些独特优势，进一步培养和提升“创二代”独立思考能力，组织国内标杆企业学习考察活动，针对性引导“创二代”自觉对标行业标杆，引导会员企业围绕高质量发展要求，明晰发展思路，争抢发展机遇，实现二次创新创业，自觉把改革创新作为转型升级的核心环节，在改革创新方面敢于投入、加大投入，真正使“创二代”企业成为改革创新活力的主体和改革创新成果应用的主体，

使“创二代”成为镇海“品质之城、港口强区”建设的生力军。

（四）因势利导，力求在履行社会责任上有新突破

一方面，引导“创二代”经营好企业。作为市场经济中最活跃的要素，要引导“创二代”主动履行社会责任，敢于担当，在创造经济效益的同时，更好体现自身的社会价值，做精做专做优自身产品，做到产品质量不断增强、产品交互不断优化、产品价值不断提升，从而为人民日益增长的美好生活需要提供优质的物质条件。另一方面，引导“创二代”展现好担当。引导广大“创二代”企业家树立崇高理想信念，正确处理国家利益、社会利益、企业利益、员工利益、个人利益的关系，把个人理想融入民族复兴的伟大实践，致富思源、富而思进，积极投身公益慈善事业，助力脱贫攻坚、乡村振兴国家战略，建立和谐劳动关系，为构建和谐社会贡献力量，传递新一代企业家积极向上的正能量。

（五）强化基础，力求在自身组织建设上有新突破

一是优化队伍结构。根据实际情况，及时做好会员的补充和退出工作，在壮大队伍的同时，更要优化会员结构，使“创二代”队伍综合素质得到整体提高。二是推进制度建设。逐步完善工作机制，探索建立入（退）会制、定期会议制、会长走访制、会长轮值制等，尊重和发挥会员的主体作用，激发广大会员参加联谊会工作的积极性和主动性，提高“创二代”自主办会能力，增强“创二代”组织的凝聚力和感召力。

叶晓明　虞春娜

人才科技创新篇

宁波科技人才队伍建设研究

创新驱动实质上是人才驱动。宁波高度重视科技人才工作，紧密围绕“六争攻坚、三年攀高”决策部署，谋划推进“科技争投”，扎实落实人才强市战略，坚持把科技人才开发放在科技创新优先位置，推进人才、计划、平台、机制联动，以高端人才支撑全市高水平创新。

一、取得的主要成效

一是科技人才集聚明显加快。2018 年新增国家、省重点人才计划专家 19 人，累计入选 66 人。新增浙江省领军型创新创业团队 2 个，累计 11 个；累计培育市科技创新团队 131 个。白勇获评挪威科学院院士，姚力军获得浙江省科学技术重大贡献奖，王立平获国家杰出青年科学基金，累计 6 个。

二是科技人才产出能力显著提升。研制出国内首张 TPX 降温膜材料、首条国产化 500KV 深海脐带缆、首个自主知识产权工业互联网操作系统、节能混动整车、车规级 IGBT4. 0 芯片等一批关键核心技术和产品。每万人发明专利拥有量超过 29. 2 件。发明专利申请授权量、每万人发明专利拥有量稳居全省第二。

三是科技人才吸引力稳步增强。连续多年入围福布斯中国大陆创新能力最强城市榜单十强，知识产权保护力度不断加大。2018 年我市全社会研发人员累计超 10 万人。相继引进朱志伟、杨荣贵等一批海外顶尖人才。

四是科技人才评价政策大力度落实。从科技计划项目、人才项目、科技奖励、事业单位职称评定、人员绩效考核等 5 个方面开展科技人才“四唯”专项清理工作，累计自查评价指标体系、评价手册、评审细则、申报公告等各类政策文件达 730 余项，其中，人才评价相关文件 210 余项，政策文件自查清理率达 100%。

二、主要工作举措

一是精排摸，严把科技人才初选关。根据各类科技人才计划申报通知，组织各区县市科技人才工作负责人召开申报动员大会，部署排摸推荐任务，系统介绍申报总体要求、目标任务、申报条件、推荐办法、工作要求和申报流程等。以历年获各级科技奖励人员名单、市级人才计划入选名单、高企名单、上市企业名单等作为重点人才来源突破口，结合人才计划申报类型和特点，详细梳理出符合申报条件的科技人才，有针对性地开展排摸动员工作。

二是重服务，为人才计划申报保驾护航。组织申报人才召开申报材料撰写培训会，详细解读申报材料填写内容、材料格式、撰写重点等内容。对于重点申报人才和团队，采取“一对一”材料撰写辅导，保障申报材料质量。组织答辩培训会，邀请有经验的评委专家组成答辩培训专家组，梳理答辩思路，讲解答辩重点，提高答辩水平。全程陪同申报人员参加答辩，及时解决答辩过程中的突发情况，切实做好服务工作。

三是强力度，以项目委托锻炼科技人才。大力实施“3315 系列计划”，分别支持创新类项目、创业类项目和科技服务类项目，实现人才计划错位支持，避免多个人才项目同时支持同一人才。以产业需求为导向，建立覆盖重点人才队伍的本土人才培养体系，注重人才梯队化培养。对宁波自主申报入选国家、省重点人才计划的人才给予一定额度支持。实施“科技创新 2025”重大专项、重大创新平台建设计划，面向全国发布第一批 125 个项目，在支持对象、支持强度、开放机制等方面大胆突破，通过重大专项吸引集聚了市内外 289 个企事业单位和自然人，共 365 个高端创新团队，中高级职称创新人才 2400 人次以上，参与项目的高端人才超过 70 人。目前，首批拟立项 107 个项目，总经费达 65 亿元，其中市级财政补贴约 7 亿元。

四是布平台，栽好科技人才栖息“梧桐树”。自 2018 年 2 月获批建设国家自主创新示范区以来，以补齐创新资源不足的短板为突破口，谋划布局甬江科创大走廊、前湾新区两大创新高地，加快重点研究院所、重大创新平台引进、布局和建设，2018 年已引进共建北航宁波创新研究院、宁波工业互联网研究院等高水平研究院所 12 家，并面向基础性、前沿性研究，在新材料、高端装备等领域，谋划设立甬江实验室；面向产业中试与共性技术转化，布局建设产业技术研究院。加强“一带一路”科技交流合作，共建中乌新材料产业技术研究院，新增国家国际科技合作基地 1 家，累计 10 家。栽好“梧桐树”，才能引进“金凤凰”，这些重大创新平台的搭建为宁波集聚了杨荣贵、任志锋等国外顶尖人才，也为宁波产业创新创业吸引一批创新人才、青年才俊。

五是促改革，创新科技人才发展新机制。贯彻落实国家关于科研经费管理、“三评”“四唯”、科研诚信建设等精神，对“四唯”专项清理工作进行统筹部署，严格按照文件要求开展专项清理工作，从严要求、从严把关、从严管理，确保“四唯”清理工作不折不扣落实。出台《关于进一步完善市财政科研项目资金管理等政策的实施意见》《宁波市科技计划项目管理办法（修订）》，并在《关于推进科技争投高质量建设国家自主创新示范区的实施意见》就精简科研管理、完善创新评价、扩大创新主体权利、加大激励、赋予科技创新人才更大自主权、优化项目监管等提出先行先试举措，着力激发科研人员的积极性创造性，鼓励高端人才创新创业，吸引高端资源进一步向宁波集聚。

六是优环境，完善区域创新创业生态。加快众创空间、科技企业孵化器、专业化众创空间发展，新增全国首批“中国留学人员创业园区孵化基地”、首批省级海外孵化器各 1 家，新增省级备案众创空间 9 家、市级备案众创空间 16 家、市级科技企业孵化器 3 家。目前创新型初创企业、浙江省高成长科技型中小企业累计分别达 12524 家、865 家，均居全省第一。加快产业创新微生态构建，培育建设产业创新服务综合体，新增省级 5 家，累计省级 8 家；新认定市级 11 家。新成立宁波银行科技支行，扩大市天使投资引导基金规模，引进设立国家科技成果转化引导基金创业投资子基金和百亿规模国投（宁波）科技成果转化基金，科技信贷风险池规模突破 1 亿元。推进国家知识产权运营服务体系建设，率先在全省投用中国（宁波）知识产权保护中心，成立全省首个涉外知识产权联盟，获评国家首批能力建设知识产权仲裁调解机构。组织开展中国创新创业大赛、中国创新挑战赛等活动，营造鼓励创新创业的氛围。

三、存在的困难与问题

一是细分产业科技人才生态仍不够健全。目前宁波新材料、新能源等产业已经在国内国际具有相当的影响力，形成了吸引创新资源集聚宁波的强磁力，但是在细分产业发展上仍存在研发平台层级、高端科研设施不足、孵化平台能力不高的问题，对高端创新资源、顶尖创新人才的吸引力不强。需要继续深入围绕细分产业发展需求进一步补齐创新要素支撑短板，加快形成产业发展生态，完善产业发展的创新创业平台及资本、服务支撑，形成高端人才、高端创新资源集聚效应。

二是科技人才结构有待进一步优化。近年来，人才总量持续增加，但人才结构有待优化，高端创新人才在全市人才总量中的占比仍然偏低，相比深圳、广州、杭州等创新人才高地，以杰青、国家重点人才计划、“长江学者”等为代表的领军型人才拥有数量明显偏少，且在前沿领域、颠覆性技术等领域的创新人才数量少。同时，研发人员人均拥有研发经费低，2017 年全市 R&D 人员年人均研发经费 29 万元，低于杭州 38 万元、全国平均水平 43.6 万元/人。

三是龙头企业的高端人才集聚有待加强。作为引领区域创新、承载高端人才的创新性领军企业、行业隐形冠军应当以高水平人才进一步带动技术创新、引领产业发展。目前，从龙头企业的人才引进情况来看，企业更为关注实用技术人才集聚，对于抢高端人才的决心不够、需求不大、平台不强，同时对高端人才的培养缺少规划、储备不足，无法支撑企业高水平研发平台建设和产生重大自主创新成果。

四、下一步提升措施

一是加快速度建好高端创新平台，吸引集聚高端创新人才。主动对接国家科技发展战略和重大创新平台布局，谋划海洋材料、现代农产品等甬江实验室，争创国家重点实验室。大力推动中科院宁波材料所杭州湾研究院、大连理工大学宁波研究院、上海交通大学宁波人工智能研究院等建设和落地推进，推进产业技术研究院建设，构建产业发展生态。支持宁波大学“双一流”大学发展，推动浙大宁波“五位一体”校区、国科大宁波材料工程学院建设。在甬江科创大走廊，谋划布局科技创新平台集聚区，建设公共科研设施、产业技术研究院等。布局打造 20 家产业创新服务综合体。

二是精准发力重大产业技术攻关，提高创新供给能力。聚焦关键共性技术、前沿引领技术和现代工程技术创新，深入实施“科技创新 2025”重大专项，借力全国高端研发机构和创新团队，加快研制关键核心技术和战略性产品，布局形成若干高价值专利组合。推动应用自主创新产品，支持开展工程化试验。谋划布局人工智能、超级材料、海洋工程、生物技术等未来产业。

三是创新机制提升孵化器发展水平，培育科技创业企业。健全科技型企业“微成长、小升高、高壮大”梯次培育机制，建立高新技术企业培育库，加快培育高新技术企业和创新型领军企业。引导企业加大研发投入，实施企业研发投入后补助，落实高新技术企业所得税优化、企业研发费用175%加计抵扣等支持企业技术创新的税收优惠政策。加强企业研究院、企业工程（技术）中心等研发载体建设，鼓励企业建设重点实验室。推进科技金融融通发展，壮大天使投资、创业投资机构，发展科技信贷、科技保险。新认定创新型初创企业2000家、高新技术企业600家以上。

四是力促开放引进国内外科技创新人才，推进科技招商与人才招商协同。积极对接国内外创新资源丰富的地区，立足自身产业优势和政策优势扩大科技合作“朋友圈”，挖掘引进一批科技水平高、成长性强的科技创新人才及团队。开展上海、南京、合肥等“科技飞地”合作试点，新建1家科技飞地。支持企业建设海外孵化器和研发机构，引进转化国外优质创新资源。围绕全市产业创新发展需求与布局，花重金引进顶尖人才、领军型人才，完善以需求为导向的创新人才引进机制，健全高层次创新人才发展生态。全力办好中国创新创业大赛、中国创新挑战赛等“双创”活动，提升对创新人才的吸引力。

五是大抓落实释放政策红利，提高科技创新人才改革获得感。推动《关于推进科技争投 高质量建设国家自主创新示范区的实施意见》等新一轮创新政策落实、落地，抓紧出台有关条款的具体操作细则，建立科学高效的政策执行落实机制。进一步贯彻落实国家、省“科技三评”、科研诚信建设等，开展清理“唯论文、唯职称、唯学历、唯奖项”专项行动，完善有利于创新的评价激励制度、科技奖励制度、科研经费管理制度，推进人才发展体制机制改革，健全科技成果转移转化机制，探索科研经费管理、科研项目管理、赋予顶尖人才、高端创新创业人才更大的人财物支配权和技术路线决策权等改革试点，让优秀科技人才既有“面子”又有“里子”，名利双收，进一步激发创新活力。

宁波市科技局课题组

宁波创新政府采购对科创企业扶持机制研究

政府采购体现着政府的战略意图和政策优先方向，是政府履职的重要宏观调控工具，政府采购具有引导产业发展的政策功能。创新政府采购对科创企业的扶持，对于扩大企业自主创新产品应用、激发企业创新动力、推动区域科创企业发展具有重要作用。

一、宁波政府采购扶持科创企业的主要做法

一是推动自主创新产品在国有投资项目中应用。为发挥政府采购对企业转型升级的助推作用，促进本地优质自主创新产品在政府国有投资项目应用，出台《关于落实稳增长调结构促转型决策部署改进政府招标采购工作的实施办法（试行）》。该管理办法对于推动本地优质自主创新产品应用取得了良好效果，如2018年，宁波优质产品在国有投资项目材料设备招标中的中标项目147个，中标率达67.1%，中标金额23.5亿元。其中，建筑材料、金属制品、电器设备、仪器仪表和通用（专用）设备等采购项目的中标率达80%~90%。

二是发挥政府采购对中小企业发展促进作用。印发出台《关于政府采购促进中小企业发展若干问题的通知》，明确规定编制政府采购预

算时，在满足机构自身运转和提供公共服务基本需求的前提下，应当预留本部门年度政府采购项目预算总额的20%以上，专门面向小微企业采购，对100万元以下的项目采购，尽可能明确向小微企业采购。据统计，2018年前三季度，授予小微企业采购额为48.97亿元，占全年采购支出的43.36%，为宁波小微企业发展提供了有力支持。

三是探索实施政府采购订单融资改革。为缓解政府采购中标中小企业资金不足问题，2018年海曙区在全市首先出台“政采贷”政策，符合小企业信贷政策客户准入及行业要求的政府采购中标供应商可以凭中标通知书或政府采购合同，直接向合作银行申请贷款，并享受低于一般中小企业贷款利率。通过政府采购信息担保融资合作机制，支持中小企业扩大融资渠道，减轻政府采购供应商及时供货或提供服务时的资金压力。

四是出台自主创新产品政府首购政策。为推进自主创新产品的市场应用，推动科创企业创新产品获得市场应用，为产品进入政府采购创造条件，2018年宁波国家高新区实施重大自主创新产品首购首用政策，对经过认定的重大自主创新产品实行首购补助，按产品实际销售合同金额的10%予以补助，补助总额最高不超过200万元，以此鼓励企业研发自主创新产品，加快新产品（技术、服务）的示范应用和推广。

二、相关城市创新政府采购对科创企业扶持的做法

（一）上海

一是强化政府采购扶持中小企业制度建设。全面贯彻执行财政部、工业和信息化部印发的《政府采购促进中小企业发展暂行办法》（财库〔2018〕181号）文件精神。上海市采购中心于2012年开始在全国率先取消收取投标保证金；在编制采购文件时，除非采购人有需求，

否则尽量减少收取质量保证金和履约保证金，降低小微企业参与政府采购的“门槛”；在资金支付上，多采用分期付款方式，通过支付预付款来减轻小微企业中标后的资金压力，充分发挥了政府采购对中小企业的政策扶持作用。

二是强化政府采购首购订购制度建设。2015 年底上海制定《上海市创新产品政府首购和订购实施办法》，与市经济信息化委、市科委、张江高科管委会制定的《上海市创新产品推荐目录编制办法》配套出台，自 2016 年起同步实施。办法规定：纳入《上海市创新产品推荐目录》或其他省级以上有关部门推荐或认定的创新产品，属于首次投放市场的，实行政府首购，将政府采购合同直接授予提供首购产品的供应商，其中《上海市创新产品推荐目录》由市经济信息化委发布。

三是加强政府采购政策培训和宣传。为了让各政府采购主体及时、正确地掌握和了解政府采购相关政策，上海市财政局每年都组织对采购人、政府采购评审专家、各级政府采购中心、采购代理机构、各区财政局进行有针对性的政府采购政策培训，同时还将培训内容制作成相关操作手册、发布在上海政府采购网上等多种方式供采购人、供应商参考学习。

（二）深圳

一是创新政府采购机制。逐步推行科技应用示范项目与政府首购相结合的模式，促进创新产品的研发和规模化应用。推行创新产品与服务远期约定政府购买制度。制定首购产品认定程序，对创新产品目录实行动态管理，对采购人的非公开招标申请、变更采购方式等事项实行并联审批、集中审批，优化审批流程。

二是创新实施政府采购订单融资改革。深圳市财政部门于 2016 年底创新推出政府采购订单融资改革，首次在全国范围内将政府采购和供应链金融相结合。支持和鼓励金融机构对创新型企业额外提供专属优惠，融资审查时放宽审核条件和标准，融资额度原则上可提高到合同金额的100%。金融机构给予政府采购订单融资企业的平均贷款利率约6%，贷款利息成本下降40%以上。对申报材料齐全完备的企业，金融机构一般在5个工作日内完成审批，在确认合同备案完成，且法律文书等所有放款资料完备的情况下，2个工作日内完成放款。

三是提升政府采购对中小企业扶持政策功能。增加政府采购对中小企业的价格优惠，一方面取消所有涉及投标人规模条件的评审因素，如注册资本、资产总额、营业收入、从业人员、利润、纳税额等；另一方面新增评标优惠政策，给予小微企业价格上的优惠，即小微企业在参与政府采购活动中，其报价扣除一定的比例后再参与评审。此外，针对中小企业制定预留采购份额政策，要求市级部门年度采购项目预算中，专门面向民营中小微企业的比例不低于60%。

三、宁波创新政府采购对科创企业扶持的对策建议

（一）进一步创新政府采购扶持方式

一是创新制定科创产品推荐目录。在原有宁波市自主创新产品与优质产品目录基础上，根据现有科创企业情况，结合战略性新兴产业优先、产品（服务）科技含量和质量等因素，建立健全科创型企业产品认证制度，制定认定标准对宁波市创新型产品（服务）进行认定，并通过评审优惠等方式，在同等条件下鼓励优先采购目录内产品与服务，实现对科创企业扶持。

二是实施自动预留合同政策。各部门在满足机构自身运转和提供公共服务基本需求的前提下，应当预留年度政府采购项目预算总额的20%以上，专门面向中小科创企业。在同等条件下，鼓励优先采购科技型中小企业的产品和服务。对于被认定的首购产品，采购单位可采用单一来源采购方式开展首购活动；对其他产品和服务，采购单位可

依法采用非招标采购方式进行采购。

三是给予科创企业评标优惠。借鉴《政府采购促进中小企业发展暂行办法》对中小企业价格评审优惠内容，对于非专门面向科创产品的项目，采购人或者采购代理机构应当在招标文件或者谈判文件、询价文件中作出规定，对科创企业产品的价格给予6%～10%的扣除，用扣除后的价格参与评审。

（二）建立科创企业参与政府采购保障机制

一是建立科创企业供应商库及信息推送系统。通过政府采购竞争性磋商的采购方式购买服务，由中选的供应商对宁波市已有的政府采购供应商库及宁波市政府采购网信息平台进行改造升级，建立宁波市科创企业供应商子库，通过移动信息技术，为入库的科创型企业供应商进行采购信息推送，使得供应商可以及时了解到相关采购信息并及时参与。

二是全面推进政府采购订单融资改革。推广海曙区“政采贷”模式，加快推进政府采购订单融资改革。借鉴深圳经验，对于科创型企业，提供政府采购和供应链金融相结合的金融措施。在拓宽融资渠道方面，利用企业信贷融资模式，同时支持和鼓励金融机构对创新型企业额外提供专属优惠，融资审查时放宽审核条件和标准。在降低融资成本方面，金融机构给予政府采购订单融资企业的平均贷款利率低于市场贷款利率；在提高融资效率方面，对申报材料齐全完备的科创企业，加快完成审批备案。

三是建立科创企业履约诚信系统。对入库的科创企业建立诚信档案，记录其参加政府采购活动的诚信状况，并作为进行政府采购活动时选择供应商的重要依据。对于提供虚假材料，骗取政府采购供应商资格的、提供虚假材料谋取中标的、采取不正当手段诋毁排挤其他供应商的、提供假冒伪劣产品或走私物品的、拒绝按采购文件要求提供售后服务给采购人造成损害的及其他主管部门认定的有违诚实信用的行为和违反法律、法规的行为，记入不良行为名单，记录在诚信档案中并依法处罚。

（三）健全政府采购扶持科创企业的评价和问责机制

一是建立科学化的评价机制。在评价政府采购激励科技创新、支持科技成果转化的效果时，充分考虑政府采购扶持科技创新的核心目标，采用“生命周期成本”评审标准，以“最经济有利标”代替“最低成本标”，运用“生命周期成本”作为绩效评价标准，实现对政府采购扶持科技创新的科学评价，为政府采购扶持科技创新工作提供衡量标准。

二是建立动态化监控机制。切实强化对政府采购的全程监督和动态监督。建立政府采购的“预算—预审—执行—考评—检查”的全过程管理制度。监管部门要提前介入，做到关口前移，对政府采购实行全方位、全过程监管；建立评标结果后续审查机制。不仅要监督商品和服务的价格和质量，还要把商品的售后服务和合同履行情况等纳入监督视野。

三是建立刚性化问责机制。一方面是明确承担责任的主体。政府采购代理机构、采购单位、政府采购监管部门及其责任人员以及供应商、评审专家等参与政府采购的部门和人员，都是政府采购的责任主体，根据其在政府采购中担当的不同职责，都应承担相应责任。另一方面是明确问责方式。政府采购既涉及行政层级的内部管理，又涉及政府相关部门与市场主体的行政监管，同时还涉及平等主体之间的合同交易。

冉红艳　王明荣

宁波完善高校、科研院所科技成果转化权益分配机制的建议

高校、科研院所是科技成果转化的重要主体，为了解我市高校、科研院所科技成果转化权益分配现状，我们对宁波科技成果转化权益分配情况进行调查，选择部分高校、科研院所进行典型调研，并针对目前存在的问题提出完善建议。

一、宁波高校、科研院所成果转化权益分配现状

2018 年，全市 17 家市内高校、科研院所作为技术出让方参与技术交易活动，共登记技术合同 789 项，成交金额 3.07 亿元。近年来，我市不断创新科技成果转化权益分配机制，激发成果发明人的转化积极性。

一是提升成果发明人的成果转让收益分配比例，对于成果直接转让的，根据规定给予成果发明人不低于成果转化金额 70% 的收益分配比例，在甬各高校和科研院所也纷纷出台支持鼓励政策，在政策允许范围内让科技成果发明者获得利益分配的最大化，如宁波大学规定将科技成果转化净收入的 80% 作为奖励和报酬分配给成果发明人。对于成果作价入股的，按照不低于 60% 的比例给予成果发明人股权比例，

如中科院宁波材料所规定，在成果作价入股的原则上从该项科技成果形成的股份或者出资比例中提取60%的比例用于奖励项目团队。宁波大学规定成果发明人持所占股权的80%，资产经营公司代表学校持所占股权的20%。

二是赋予成果发明人一定比例的所有权，这是对成果转化分配的一个较大突破，根据我市《关于推进科技争投高质量建设国家自主创新示范区的实施意见》（以下简称《实施意见》）第32条规定，对于由市财政资金形成的职务成果，可按成果发明人（团队）占成果所有权70%以上进行分割，该规定将发明人的科技成果收益分配权前置简化为对发明人的科技成果所有权的奖励，能够进一步破除高校、科研院所科技成果转移转化的障碍，释放科技人员创新创业活力。

三是对归高校、科研院所部分权益再进行二次分配奖励，如中科院宁波材料所规定职务科技成果实施转移转化所获得的现金收益按照该项成果净收益的80%奖励项目团队，余下20%留作研究所转化基金，其中给予事业部、二级所奖励的5%份额也会全额奖励给完成团队，实际收益比例可达到85%。如宁波大学在实际操作中会分配给成果发明人所在学院5%左右的奖励，对于该部分奖励学院也会以一定比例额度配套奖励给成果发明人。

四是给予成果发明人业务工作量奖励，对于进行科技成果转化的成果发明人，在甬高校、科研院所除直接转让和成果作价入股收益外，还配套给予工作量收益，如宁波大学对科研成果推广工作量以技术转让合同金额为依据计算，以100分/万元计算工作量，科研分为20元/分，因此给予成果发明人的工作量收益一般达到技术合同交易额20%左右，宁波职业技术学院的成果转化工作量收益也达到了技术合同交易额的20%左右。此外，对于科技成果转化工作突出的，还给予相关的配套奖励，如中科院宁波材料所设立专门的“最佳转化转移奖”，用以表彰在科技成果转化转移过程中做出突出贡献的个人。

二、主要问题

一是成果所有权分割制度有待落地，如为加大科技创新人才激励力度，我市推出的由市财政资金形成的职务成果，可按成果发明人（团队）占成果所有权70%以上进行分割的规定，但由于缺乏具体配套操作措施，在调研的高校和科研院所中还没有落地实践案例，有待进一步出台细化措施。

二是作价入股、拍卖等成果转化方式应用较少，成果作价入股、拍卖、协议转让等方式作为更有效、更长期的转化激励方式，目前实际应用占比还不足全部成果转化方式的5%，如2017年在甬高校重要科技成果转化情况统计显示，在全部45项成果转化中，使用拍卖、协议转化各1项，没有通过作价入股方式转化案例。主要原因是成果作价入股的实施过程中，还面临作价评估程序复杂、股权确立、公司章程修订等商业谈判问题，高校、科研院所科技成果发明人和工作管理人员往往不具备相关的专业技能，无法处理股权结构设计、股权利益分配以及企业融资导致股权稀释等复杂问题。

三、对策建议

（一）加快制定科技成果所有权分割配套制度

立即着手制定科技成果所有权分割操作细则，明确实施程序、申请主体、分割方案、公示制度等一系列具体操作流程，鼓励科技成果发明人（团队）进行所有权分割，并推动后续成果转化。如可通过支持高校、科研院所与发明人或由发明人团队组成的公司以共同申请知识产权的方式分割新的职务科技成果权属；也可通过奖励的方式，奖励科技成果完成人不低于70%的科技成果所有权份额。

（二）简化作价入股、拍卖、协议等成果转化流程要求

作价入股是能够有效提高科技成果发明人的持续收益，也能够最大程度发挥科技成果作用的成果转化方式。一要支持作价入股方式成果转化，进一步优化作价入股的审批流程，放宽股权奖励、出售、年限和盈利水平等方面的限制，培训配备专业辅助人才。二要支持拍卖、协议等方式成果转化，加快落实《实施意见》关于完善科技成果拍卖或协商议价定价制度，对于经协议并公示的成果价格，不再要求开展价格评估，进一步简化操作流程、明确操作要求。

（三）实施增加成果发明人转化收益的创新举措

一是对于成果转化实施过程中发生成本、税金等相关费用，按照实际情况，由高校、科研院所给予成果发明人以返还或奖励。二是对于科技成果发明人支付的专利维护费，可在科技成果转化实现后，从归高校、科研院所部分给予成果发明人奖励。三是对于科技成果发明人自主实施转化的项目，高校、科研院所获得市级相关成果转化经费补助的，给予成果发明人相应的奖励。

（四）加快制定《宁波市促进科技成果转化条例》

根据《中华人民共和国促进科技成果转化法》《浙江省促进科技成果转化条例》等规定，结合我市地方立法权限，借鉴武汉等城市经验，出台《宁波市促进科技成果转化条例》，从立法层面明确高校、科研院所享有成果转化自主权，完善成果转化收益分配制度，进一步激发科研人员创新创造积极性。

沈立宏　徐　毅

宁波促进高校、科研院所与企业人才双向流动的对策

促进人才流动、激活人才活力，是宁波实施人才强市战略、构筑区域人才高地的重要内容。宁波的高校和科研院所作为聚集荟萃人才的组织机构，承担着培养造就大批人才的重要职责，而宁波企业尤其是民营企业对人才的使用需求和有效吸纳能力亦越来越大。提高宁波高校、科研院所与企业人才的双向流动，激活人才资源活力，切实提升人才使用效能与人才工作绩效，是宁波实施人才强市战略的应有之义，也是宁波“科技争投”的重要内容。

一、宁波高校、科研院所与企业人才双向流动的现状

笔者以“宁波促进高校、科研院所与企业人才双向流动研究”为题，通过发放问卷和向宁波市人社局人才开发和市场处进行机构访谈的形式进行了调查。

共向企业、机关、本科院校、高职高专、科研院所等机构发出问卷100份，回收有效问卷96份。其中男性58人，占60.4%，女性38人，占39.6%；30岁以下6人，占6.25%，30～45岁72人，占75%，46～60岁18人，占18.75%；博士研究生56人，占58.3%，

硕士研究生 28 人，占 29.2%，本科生 10 人，占 10.4%，大专 2 人，占 2.1%；企业主 4 人，占 4.2%，机关公务员 2 人，占 2.1%，高校专任教师 54 人，占 56.3%，高校人事处室人员 16 人，占 16.7%，科研院所研究人员 20 人，占 20.8%；无职称人员 6 人，占 6.25%，初级职称人员 6 人，占 6.25%，中级职称 24 人，占 25%，副高职称 36 人，占 37.5%，正高职称 24 人，占 25%。通过调查发现，宁波高校、科研院所与企业人才双向流动的现状不容乐观。

（一）双向流动政策规定逐渐明晰

宁波市委早在 2013 年 1 月就出台《关于强化创新驱动加快经济转型发展的决定》（甬党〔2013〕4 号），要求健全科技人才流动机制，鼓励科研院所、高等学校和企业创新人才双向交流。2013 年 12 月，宁波市委组织部、市编委办、市人社局三部门联合出台《关于允许高层次科技人才保留事业单位人事关系到企业创新创业的实施办法》（甬人社发〔2013〕459 号），规定高校、科研院所等事业单位在编的具备硕士研究生以上学历，或具有高级专业技术职务任职资格，或拥有国家职业资格一级（高级技师）证书的高层次科技人才，经原单位同意并报同级人力社保部门备案后，可携科技成果到企业创新创业，给予优惠政策：一是 5 年内可将人事关系保留在原事业单位，按原标准享受社保和住房公积金、专业技术资格申报、档案工资调整等待遇，保留事业单位人事关系期满或创新创业无法继续时，可回原事业单位工作；二是符合规定的高层次科技人才，距离法定退休年龄不足 5 年（含 5 年）且工作年限满 20 年，或工作年限满 30 年，自愿到企业创新创业的，由本人提出申请，经所在事业单位同意，报同级政府人力社保部门核准后，可以办理提前退休手续。2016 年 12 月，浙江省委组织部、省人力社保厅出台《浙江省鼓励支持事业单位科研人员离岗创业创新实施办法（试行）》。2017 年 3 月，宁波市委组织部、市编委办、市人社局三家联合出台《关于转发省鼓励支持事业单位科研人员离岗创业创新实施办法的通知》，通知就贯彻落实国家和省有关鼓励支持事业单位科研人员离岗创业创新政策，结合宁波实际，对事业单位科研人员离岗创业创新手续办理、离岗创业创新期限、社会保险关系处理、新老政策衔接等方面进行了进一步明确。

（二）人才双向流动实际操作少

调查发现，截至 2018 年，15 家在甬高校仅有宁波大学、宁波城市职业技术学院、宁波纺织服装职业技术学院 3 家高校拟订了相应的人才双向流动政策，真正实施此项政策的仅有宁波大学 1 人、宁波城市职业技术学院 3 人、浙江纺织服装职业技术学院 1 人、宁波教育学院 2 人、象山县海洋渔业局下属 1 人、象山县建管局 1 人、象山县交通运输局下属 1 人，已向所在地人社部门备案创新创业双向流动。且各高校、科研院所科研人员对人才双向流动政策的知晓度偏低，在调查对象中，对此项政策非常了解和基本了解的只有 37%。

二、宁波高校、科研院所与企业人才双向流动的制约因素分析

（一）政策拟订主导性不强，实际操作存在的执行问题尚未完全破解

一是社会保险（含职业年金）和高校、科研院所人员退休政策的主导权主要集中在人社部，虽然宁波促进高校、科研院所与人才双向流动的意愿强烈，但从政策拟订和实际执行上予以突破存在一定难度。

二是国家和省出台的相关政策内容存在不一致。国家人社部于 2017 年 3 月出台《关于支持和鼓励事业单位专业技术人员创新创业的指导意见》（人社部规〔2017〕4 号），浙江省的政策出台则在 2016 年

12 月，两个政策文件在离岗创业创新期限（部规定 3 年，省规定不超过 6 年）、养老保险（部规定在原事业单位参保，省规定可在企业或原事业单位参保，我市转发文件时明确在原单位参保）、创业创新去向企业（部规定不得去事业单位所属企业，省规定允许去部门所属事业单位）等方面有不一致的规定，在实际操作当中，导致政策的解释和执行不一致。

三是新政策出台对高校、科研院所与企业人才双向流动产生滞后效应。宁波市 2013 年出台的政策有涉及提前退休的条款，截至新政策出台前，共有 27 人次提请且符合创业创新的申请，其中提前退休的 16 人，即该政策对有提前退休意愿的科技人员有较大吸引力。基于国家社保和退休政策的统一性，宁波市转发省厅新政策时取消了提前退休的规定，新政策出台以后，到宁波市人社局咨询的较多，按规定备案的不多。截至 2018 年底，仅 10 人向所在地人社部门备案。从高校的实际操作层面来看，已经实施双向流动政策的高校，基本采用签订离岗创业创新协议约定离岗期限、成果归属、违约责任等，在约定期限内为离岗创业创新科研人员保留岗位、承认专技任职年限、缴纳社保和公积金等基本的激励方式，高校的用人主体性不明显，也没有很好地体现政策的激励导向。

（二）阻碍双向流动因素多和宁波推进双向流动的组合举措少之间形成反差

以调查问卷情况分析，制约宁波高校、科研院所与企业人才双向流动的因素居于前三位的是企事业体制的不对接、科研人员对事业单位体制的依赖性、对双向流动政策延续性的观望，其次为编制与人员身份、科研人员的科研成果应用转化率、科研人员的固有观念等三个因素。

表1 制约双向流动的因素（多选）

制约因素 \ 数量占比	数量	占比（%）
A. 企事业体制不对接	56	58.3
B. 对政策延续性的观望	50	52.1
C. 科研人员对事业单位体制的依赖性	50	52.1
D. 科研人员的固有观念	40	41.7
E. 科研人员的科研成果应用转化率不高	42	43.8
F. 单位用人考虑不愿意流动	28	29.2
G. 单位借用政策流动不想用的人员	14	14.6
H. 担心现实操作中留下法律风险	24	25
I. 流动回岗后造成岗位多余	16	16.7
J. 企业、事业薪酬待遇的差距	28	29.2
K. 编制与人员身份	42	43.8

城市经济社会发展对人才需求迫切，以提升人才使用效能为主旨，实施包括激活离退休人才资源，促进高校、科研院所与企业人才流动等组合举措成为不少城市的共同选择。以深圳为例，把人才流动工作从政策层面上升到立法层面，专门出台《深圳经济特区人才工作条例》，提供了从人才引进、培养与流动、评价与激励、服务和保障等多个方面的法律依据，此外还先后系统性地出台了“高层次人才流动1+6”政策和“孔雀计划1+5”政策等，政策聚焦淡化事业单位编制身份、强化企事业单位体制对接、双向流动政策的延续、激励科研人员科研成果实用转化、人才流动的地方法规保障等，多措并举、有序引导强化人才双向流动、共生共享和优化整合。宁波虽相继出台了《关于实施人才发展新政策的意见》《宁波市人才奖励办法》《关于转发省鼓励支持事业单位科研人员离岗创业创新实施办法的通知》等政策，但是，促进人才流动相应的政策整合力度不大，组合措施不够。

三、宁波促进高校、科研院所与企业人才双向流动的对策建议

（一）健全促进宁波高校、科研院所与企业人才双向流动的动力机制：机构推动是关键

一是促进高校、科研院所与企业人才双向流动是一个系统工程，系统的形成与正常运转，需要系统各方具有稳定而持久的动力。除人才个体自我实现的内在驱动外，政府的有力推动，中介机构（人才市场）的专业化服务，人才环境的变化及外部竞争压力的增大是高校、科研院所与企业人才双向流动的主要动力因素。

二是从根本上说，政府对人才双向流动的有力推动，就体现在通过建立良好的组织机制，加强高校、研究机构和企业的互动联系，促进人才双向流动循环系统的形成。宏观方面，政府通过设置高效协调的领导小组、优化优惠政策、完善制度、增加资助和建立相关机构等措施，引导高校、科研院所与企业人才双向流动的良性发展；微观方面，政府直接介入对高校、科研院所与企业人才双向流动的管理、组织与协调。一方面，政府干涉流动过程，参与制定所有权和利益的分配原则以及流动项目的组织方式等，减少流动摩擦，进而减少高校、科研院所与企业人才双向流动的成本；另一方面，政府对高校、科研院所与企业人才双向流动进行监控，减少流动中的机会主义行为，以保障高校、科研院所与企业人才流动是双向的、有效的、促进宁波经济社会长远发展的。

三是借鉴其他先进城市行之有效的措施，建立完善促进人才双向流动的制度体系。如从市级层面，建立促进高校、科研院所与企业人才双向流动的市人才资源效能开发领导小组，由市委办公厅、市府办公厅、市委组织部、市委编办、市经信委、市教育局、市科技局、市

人力社保局等机构相关负责人组成，将办公室设在市人力社保局，全面升级现有人才计划、人才工程、人才平台。通过这一机构，协调解决高校、科研院所和企业双向流动在宏观环境、资金、保障机制等方面存在的问题。鼓励高校、科研院所和企业合作建设创新联合体，构建这三者之间人才流动的网络联结，寻求与其他节点的联系，构建合理的流动体系。大力发展风险投资、私募股权投资，完善上市服务、融资担保等科技金融服务体系，为高校、科研院所和企业开展创新创业活动提供金融支持。

（二）健全促进宁波高校、科研院所与企业人才双向流动的政策体系：有效落地是核心

完善促进宁波高校、科研院所与企业人才双向流动政策，重点在于进一步细化政策内容并有效落地，保持政策的一致性和延续性，从政策上提高高校、科研院所的用人自主权，革新现行人才评价制度等四个维度。

表2　　促进人才双向流动政策的重点（多选）

政策重点 \ 数量占比	数量	占比（%）
A. 双向流动政策应进一步细化，更具可操作性	66	68.8
B. 保持双向流动政策的长久稳定性	68	70.8
C. 提高高校、科研院所的用人自主权	52	54.2
D. 提高科研成果转化的知识产权保护与奖励力度	44	45.8
E. 改革人才评价制度	52	54.2
F. 提高应用型人才的社会地位	46	47.9
G. 形成鼓励人才向企业流动创新创业的现实导向与一站式服务体系	38	39.6
H. 对企业在科研成果立项、软硬件投入等与科研机构一视同仁	30	31.3
I. 允许高校、科研院所设立一定比例的流动岗位和特设岗位，吸引有创新实践经验的企业家和企业科研人才兼职	38	39.6
J. 允许具有硕士学位授予权的高校、科研院所聘任企业、行业高层次人才担任研究生兼职导师或指导教师	28	29.2

续表

政策重点＼数量占比	数量	占比（%）
K. 允许高校、科研院所采用年薪工资、协议工资、项目工资等方式聘任企业高层次科技人才且不纳入绩效工资总额调控范围	40	41.7
L. 鼓励高校、科研院所研究人员以科技成果入企业股权	44	45.8
M. 淡化编制与身份管理	32	33.3

一是政府相关部门要以政策有效落地为主旨，进一步优化促进人才双向流动的制度体系。通过政情专题调研、政策实施通报会、项目委托研究等方式，梳理了解宁波人才双向流动政策实施情况，按照人社部文件规定，继续研究制定促进人才双向流动的实施办法。完善支持和鼓励高校、科研院所选派专业技术人员到企业挂职兼职、参与项目合作或在职创办企业，支持和鼓励企业高技能人才到高校、科研院所兼职从事教学研究或从事专业技能教学等实施意见，营造有利于创新创业的政策和制度环境。

二是从为离岗创业创新人员潜心开展相关科技服务提供良好的政策环境等高度出发，保持双向流动政策的长久稳定性，并使双向流动政策进一步细化，更具可操作性，如形成鼓励高校、科研院所人才向企业流动创新创业的一站式服务体系，鼓励高校、科研院所研究人员以科技成果入企业股权等。

三是从绩效考核、社会保障、薪酬待遇等方面统筹推进，以事业单位改革为契机，淡化编制和身份管理，促进科研人员跳脱对体制的依赖；提高科研成果转化的知识产权保护与奖励力度等等。同时与国家人社部和浙江省人社厅等保持密切联系，积极争取在宁波实施更大力度的双向流动政策，以充分激发人才流动的积极性。适时召开制度和政策体系说明会和培训会，加大对双向流动政策的宣传，提高政策的知晓度；统一政策解释口径，以便各地各部门操作执行。此外，还需构建宁波高校、科研院所和企业的人才诚信保障体系建设加以监控制衡。

（三）提升促进宁波高校、科研院所与企业人才双向流动的主体地位：发挥作用是旨向

一是要发挥高校、科研院所主体作用，要改革人才评价制度，提高应用型人才的地位。二是提高高校、科研院所的用人自主权，允许高校、科研院所根据自身的特点、人才队伍需求结构合理设置岗位；允许高校、科研院所采用年薪工资、协议工资、项目工资等方式聘任企业高层次科技人才且不纳入绩效工资总额调控范围；允许高校、科研院所设立一定比例的流动岗位和特设岗位，鼓励科技服务能力突出的科研人员去企业创新创业，或吸引有创新实践经验的企业家和企业科研人才兼职等等。三是要发挥企业的主体作用，在已经明确对建设创新研发机构、实施技术改造、引进培养人才的企业，按研发投入金额给予一定比例支持的政策前提下，优化细化相应举措，对在研发人才、技能人才引进培养等方面有显著绩效提升的企业跟踪激励。企业对领军拔尖人才强化个性化服务，激励科技和技能成果在企业应用转化的同时，支持他们向高校、科研院所辐射。此外，企业还可以通过创新团队柔性输出等方式，强化企业与高校、科研院所合力研发共建平台等，扎实推进两者之间的人才流动，提升人才使用效能等，加快提升宁波高校、科研院所和企业的创新创业的整体水平。

陈淑维　廖绍云

宁波科技孵化器发展现状、问题和对策

科技孵化器通过为新创办的科技型中小企业提供物理空间和基础设施，整合相关综合商业服务和专业技术支持，可以有效降低创业者的创业风险和创业成本，提高创业成功率。宁波目前科技孵化器建设得到快速发展，但也存在一些突出问题，需要加以针对性解决。

一、宁波科技孵化器发展现状

（一）建设规模稳步发展

截至2018年底，宁波共有各类科技孵化器30家，其中国家级10家，省级6家，综合类孵化器23家，专业类孵化器7家。各类孵化器已累计孵化企业7092家，向社会输送的毕业企业1585家，其中通过审核认定的高新技术企业累计183家，上市或挂牌企业45家（新三板上市企业35家，创业板10家）。2018年度，全市孵化器在孵企业共有2202家，创造的技工贸总收入约139.79亿元，较2017年度增长了88.49亿元，上缴税收约2.96亿元。

（二）区域布局逐步优化

总体来看，宁波科技孵化器区域分布正从单一的中心城区向有条件的区县（市）及功能区扩散，形成以国家高新区、鄞州区为核心，多区域协同发展的局面。作为全市孵化器发源地，宁波国家高新区是全市密度最高的孵化器集聚区，拥有科技孵化器5家，其中国家级孵化器3家、专业孵化器2家。其次为鄞州区，孵化器数量达到4家，其中3家被评为国家级。在其辐射带动下，其他区域相继步入孵化器发展快车道，镇海拥有4家，北仑3家，海曙、江北、保税区各2家。

（三）创新支撑能力显著增强

从在孵企业分类来看，电子与信息、光机电一体化、生物医药技术、新材料、新能源高效节能等5个领域在孵企业数量达到2006家，占比超过90%，符合宁波246万千亿级产业集群发展导向。其中，电子与信息领域在孵企业数量最多，占全部在孵企业比重约50%。从人才集聚来看，全市孵化器在孵企业共有从业人员约3.5万人，其中市“3315计划”以上层次人才194人，博士学历755人，留学人员844人，全年吸纳应届毕业生3267人。从创新产出来看，2018年，全市孵化器在孵企业专利申请数达3050件，专利授权数1483件，其中发明专利500件。当年拥有有效专利数7358件，其中发明专利1736件。

（四）投融资体系更加完善

2018年，全市30家科技孵化器通过运用种子基金，引进天使投资、风险投资，向科技银行贷款、与商业银行合作等形式推进信贷服务，为中小企业解决融资难问题。目前，全市科技孵化器自有种子基金总额达1.93亿元，为全市622家在孵企业提供融资服务，累计融资总额12.69亿元。其中获得天使投资115家，融资总额2.19亿元；获得风险投资70家，融资总额6.52亿元；获得科技银行信贷201家，贷款总额2.11亿元。

二、宁波科技孵化器建设存在的主要问题

一是数量与规模仍然偏小。近年来，宁波孵化器呈高速发展态势，且有1/3被评为国家级孵化器。但是孵化器数量和孵化场地面积与先进城市相比还有所差距，如从全国十五个副省级城市来看，宁波拥有的科技孵化器总数和孵化场地面积均居第11位，其中，国家级孵化企业数量仅相当于广州的1/7，南京、武汉的1/3。

二是孵化服务业态创新不足。近年来，宁波出现了诸如复旦大学宁波研究院、宁海模具中心等企业化的新型创业孵化器，逐步形成了依靠市场机制促进科技企业做大做强的新模式。但是，宁波孵化服务业态创新上仍有不足，新业态活跃程度较低，知识产权质押、股权质押等新型金融服务仍处于探索阶段，资金问题仍旧制约着在孵企业发展。此外，孵化器内专业检测及实验平台配置有限，形成产业集聚效应还需要一定过程，“产业链+天使投资”等先进孵化服务模式亟待形成。

三是专业化程度不够高。目前宁波孵化器总体还是以综合性孵化器为主，占比约77%，服务功能以为入孵企业提供基础物业、资金支持、政策宣传解读、工商注册代理、企业管理咨询、技术咨询等为主，聚焦宁波重点产业领域的专业化孵化器数量不多，功能不足，在孵化器建设的制度创新、盈利模式和专业服务能力等方面都还有待加强。

三、推动宁波科技孵化器发展的对策建议

（一）加大科技孵化器建设扶持力度

一要加大资金扶持力度，探索设立科技孵化器建设与发展专项资金，主要用于孵化器建设补助、平台仪器设备资助、创业项目扶持及

奖励政策兑现等，加大对升级为国家级科技孵化器的奖励力度。二要加大土地保障力度，对于符合宁波产业发展导向，以市场化方式投资建设的孵化器，在符合城市总体规划前提下优先保障孵化器用地指标，可按照工业用地性质以出让方式用于孵化器建设。三要加大管理扶持力度，加强对现有30家科技孵化器的管理力度，强化绩效导向，建立以绩效为主要依据的政策支持体系。实施孵化器淘汰退出机制，将整合出来的相关土地、资金等要素资源向优质孵化器倾斜。

（二）大力推动科技孵化器多元化发展

一是推动投资主体多元化，明确政府在孵化器发展过程中的引导者定位，鼓励支持各种民营资本投入孵化器，充分发挥市场化力量，引导龙头企业、风投公司、跨国企业、中介服务机构等共同参与宁波孵化器建设。二是推动孵化业态多元化，持续创新孵化模式，在传统的硬科技孵化创新外，加大对商业应用模式创新型企业的吸引入驻，提升孵化器的场景创造供给能力。三是推动孵化服务多元化，鼓励科技孵化器加强与高校院所、产业技术研究院、风投机构、人力资源、战略咨询公司、龙头骨干企业等之间的合作，为在孵企业提供技术研发、风险投资、人才供给、战略咨询和市场应用等多元化服务，提升孵化器能级水平。

（三）大力推动科技孵化器专业化发展

一要聚焦宁波重点产业发展，围绕宁波“246”万千亿级产业集群，建设一批专业化孵化器，突出高端装备、集成电路、新能源、新材料、生物医药等“卡脖子”技术领域，加快引进或培育一批综合实力较强的专业孵化器。二要打造在孵企业专业化集群，明确专业孵化器入驻产业标准，形成以专业化分工和协作为基础的同一产业或相关产业的科技型中小企业群，通过信息交流、功能互补，逐渐形成一个创新群落，发挥创新集群优势。三要提升孵化器专业技术供给能力，根据孵化器专业化建设方向，整合相关资源，建设专业技术支撑平台，能够为该领域的项目孵化提供研发、测试、中试试验等专业技术支撑。在孵化器绩效考核中突出专业技术供给能力要求，引导孵化器加强专业技术供给，提升专业化能力。

潘 滨 徐 毅

宁波建设科技成果转化产业基地（园区）研究

破解科技成果转化的现实困境，关键是要在实验室科技成果产生、小试、中试、产业化之间建立强大的支撑平台，“成果转化产业基地（园区）”作为成果转化“最后一公里”专业平台，具有“前承科学技术研究、后启科技产业化”的重要作用。近年来宁波积极推进科技成果转移转化示范区建设，若能在产业基地（园区）建设方面率先探索、形成示范，将进一步促进区域科技成果转化效率提升，推动宁波经济高质量发展。

一、相关城市建设科技成果转化产业基地（园区）的做法

（一）北京

北京于2012年出台《北京市战略性新兴产业科技成果转化基地认定管理办法》。支持承接战略性新兴产业领域科技成果转化和产业化的产业聚集区建设，采取后补贴方式，对专业服务能力建设项目、公共服务平台建设项目、共性关键技术研发及成果产业化项目，分别给予不超过60万、80万、100万的资金支持。

据北京市科委网站统计数据显示，2012～2017年，共认定50个基地建设项目、37个公共技术服务平台建设项目、54个具体产业化项目。以2017年为例，共认定了10个基地、10个项目。

表1　2017年北京市战略性新兴产业科技成果转化基地建设专项支持名单

序号	基地名称	项目名称
1	北京亦庄生物医药园	实验动物（大鼠、小鼠）寄养服务平台建设
2	生物医药成果转化基地	生物医药公共服务平台建设
3	中关村软件园	中关村软件园公共服务平台建设
4	启迪新材料科技成果转化基地	莫法镁锂分离、浓缩暨卤水分离纯化项目
5	第三代半导体材料及应用联合创新基地	第三代半导体创新服务平台建设
6	北京大数据成果转化基地	大数据共享实验平台建设
7	中关村昌平园医疗器械创新示范基地	分子诊断试剂中试注册平台建设
8	北航国际航空航天创新园	本行科技园小微企业服务平台建设
9	北大医疗产业园	北大医疗产业园基因检测公共服务平台建设
10	智慧城市节能环保产业基地	面向智慧园区建筑群节能减排关键技术研发及产业化项目

分析部分基地发展，发现存在以下特点。

一是聚焦细分领域，集聚专业资源。如北京生物医药成果转化与承接平台。该平台是由北京市科委于2010年牵头搭建的，近年不断整合生物医药领域科技成果转化与承接各环节的要素资源，促进国内外优秀项目与北京实业资本对接和落地。目前该平台的成果库中已经收集900余项国内外生物医药科技成果。

二是聚焦落地项目需求，拓展服务面。近几年的北京市战略性新兴产业科技成果转化基地的认定工作中，对公共服务平台建设项目进行了集中支持，包括成果前期的孵化支持、中试公共服务支持等，推进基地成果转化服务不断健全。

三是聚焦成果转化效率，组织模式灵活。如北京大数据成果转化基地。2016年该基地与北京大数据研究院、北京蓝点数据科技有限公司三方签订政产学研合作协议，重点在大数据应用人才培养、产业化方面合作，每年培养大数据应用人才500名，培养企业首席高端技术人才30名，新聚集大数据企业不少于30家，完成院所成果转化项目不少于10项，并共建大数据实验室、应用场景实训室，向社会开放使用。

四是聚焦长效运营，体制机制灵活。如清华大学（北京）技术转移中心，通过引入市场化管理机制，组建专门、专业的市场型经营主体，负责基地建设及管理运营，包括制定统一规范的项目筛选标准，组织基地项目与企业合作对接，吸引社会投资参与项目实施，选择独立的物理空间集中承接基地项目产业化，不断创新技术转移服务模式，每年完成20项创新成果的产业化策划和5个项目的产业化。

（二）兰州

2017年出台《兰州市支持科技创新若干措施》，明确市政府设立兰州产学研合作科技成果转化基地建设专项资金，支持在兰高等院校、科研院所在驻兰企业、园区组建转化基地，支持转化基地开展成果转化、中试试制、产业化推广等活动，结合成效予以20万～50万元不等的奖励或资助。

截至2018年底已支持了37家科技成果转化基地、18家企业研发机构，共支持经费1280万元，这些科技成果转化基地和企业研发机构的建设激发了科研机构、院所、企业和科研人员研发创新的积极性，政策引导带动效应和领域内的辐射效应已初步显现。如兰州重离子医用加速器应用示范区项目在获得30万元重点支持到位后，成果转化提速，产品应用到天津市肿瘤医院、四川省肿瘤医院、中山大学附属肿瘤医院、重庆市肿瘤医院、浙江省肿瘤医院等机构。

（三）国内产业园区发展趋势总结

从近几年国内其他城市的政策布局导向看，区域对成果转化功能平台建设非常重视，侧重点各有不同，此类园区的具体运行机制、成效在统计方面存在困难，但仍可以看其发展的共性特点，并能为宁波提供借鉴。主要有以下几点。

1. 产业定位精准化

随着经济发展日渐成熟及竞争的日趋激烈，园区的产业定位只有更加精准化，才能为招商、制定政策等环节的工作打好基础。在企业主体、项目准入环节中，明确科学的产业发展组合将使园区产业定位更加精准，有利于打造产业生态圈，使园区内企业获得更加良好的生存和发展空间。

2. 要素配置软性化

近年来，相对于税收、土地、财政支持等传统招商手段，企业更多关注于是否有充足的劳动力和人才供给、资本是否活跃、社会服务与政府服务是否到位等软性要素。特别是互联网、信息类等高新技术行业，企业最为关注的要素为高级人才、政府服务、同业集聚、政策和生活服务等项要素。

3. 产业发展生态化

由于不同地区的要素禀赋不同，不同产业对园区形态要求的不同，此类园区在明确产业主体的基础上，注重产业链的完整，强调“强链补链”，推进各类产业主体和相关参与者能够紧密管理有机融合，形成创新利益共同体。

4. 招商体系专业化

随着园区产业定位不断聚焦，对招商队伍和招商人员的专业素质要求越来越高。聚焦成果转化的专业园区招商工作要以园区规划为指导，以产业链招商为导向，设立差异化组合招商模式，综合线上线下资源平台，形成目标定位专业化、招商组织专业化、招商渠道专业化、招商服务专业化的“四化”招商体系。

二、宁波成果转化产业基地（园区）的建设现状及问题

“十二五”以来，宁波围绕产业发展需求，在新材料、科技服务业、智能制造和生物医药等领域建设了一批专业产业园区，在类型上如高新技术园区、国家高新区“一区多园”、各区县（市）战略新兴产业专业园等载体，包括近年来重点支持的产业技术研究院、产业创新综合服务体，在功能上都明确提出具备成果转化功能，积极与国内外开发区、行业协会、中介机构、工业开发区和科技园区合作，承接高端科技成果和先进技术就地转化和产业化。

在政府层面上，宁波谋划打造40个不同细分产业的战略性新兴产业专业园。截至2018年，认定了21个基本建设成熟的战略性新兴产业专业园，加快搭建承载创新、聚集创新资源和开展创新活动的空间平台，培育战略性新兴产业。

涌现出一些具有代表性的、成果转化效率强的专业成果转化园区，如新材料初创产业园，依托中科院宁波材料技术与工程研究所/浙江工业技术研究院在全球高端人才集聚和科研平台的优势，通过全球招才引智，充分发挥在新材料产业的影响力和对产业、风投的吸引力，实现资金链、产业链、创新链的“三链融合”，通过初创园内融资平台、管理平台、和营销平台的培育，提高成果转化并最终商业化的成功率。西电宁波产业园，由西安电子科技大学国家级大学科技园投资落户于宁波市镇海区的科技创新产业基地，依托学校强大的学科优势与人才优势，以电子信息、智慧城市、北斗民用、图像识别、物联网产业为主导产业，致力于技术研究、科研成果孵化、转化和产业化，吸引国家、省“千人计划”专家为带头人的创业团队，建立技术创新服务平台——“学会服务站”，服务和集聚企业，培育高端化、规模化的示范性特色产业园区，转化了一批以“西电一舟”项目为代表的科技成果。

但是，此类园区在引导层、运行层等方面仍存在问题：一是顶层谋划仍要健全，政府层面对于此类园区没有形成一套完善的设计、推进、引导体系，尤其面向“最后一公里”成果转化基地（园区），未出台专门的认定管理办法和扶持政策，存在优质项目来到宁波却无法迅速找到平台去转化的困境。二是部分产业园区产业链关联度不强，在吸引产业方面过于追求数量，忽视了它们之间的关联性和相互渗透性，没有适当引进上下游产业，导致园区内无法形成有效的产业链，无法产生企业集聚带来的规模效应和集聚效应，园区难以形成持续发展动力。三是产业园区公共服务相对薄弱，部分产业园区发展产业集群，只注重发展核心产业本身，金融、研发、营销、广告等外围服务业发展严重滞后，整个集群发展服务的基础设施不完善、不配套。

三、宁波建设科技成果转化产业基地（园区）的建议

综上而言，宁波在科技成果转移转化示范区建设的大背景下，完善支撑科技成果转化“最后一公里”的平台体系，形成可示范的做法，是推进科技成果转移转化示范区建设的重要必经路径。

（一）加强谋划，培育形成若干专业化科技成果转化基地（园区）

完善成果转化平台体系建设，形成“发现—评价—培育—推进”的工作路径。参照北京、兰州等地做法，重点引导成果转化“最后一公里”平台建设，组织开展科技成果转化基地（园区）认定评选工作，认定工作重点。考虑产业定位是否契合宁波“246”产业体系；基地（园区）是否符合空间布局和规划、土地及能源资源要求；入驻单位是否具有较强的自主创新能力和资金投入能力；入驻项目是否成熟度较高、具有比较明确的市场前景，能够吸引社会资本进入；组织模式和运行机制是否符合市场经济规律等内容。在平台空间布局导向

上，推进这类“直达产业化”的专业成果转化平台向创新要素密集区集聚，引导区县（市）加大支持力度，如鼓励支持杭州湾建设集中平台，集聚智能汽车、无人驾驶相关创新项目集中落地转化；鼓励高新区建设集中转化平台，吸引新材料创新项目集中落地转化等，推进同类项目集中、集聚发展，满足产业化后端需求。强化评价考核，开展综合体动态管理和监测评价，定期通报工作进展情况，评估考核结果作为政策支持的主要依据。

（二）加强引导，完善成果转化产业园区（基地）功能及水平

对宁波已有成果转化园区、基地、平台，要盘活现有资源、整合优势资源、引进专业资源，引导其建设成为更专业、更精准的推进科技成果产业化的集中式大平台。对应不同类型的平台，要引导提升其成果产出能力、成果承载能力、成果转化能力。引导园区以打造集合“研发—转化—孵化”功能于一体的高端转化平台为主线，整体以中试、产业化平台为核心，并向前、后端布局研发、孵化等平台，自发吸引更多研发资源向平台集中，以及吸引一批高端成果到集聚区落地转化，最终形成面向市场的全创新链布局的格局。

（三）聚焦重点，畅通园区对接科技成果的交流渠道

聚焦主导产业细分领域，对接推动国家重大科技成果转化落地，以“科技创新 2025”重大专项、未来产业技术引领计划等为抓手，花大力气开展招商引智工作，引进培育重大项目、旗舰型研发机构、领军型人才、爆发型创业项目和标杆型企业。重点提升宁波科技大市场作为成果转化重要中介、汇聚各地成果到宁波落地转化的桥梁作用，提升产业技术研究院的综合能力、提升细分产业专业园区、高新技术园区的成果承载能力等建立起常态化、频率高的成果发布、对接机制。积极探索服务模式和商业模式，建立长期有效的协作机制，使长三角科技

创新与转化服务资源互联互通，提升区域科技成果转移转化整体效能。

（四）优化环境，为成果转化园区（基地）建设提供公共服务支撑

成果转化基地具备建设投资大、科技水平高、开放共享等性质，需要政府主导或参与，促进特定领域基地建设，增加科技成果转化成功率。因此在政府作用方面，要重点发挥推动引导以及政策供给、公共科研基础设施等硬条件的搭建，如打造中试公共服务平台、科技资源共享平台、基础科研平台，推进来宁波落地的成果转化项目的成功率进一步提升。借鉴国际上专注科研成果转化的组织的方法，加快培育社会化、市场化、专业化的科技中介服务机构，搭建第三方科研成果转化平台，建设技术经纪人队伍，提升科研成果转化的有效途径，实现科研成果与市场的有效对接。

（五）注重创新，鼓励产业园区探索先行先试灵活机制

运行体制机制是否灵活是成果转化平台长效发展的重要因素，关键要处理好政府与市场的关系，在体制机制和运营模式上要大胆创新、敢于突破，体现“公共、专业、开放、竞争”，形成“政产学研资”联动机制和闭环系统，逐步实现自我造血、自我成长的能力。推进建设主体多元化，要突破以往以政府为主导的建设模式，要充分发挥高校、科研院所、企业等各类主体的积极性，共同谋划、共同建设，形成建设主体多元、创新成果共享的局面。强调企业化的运营，引导成立专注于园区管理、成果转化、技术推广、载体建设的国有全资企业或混合所有制企业，以市场为导向负责园区建设运营。

黄文琦　廖绍云

宁波创新型初创企业税费负担调查研究

为摸清宁波各细分行业的创新型初创企业税费负担情况，我们从市科技局公布的创新型初创企业名单（2017 年、2018 年共 3514 家）中，抽取了 2616 家企业（样本覆盖率 74.4%），对其增值税、企业所得税、个人所得税等重点税种以及社保费的征收缴纳情况进行数据分析，并借鉴国内先进城市对创新型初创企业的扶持政策，进而对下一步推进宁波创新型初创企业发展提出若干对策建议。

一、宁波创新型初创企业税费负担现状

（一）调查基本情况

本次调查在 2018 年 12 月进行，共调查 2616 家创新型初创企业，数据全部来自于企业的纳税申报表，相关数据全部进行了脱敏处理，基础数据共计 7.7 万个。

从所在地来看，创新型初创企业落户最多的是鄞州区（289 户），其次是高新区（285 户）和宁海县（283 户），最少的分别是大榭岛（2 户）和梅山岛（1 户）、东钱湖（1 户）。

从所从事行业来看，占据前五位的分别是通用设备制造业、软件

和信息技术服务业、批发业、电气机械和器材制造业、研究和试验发展，分别为262家、260家、252家、166家和162家。后五位分别是机动车、电子产品和日用产品修理业，教育，酒、饮料和精制茶制造业，体育和医药制造业，均为1家。

从从业人数来看，69%的创新型初创企业人数在10人及以下，11～50人的企业占了24%，二者相加占了全部创新型初创企业总数的93%。从业人数超过100人的企业仅占创新型初创企业总数的3%，且主要集中在汽车制造业、通用设备制造业、专用设备制造业、电气机械和器材制造业，表明在从业人数维度上，创新型初创企业与宁波产业结构高度契合。

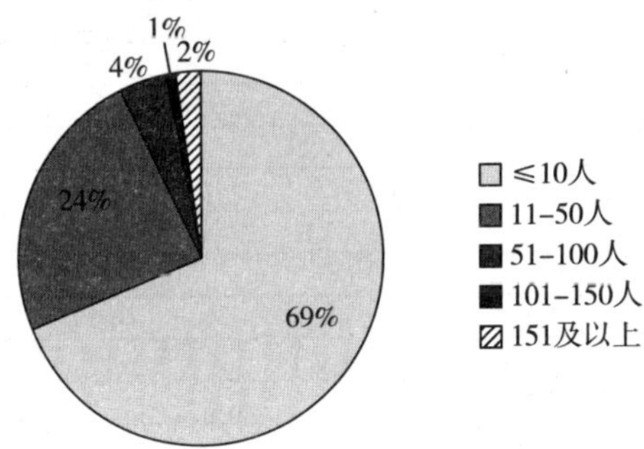

图1 按从业人数分布的宁波创新型初创企业比例

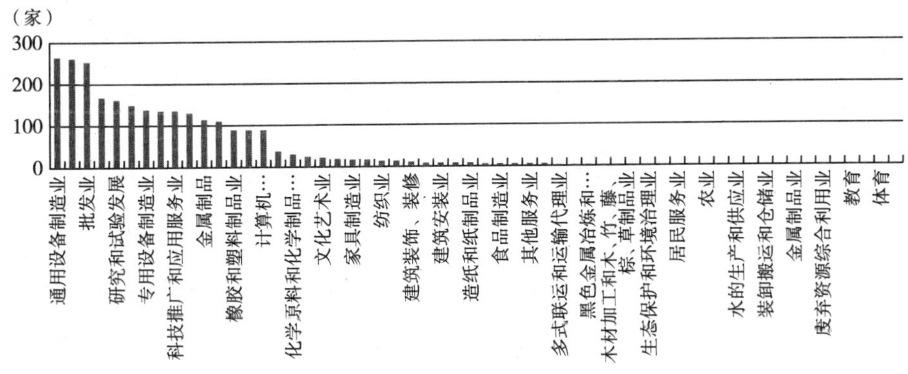

图2 宁波创新型初创企业行业分布

从营业收入来看，占据前五位的分别是汽车制造业、电气机械和器材制造业、其他制造业、批发业和通用设备制造业，后五位分别是酒、饮料和精制茶制造业，农业，金属制品、机械和设备修理业，农副食品加工业和其他服务业。考虑到宁波制造业较为发达的现状，在营业收入维度上，创新型初创企业行业和宁波的产业分布是呈紧密正相关的。

（二）增值税缴纳情况

宁波创新型初创企业的增值税税负现状如图3所示。

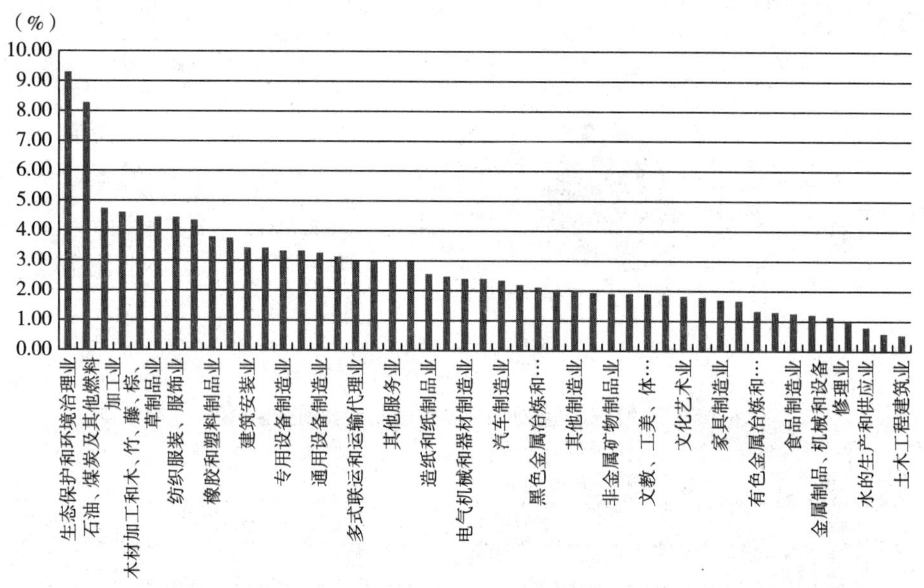

图3 分行业的创新型初创企业增值税税负

行业增值税税负排在前五位的分别是生态保护和环境治理业（9.31%），酒、饮料和精制茶制造业（8.27%），石油、煤炭及其他燃料加工业（4.72%），科技推广和应用服务业（4.58%），木材加工和木、竹、藤、棕、草制品业（4.46%）；后五位分别是租赁业（0.96%），水的生产和供应业（0.81%），农业（0.58%），土木工程建筑业（0.55%），道路运输业（0.32%）。

对比行业增值税税负均值，在48个行业中，超出行业平均值的仅有纺织服装、服饰业（税负为4.45%，行业平均值为2.91%），橡胶和塑料制品业（税负为3.78%，行业平均值为3.5%）。

（三）企业所得税缴纳情况

宁波创新型初创企业的企业所得税税负现状如图4所示。

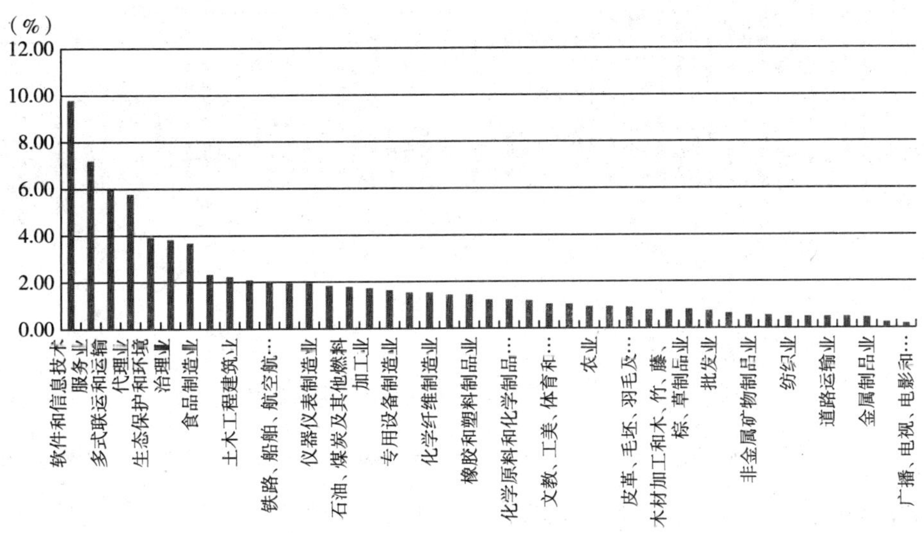

图4　分行业的创新型初创企业企业所得税税负

行业所得税税负排在前五位的分别是软件和信息技术服务业（9.8%），居民服务业（7.22%），多式联运和运输代理业（6.0%），废弃资源综合利用业（5.77%），生态保护和环境治理业（3.93%）；后五位分别是道路运输业（0.51%），造纸和纸制品业（0.50%），金属制品业（0.48%），零售业（0.28%），广播、电视、电影和录音制作业（0.21%）。

对比行业企业所得税税负均值，在48个行业中，超出行业平均值的为印刷和记录媒介复制业（税负为1.75%，行业平均值为1），纺织服装、服饰业（税负为1.57%，行业平均值为1）。

（四）社保费缴纳情况

宁波创新型初创企业的社保费缴纳现状如图5所示。

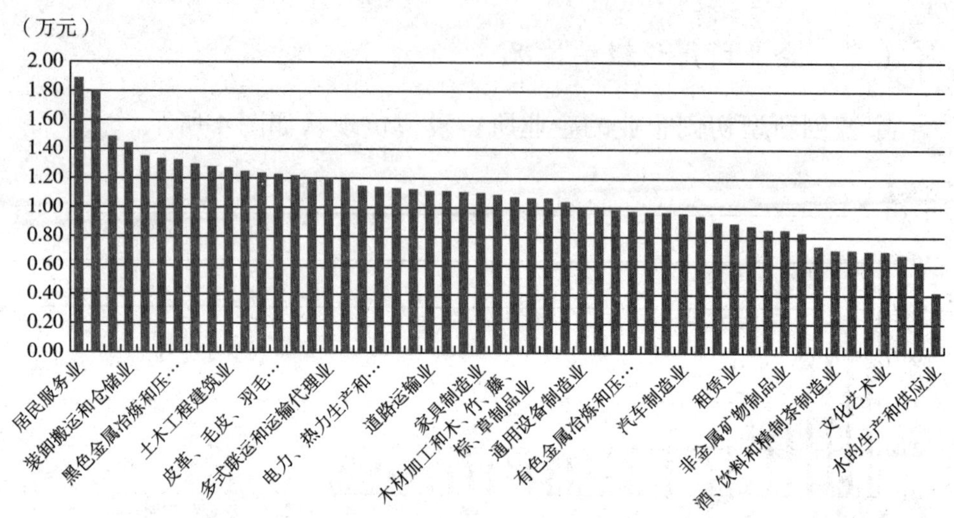

图5　分行业的创新型初创企业单位社保费缴纳情况

从调查样本来看，宁波创新型初创企业由单位缴纳的社保费均值是0.87万元/人/年。分行业来看，单位社保费缴纳额排在前五位的分别是居民服务业（1.98万元/人/年），建筑安装业（1.80万元/人/年），生态保护和环境治理业（1.49万元/人/年），装卸搬运和仓储业（1.45万元/人/年），建筑装饰、装修和其他建筑业（1.35万元/人/年）；后五位分别是科技推广和应用服务业（0.71万元/人/年），文化艺术业（0.71万元/人/年），印刷和记录媒介复制业（0.68万元/人/年），互联网和相关服务（0.64万元/人/年），水的生产和供应业（0.42万元/人/年）。

（五）税费负担结论

对我市2616家创新型初创企业的增值税、企业所得税和社保费的缴纳情况进行研究后，可以得出以下结论。

一是创新型初创企业的总体税费负担低于行业均值。其中，增值税税负超出行业平均值的仅有纺织服装、服饰业，橡胶和塑料制品业，且超出幅度不大；企业所得税税负超出均值也仅有印刷和记录媒介复制业，纺织服装、服饰业，超出幅度也不大。

二是我市纺织服装和服饰业的税费负担高于均值。从增值税和企业所得税的行业均值来看，我市纺织服装和服饰业的创新型初创企业税负要高于行业均值。

三是我市创新型初创企业发展任重道远。我市创新型初创企业普遍存在着从业人数少、规模小、行业发展不均衡的现象，从事高端产业的企业就更少，企业实现高质量发展依然有较长的路要走。

二、国内先进城市创新型初创企业的扶持政策

借鉴国内上海、杭州等城市支持创新型初创企业发展的相关政策，得出对宁波支持创新型企业发展的有益借鉴。

（一）上海

1. 为创新型初创企业制定量体裁衣的财政政策

（1）实施政府采购扶持。实施创新产品和服务的政府首购、订购政策，促进创新产品规模化应用，对政府采购目录内首次投放市场的创新产品，可以将政府采购合同授予提供首购产品的供应商；对政府需要研究开发的重大创新产品和技术等，可以采取战略合作形式，通过竞争性谈判、竞争性磋商或者单一来源采购等方式确定研究开发和生产机构；对取得专利技术的创新产品，可以通过单一来源采购方式实施政府采购，探索建立创新产品政府采购支持政策；对于研制和使用首台高端智能装备，实施政府激励和示范应用政策。

（2）加大对创新型初创企业天使投资的扶持。扩大政府天使投资

引导基金规模，强化对创新成果在种子期、初创期的投入，引导社会资本加大投入力度，对引导基金参股天使投资形成的股权，5 年内可按原值向天使投资其他股东转让。政府建立对天使投资的风险补偿机制，对创业投资机构投资种子期、初创期科技型企业发生的实际投资损失，分档给予 60% 以内的风险补偿。

（3）为创新型初创企业提供政策性融资担保。上海市设立了中小微企业信用担保基金，组建大型政策性融资担保机构，按照政策性主导、专业化运作、基金式管理的原则，进一步优化完善有利于科技型中小企业和小微企业创业创新发展的融资担保服务体系，通过融资担保、再担保和股权投资等形式，为科技型中小企业提供增信服务。

2. 积极落实扶持创新型初创企业发展的税收政策

上海积极贯彻落实扶持创新型企业发展的税收政策，包括鼓励企业主体创新投入和科研人员成果转化的税收制度安排，完善企业研发费用计核方法，调整目录管理方式，扩大研发费用加计扣除优惠政策适用范围；落实国家对包括天使投资在内的投向种子期、初创期等创新活动投资的相关税收支持政策；实施国家调整创业投资企业投资高新技术企业的条件限制，允许有限合伙制创业投资企业法人合伙人按照规定享受投资抵扣税收优惠政策；积极落实国家关于高新技术企业和科技型中小企业科研人员通过科技成果转化取得股权奖励收入时，可在 5 年内分期缴纳个人所得税的税收优惠政策；完善高新技术企业认定管理有关办法，对认定为高新技术企业的科技服务企业，减按 15% 的税率征收企业所得税等。

3. 设立专门资金扶持创新型初创企业发展

上海设立了“科技创新行动计划”科技型中小企业技术创新资金项目，重点支持新一代信息技术、高端装备制造、生物产业、新能源、新材料、节能环保、新能源汽车等战略性新兴产业以及科技服务业领域的科技型中小企业。

该资金的申报主体要求是注册在上海市、具有独立法人资格、无知识产权纠纷、无不良记录的非上市科技型中小企业，同时需要满足以下条件：①企业上年度营业收入不超过2000万元；②职工总数不超过300人，其中直接从事研究开发的科技人员占比不低于10%；③上年度用于企业研发经费不低于当年营业收入的5%，且截至申报之日已完成的研发经费应不低于40万元（已享受创新资金补助的研发经费不得重复计算），并提供100%已完成研发经费记账凭证清单（明细账）；④同一企业获得创新资金资助的次数不超过3次。

（二）杭州

杭州对创新型初创企业的扶持主要是在科技型初创企业方面，这与宁波的创新型初创企业内涵基本是对等的。杭州市专门出台了《杭州市科技型初创企业培育工程实施意见（2018—2020）》，计划通过3年的时间培育2000家左右科技型初创企业，不断壮大技术水平领先、竞争能力强、成长性好的科技型企业群体。目前，已累计培育企业3640家，下拨经费5.7亿。

1. 杭州科技型初创企业的申报标准

（1）符合产业发展导向要求，拥有自主知识产权，科技含量高，在技术及商业模式创新上有明显特色；具备一定的技术与市场成熟度，生产及市场营销计划切实可行；市场开发潜力大，成长性好。

（2）注册成立时间5年以内，且注册资金不高于1000万元（生物医药、集成电路、新能源、环保、文化创意等特殊产业可放宽至2000万元）。

（3）拥有一支稳定的研发团队，研发经费单独建账，研发投入占当年企业主营业务收入的5%以上；直接从事研究开发的科技人员占职工总数的15%以上。

（4）申报时年销售额在3000万元人民币以下。

2. 具体扶持政策

（1）财税政策扶持。杭州市科技型初创企业培育工程专项资金扶持采用直接支持和间接支持两种方式，包括创业资助资金、科技型初创企业培育资金、贷款贴息资助、研发费用加计扣除税收优惠等。如科技型初创企业在培育期内获得银行贷款的，按照不超过实际贷款额银行基准利息的50%给予贴息补助，每家企业每年可享受贴息的最高贷款金额为2000万元，培育期间享受贴息的贷款总额不超过6000万元；符合条件的科技型初创企业开展研发活动中实际发生的研发费用，按照《财政部、税务总局、科技部关于提高科技型中小企业研究开发费用税前加计扣除比例的通知》（财税〔2017〕34号）精神，在按规定据实扣除的基础上，在2017年1月1日至2019年12月31日期间，再按照实际发生额的75%在税前加计扣除；形成无形资产的，在上述期间按照无形资产成本的175%在税前摊销。

（2）科技金融扶持。建立信用激励机制、风险补偿机制、以股权投资为核心的投保贷周转联动机制、银政企中介多方合作机制，以促进科技型初创企业技术与资本高效对接，营造初创企业发展良好的融资生态圈。科技型初创企业在向银行申请续贷时，经杭州市创业投资服务中心审核符合要求的，可申请使用科技型中小企业融资周转资金，单笔申请额度一般不超过500万元，重点支持的科技型企业可放宽，最高不超过2000万元。

（3）创业创新支持。杭州市科技创新服务中心优先为科技型初创企业配备创业导师，开展创业辅导、企业诊断、信息咨询等服务；通过政府购买相关企业的云计算大数据服务，推进“科技型初创企业上云”计划等。

（三）对宁波的借鉴意义

国内外对创新型初创企业的扶持政策，对我市下一步扶持创新型初创企业有着重要的借鉴意义。

一是扶持政策协同化。国内外对创新型初创企业的典型扶持政策，涵盖了财政、税收、金融等方方面面，从资金、项目、融资、服务等多角度，为创新型初创企业的发展铺平道路。各类扶持政策之间有着很好的协同性，避免了政策单打独斗的现象。

二是扶持范围科学化。国内外对创新型初创企业的扶持范围都有明确的规定，从设立时长、营业金额、从事产业等多角度，设定了创新型初创企业的扶持范围，这既突出了政府的引导方向，也有利于政策实现聚焦发力。

三是扶持手段精准化。国内外对创新型初创企业的扶持，是建立在精准扶持的基础之上的。如以色列，在扶持之前，需要明确提供审计报告，并由税务局进行再度确认，以证实其真实性。这样的多重确认，使得精准施策能够得以真正落地，这也是宁波对创新型初创企业进行精准扶持值得重点借鉴的地方。

三、宁波推进创新型初创企业发展的对策建议

我市扶持创新型初创企业发展，可从财税、金融、服务等方面，作进一步的努力与深化。

（一）进一步明确创新型初创企业的申报标准

在《宁波市智团创业计划与创新型初创企业管理暂行办法》（甬科高〔2013〕99 号）的基础上，借鉴杭州科技型初创企业的申报标准，对我市创新型初创企业的申报标准做进一步的明确。

一是进一步明确注册资金和成立时长。在已有条件“注册成立时间5年以内”的基础上，可对注册资金作进一步明确“不高于1000万元”。通过资金和时长，对“初创”企业的范围作进一步的规范。

二是进一步明确产业导向。我市的创新型初创企业申报需符合我

市的产业发展导向，具备一定的技术与市场成熟度，生产及市场营销计划需切实可行。

三是进一步明确研发口径。将研发经费作为判断“创新”的重要标准，要求企业的研发费用需单独建账，研发投入占当年企业主营业务收入的5%以上，具有大专以上学历的研发人员占当年职工总数的10%以上，直接从事研究开发的科技人员占当年职工总数的15%以上，以此杜绝假创新企业混入的情况。

（二）进一步细化财税扶持政策

加强我市创新型初创企业税费负担跟踪。特别是做好对2019年1月1日之后连续三年小微企业普惠性减税政策的效应跟踪，以及企业研发费用加计扣除等政策落实情况的分析。对符合条件的创新型初创企业开展研发活动中实际发生的研发费用，按照《财政部、税务总局、科技部关于提高科技型中小企业研究开发费用税前加计扣除比例的通知》（财税〔2017〕34号）精神，在按规定据实扣除的基础上，在2017年1月1日至2019年12月31日期间，再按照实际发生额的75%在税前加计扣除；形成无形资产的，在上述期间按照无形资产成本的175%在税前摊销。

优化财政资金的扶持方式。根据各区县（市）上年度的创新型初创企业备案数、本年度创新型初创企业备案数、区县（市）财政配套资金等综合因素，将扶持资助经费分配至区县（市），由区县（市）根据相应的管理办法，及时将资金拨付至企业。

对创新型初创企业获得银行贷款的，按照不超过实际贷款额银行基准利息的50%给予贴息补助，每家企业每年可享受贴息的最高贷款金额为2000万元，总贷款金额最高不超过6000万元。

（三）进一步细化金融扶持政策

探索在我市成立小微科技企业融资担保公司、知识产权担保公司等各类科技金融服务机构，开展投贷联动、知识产权质押融资、科技担保、集合贷款等金融模式创新，搭建全链条的科技金融服务体系。

发挥政府产业投资基金引导作用，减少审批层级，提高基金批复效率，争取进一步放宽投资所属地比例等限制，探索对创投机构种子期、初创期提供风险补偿。扩大对创新型初创企业的担保范围、规模和补偿力度，引导和鼓励民间资本投资支持创新型初创企业发展。

深入推进利用“创新券”（服务券、活动券）购买公共服务，建立科研设施和仪器设备等科技资源向社会开放的运行机制，逐步扩大在委托开发、技术咨询、技术服务等方面的应用，降低创新型初创企业的创新活动成本。

（四）进一步优化服务

推动科技资源分行业开放共享。推动在甬的大院大所、大型科研机构在保障自身任务的基础上，逐步向社会开放大型科研设备。全市可考虑建设统一的科研设备共享运营管理平台，提高服务效能。

完善市场转化培育能力。积极推广技术经理人模式，规范技术经理人行业服务标准，解决科研人员和市场环境不匹配的问题，提升技术转移转化效率，形成技术转移服务的新业态。加强产业技术创新联盟建设，以产业发展为主导，引导科研方向，加速技术转移转化。在此基础上，进一步丰富和集聚科技大市场的优势功能，打造升级版的科技大市场。

提升信息服务能力。搭建人才、资本、政策等专门信息服务平台，降低信息获取成本。利用创客咖啡、创业社区等物理空间，促进创业交流。积极发挥甬商大会、各类创业大赛、创新成果和创业项目展示推进会等示范效应，促进创新型初创企业之间的信息交流与共享。

钱斌华　廖绍云

人才政策规划篇

关于加快推进开放揽才产业聚智的若干意见

为贯彻落实党的十九大精神和习近平总书记关于人才工作的重要论述，全面建设人才生态最优市，打造具有国际竞争力的人才高地，根据《中共中央印发〈关于深化人才发展体制机制改革的意见〉的通知》（中发〔2016〕9号）、《中共浙江省委、浙江省人民政府关于印发〈高水平建设人才强省行动纲要〉的通知》（浙委发〔2017〕42号）和市委、市政府开展“六争攻坚、三年攀高”行动的决策部署，现就加快推进开放揽才、产业聚智提出如下意见。

一、加快推进人才国际化高端化

1. 发挥顶尖人才引领作用。聚焦宁波主导产业和科技创新重点领域，对宁波自主培养的顶尖人才，给予最高800万元奖励，给予培养单位一次性500万元奖励。对柔性新引进的顶尖人才，按给付年薪的30%给予引才单位最高200万元资助。根据顶尖人才对宁波产业发展及科技创新的贡献度，给予持续的创业创新资助。

2. 深入实施“3315系列计划”。“3315计划”重点支持先进制造与智能经济等领域海外高层次人才；“3315资本引才计划”重点激发市场活力，支持获民间资本投资的高端人才团队；“泛 3315 计划”重点支持电子商务、港航物流、金融保险、文教卫体、专业服务、规划设计、时尚创意、科技服务、现代农业等经济社会发展领域高层次人才。

3. 加大海外工程师引进力度。对引进的海外工程师及外籍设计师、规划师、咨询师等高层次外国人才，市本级按照年薪资助标准给予引进企业每人 10 万 ~30 万元补助，区县（市）、开发园区再给予相应支持。海外专家项目获得国家、省级外专专项项目支持的，给予引智项目单位最高 1∶1 的配套。

4. 构建海外引才网络。建设开放式引才网络平台，对发布人才信息、助推人才项目对接、促成人才引进落地的引荐人或机构，分别给予一定额度奖励。聘请知名人士担任“海外人才大使”，每年给予 5 万元经费，并根据引才荐才成效再给予相应奖励。建设甬智信息库，对返乡发展的甬籍人才优先给予政策支持。

5. 加强人才国际化培养。定期公布一批先进制造业、生产性服务业领域国际公认的行业资质证书指导目录，对新取得国际行业资质证书的人才给予每人 3 万元奖励。加强国际化人才联合培养，支持在甬高校、科研院所与国外机构合作开展人才培养，鼓励以投资、委托、合作等形式在国际知名商校和科研机构培养国际化人才。

6. 实行更加开放的外国人才出入境举措。实施外国人才出入境便利举措，在申请在华永久居留、入境口岸签证、工作类居留许可、多次出入境签证和外国留学生直接就业、在读外国留学生及外籍高层次人才兼职等方面，实行更加开放、更加灵活的创新举措。

二、全力打造青年友好城

7. 实施全球青年才俊集聚计划。围绕城市所缺、产业所需、企业所急，实施一批能充分激发青年活力的创新举措，加快集聚以“青·英”“青·归”“青·创”“青·苗”“青·匠”等为重点的青年人才，打造青年人才向往的创业创新之城。

8. 实施青年人才安居工程。延续实施《中共宁波市委、宁波市人民政府关于实施人才发展新政策的意见》（甬党发〔2015〕29号）对基础人才的购房补贴政策。对部省属高校、科研院所和市直单位、市属企事业单位新引进的应届全日制普通高校本科生、硕士研究生，未在宁波购买住房的，市级财政分别给予一定额度的生活安居补助；对区县（市）、开发园区新引进的，各地可参照市级标准，以生活安居补助、租房补助等形式给予保障。加大人才公寓建设力度，探索建设国际青年人才社区，打造高品质青年人才创新生活圈。

9. 厚植青年人才成长沃土。加快推进众创空间、星创天地、孵化器、加速器等新型人才科技孵化载体建设，对符合条件的，给予最高2000万元补助。鼓励青年人才参加创业创新大赛，对获“宁波市大学生创业新秀”的，给予每人10万元奖励。

三、做大做强产业人才队伍基本盘

10. 促进本土人才培养升级。以产业需求为导向，建立覆盖重点人才队伍的本土人才培养体系。每年遴选一批经济社会发展重点领域高层次人才给予特殊支持，对宁波自主申报入选国家、省“万人计划”的人才给予一定额度支持。本土人才经自主培养申报成为特优人才的，给予人才一次性最高50万元奖励；成为领军人才的，给予人才一次性10万元奖励。鼓励各地发掘培养激励一批“土专家”“田秀才”等民间优才，纳入人才政策支持享受范围。

11. 推进产教深度融合发展。积极创建国家产教融合试点城市，支持行业企业深度参与的协同创新中心、实训实习基地等产教融合平台载体建设。支持企业专业技术人员继续教育，对企业在职人员攻读宁波产业发展急需专业的硕士、博士，或就读企业与知名高校联合举办的培养班的，毕业后给予50%、最高5万元的学费补贴。

12. 发挥企业引才用才主体作用。树立“人才强企”导向，围绕重点产业领域，鼓励企业赴海外开展引才活动，实施股权激励、分红奖励、企业年金等方式引进用好激励人才，对企业全职新引进高层次人才并签订5年以上劳动合同的，给予企业最高30万元补助。

13. 加快技能人才队伍建设。实施“十百千技能大师培养工程”，分三个层次分别给予培养人选10万元、6万元、2万元资助。对市优秀高技能人才给予10万元奖励，对获得中华技能大奖、省杰出技能人才、全国技术能手的人才分别给予5万元、3万元、2万元配套奖励。对在世界技能大赛上获得金、银、铜牌和优胜奖的宁波选手，给予一定额度奖励。对紧缺工种技能人才，给予技师500元/月、高级技师1000元/月的岗位补贴。支持优秀技能人才、职业（技工）院校骨干教师赴国内外开展交流学习、进修培训、技能研修。支持企业建设技能大师工作室，打造“技能之星”宁波竞赛品牌，探索建设全国首家技能人才继续教育学院。

四、构筑人才创新创业大平台

14. 全力建设国家自主创新示范区。以宁波国家高新区为核心，全市域创建国家自主创新示范区。布局建设产业创新服务综合体，对列入省级创建名单的，给予不低于2000万元支持；对公共科研设施，根据科研基建和仪器设备总投入，按一定比例给予最高3000万元补助，对列入重点支持序列的产业技术研究院以一事一议方式给予建设支持，5年内按绩效每年给予最高2000万元支持。

15. 高标准建设科创大平台。围绕大湾区“一核两极三湾”创新空间布局，谋划建设甬江科创大走廊、宁波前湾新区。允许甬江科创大走廊内创新主体将市级各类科技创新项目间接费用提取比例，再提高10个百分点。对人工智能等智力密集型项目，经备案后允许间接费用按总经费的50%提取列支。对非事业单位承担市级人才项目的，工资费用支出比例可达总额的60%；科技项目允许列支间接费用，用于研发人员激励。

16. 大力建设高校院所平台。围绕产业创新需求，实施“名校名院名所名人”引进工程，对新引进名校设立综合型校区（分校）、名校名院名所独立设置特色性学院和研究生院、名校名院名所与在甬高校共建二级学院等合作办学，采取一事一议给予重点支持。对引进共建的研究院所，给予最高1亿元补助。

17. 加快建设各类创新平台。支持企事业单位以柔性引智方式建设院士工作站，给予一定额度的建站补助、升级奖励和绩效奖励。支持企事业单位设立博士后科研工作站（流动站），对获批国家级、省级、市级的，分别给予一次性30万元、20万元、10万元补助；对设站单位招收的博士后人员，给予一定额度的补助，出站后留甬工作的，给予最高40万元补贴。

五、建立更加灵活的人才作用发挥机制

18. 深化职称制度改革。出台职称制度改革意见，全面推行职称量化评价标准，下放工程系列中级职称评审权限至区县（市），实现高校、医院、科研院所按照管理权限自主评审全覆盖。探索建立海外高层次人才职称评审“直通车”，在宁波合法就业的港澳台和外籍专业技术人员，可按规定参加职称评审；符合条件的海外高层次人才可直接确认高级职称。

19. 推进绩效工资改革。建立绩效工资持续增长机制，试行“绩效工资总量+X”管理模式，对高层次人才激励、科研经费绩效奖励、科技成果转化奖励、承担横向项目劳务报酬、特设岗位人员工资等，不纳入绩效工资总量。高校、科研院所、公立医院可自行确定领军及以上层次人才的薪酬待遇水平，不纳入绩效工资总量。根据高校、科研院所高层次人才密度、科研目标任务完成情况以及科研成果转化等

因素，可给予单位适当增加绩效工资总量。

20. 深化科技成果转移转化机制改革。高校、科研院所对科技成果转化收益，可按不低于70%比例奖励科技成果完成人员和为成果转化作出重要贡献的人员，事前有约定的，按约定执行。探索赋予科研人员科技成果所有权或长期使用权，对于由市财政资金形成的职务成果，可按成果发明人（团队）占成果所有权70%以上进行分割。完善科技成果拍卖或协商议价的定价制度，对于经协议并公示的成果价格，不再要求开展价格评估。

21. 建立更加灵活的人才流动机制。高校、科研院所、公立医院新引进领军及以上层次人才，可不受编制数和岗位结构比例限制；新引进高级和拔尖层次人才，岗位职数不足时，经核准可不受编制数和岗位结构比例限制。因不同制度没有职称的，可设立特聘岗位予以解决，享受同等岗位人员待遇。鼓励支持事业单位科研人员离岗创业创新，离岗期限最长可达6年；事业单位对空出的岗位，确因工作需要，可按有关规定用于聘用急需人才；离岗创业创新人才返回的，如无相应岗位空缺，可暂时突破岗位总量聘用，并逐步消化。鼓励高校、科研院所设立流动岗位，聘请企业管理人才、科技人才兼职，可申请调整工资总额，用于发放流动岗位人员报酬。建立市属国有企业职业经理人才制度，推动有条件的市属国有企业开展试点工作，合理提高市属国有企业经营管理人才市场化选聘比例。

22. 优化因公临时出国（境）管理。高校、科研院所、公立医院的教学、科研和临床等人员，出国（境）开展学术交流合作，实行年度计划管理，出访团组、人次数和经费单独统计。如有临时性重要教学科研学术交流因公出国任务的，可调整年度出国计划和经费预算。

23. 主动融入人才一体化发展。积极参与长三角和浙江大湾区人才一体化发展，加强与对口结对协作区域人才项目合作交流，创新人才协同发展机制，深化区域创新研发、集成应用、成果转化协作。加强市、县两级人才政策统筹，形成政策合力，促进人才有序流动。

六、打造最优人才生态

24. 弘扬爱国奋斗精神。深入开展“弘扬爱国奋斗精神、建功立业新时代”活动，引导广大知识分子和人才在新时代树立家国情怀，自觉弘扬践行爱国奋斗精神。探索设立“人才日”，积极营造鼓励创新、宽容失败的人才创业创新文化。健全人才荣誉激励机制，对作出重大贡献的宁波市杰出人才，给予最高100万元奖励，形成重才爱才浓厚氛围。

25. 优化人才金融服务。进一步做大天使投资基金、创业投资引导基金、海邦人才基金等政府引导性融资扶持基金，加大人才项目投资力度，引导社会资本投向人才。发展人才科技金融，鼓励科技银行、设有科技金融部的商业银行，对因提供科技信贷而发生的不良贷款，可由科技信贷风险池给予适当代偿。积极引进培育科技保险专营机构，支持保险机构推行产品研发责任、专利侵权责任险等险种，享受不超过单笔保单实际赔付金额一定比例的补贴。引导保险公司推出自主创新产品质量保证保险、产品责任保险等险种，对投保企业给予最高100万元补助。加快科技创新券支持力度，推进省内及长三角地区通用通兑，企业年度可最高申领10万元，创客（创客团队）年度可最高申领5万元。

26. 支持人才企业挂牌上市。实施“凤凰行动”宁波计划，对企业在新三板实现直接融资的，给予最高50万元补助；对企业在境内外成功上市的，给予最高500万元补助；对“3511”产业优势企业中的上市公司并购国内（除关联企业外）高新技术企业和研究机构的，给予最高1000万元补助。

27. 加大人才安居保障力度。丰富人才安居方式，鼓励引导政府、高校、科研院所、企业等主体参与人才安居工作，加快培育住房租赁市场，通过货币补贴与实物配置相结合的方式，多层次、多渠道满足人才的安居需求。

28. 优化人才家庭保障。简化人才落户办理程序，畅通高层次人才配偶、未婚子女、父母随迁落户通道。多渠道帮助引进人才解决配偶就业问题，对符合条件人才的配偶，暂时未就业的，给予每月不低于当地社平工资标准的生活补贴，并缴纳相应社会保险，最长不超过三年。建立分层分类人才子女入学协调解决机制，妥善解决人才子女入学问题。加快国际学校和中外合作办学机构建设。

29. 优化人才医疗保障。定期组织高层次人才进行全面体检，并做好日常保健工作。对符合条件的人才，给予市属医疗保健待遇、三级甲等医院定点医疗机构优先安排、专家提前预约等绿色就医通道服务。积极引进国际医疗机构和管理团队，鼓励支持具备条件的医疗机构与国际保险公司合作并开展直接结算业务。

30. 深化人才领域“最多跑一次”改革。完善党管人才体制机制，建立健全市县两级人才工作领导小组运行机制，进一步明确各成员单位职责任务，推进将行业、领域人才队伍建设纳入相关职能部门三定方案。提升高层次人才服务联盟效能，建立人才服务清单和服务指南，建设人才公共信息综合服务平台，提升人才服务水平。

本意见自发布之日起施行，《关于实施人才发展新政策的意见》（甬党发〔2015〕29 号）同步废止（除本意见明确延续实施的基础人才购房补贴条款）。本意见与宁波市级其他人才政策文件不一致的，按本意见执行。如遇到国家重大政策调整时，本意见可作相应调整。对同一事项涉及多项奖励、补助等的，按“就高、补差、不重复”原则执行。各地各有关单位要结合实际，制定具体实施办法，确保各项政策落到实处。

（注：此件于 2018 年 10 月 11 日由中共宁波市委以甬党发〔2018〕42 号文件发布）

关于推进开放揽才产业聚智相关政策的实施细则

根据《关于加快推进开放揽才产业聚智的若干意见》（甬党发〔2018〕42号）、《关于宁波市集聚全球青年才俊打造青年友好城的实施意见》（甬人社发〔2018〕144号）、《宁波市人才安居实施办法》（甬建发〔2018〕180号）等文件精神，现就高层次人才安家补助和购房补贴、基础人才购房补贴、市本级应届本科生和硕士研究生生活安居补助、青年精英人才奖励、青年留学归国人才就业补助、企业引才补助等六项政策制定实施细则。

一、高层次人才安家补助和购房补贴申领

（一）适用对象及保障办法

自2018年10月11日起，市及各区县（市）所属机关、企事业单位、社会团体和民办非企业单位（以下统称机关和企事业单位），从宁波市外全职新引进的列入宁波市人才分类目录（2018）的各类高层次人才，可享受相应的安家补助和购房补贴政策。其中新引进的顶尖人才按照《宁波市加快集聚顶尖人才实施办法（试行）》（甬科计

〔2018〕118号）享受最高800万元的安家补助；新引进的特优人才、领军人才、拔尖人才、高级人才分别给予100万元、80万元、50万元、15万元的安家补助。

自2018年10月11日起，市及各区县（市）所属机关和企事业单位从宁波市外全职新引进的特优人才、领军人才、拔尖人才、高级人才，在享受安家补助基础上，自引进之日起3年内在宁波大市范围内首次购买家庭唯一住房的，再分别给予购房总额（以契税发票不含税的计税金额为准）20%，最高60万元、40万元、25万元、20万元的购房补贴。

部省属高校、科研院所新引进的上述人才，自引进之日起3年内在宁波大市范围内首次购买家庭唯一住房的，可享受对应层次的购房补贴政策。

（二）财政负担原则

1. 安家补助：全市机关和企事业单位全职新引进的特优人才、领军人才、拔尖人才的安家补助由市财政全额负担。全市全职新引进的高级人才安家补助按以下原则负担：市本级机关和企事业单位引进人才由市财政全额负担；区县（市）机关和企事业单位引进人才由市财政负担10万元，区县（市）财政负担5万元。

2. 购房补贴：市本级机关和企事业单位引进人才购房补贴由市财政全额负担；区县（市）机关和企事业单位引进人才购房补贴由区县（市）财政负担。在甬部省属高校、科研院所没有享受人才引进统筹补助的，引进人才购房补贴由市财政全额负担。引进的其他高校、科研院所合作平台按人员编制批复级次，由市财政或所在地财政负担，其中引进时已享受人才引进统筹补助的不再补贴。

（三）安家补助申报流程及材料

自2018年10月11日起，符合条件并已按《宁波市人才分类目录

(2018)》(甬人才发〔2018〕5号)完成认定的上述各类人才,可于每年10月向所在单位提出申请,10月31日前由单位进行网上申报填写、上传相关材料。

1. 申报流程

(1)用人单位线上提交申请后,市级机关和企事业单位申请材料由市高层次人才创业创新服务联盟总窗(以下简称“市服务总窗”)进行网上预审;区县(市)机关和企事业单位申请材料由区县(市)高层次人才创业创新服务联盟(以下简称“服务联盟”)进行网上预审。预审通过后,通知经办人员携带相关材料原件到对应窗口办理初核。

(2)窗口初核通过后,区县(市)服务联盟将受理的材料和汇总表报市服务总窗,由服务总窗汇总报市人力社保局复核,复核通过的,于次年预算资金下拨后,由各级财政部门、人力社保部门将安家补助资金划拨至各申报对象所在单位。

2. 发放形式

(1)符合条件的特优人才、领军人才、拔尖人才、高级人才,申报时本人及其家庭在甬已有房产的,凭本人房产证或不动产权证可一次性申请发放安家补助。

(2)符合条件的特优人才、领军人才、拔尖人才、高级人才,申报时本人及其家庭在甬无房产的,安家补助分三年发放,年度发放金额依次为:特优人才为40万、30万、30万,领军人才为32万、24万、24万,拔尖人才为20万、15万、15万,高级人才为6万、4.5万、4.5万(属于区县(市)机关和企事业单位引进的,市财政承担的10万为4万、3万、3万,区县(市)承担的5万为1万、2万、2万)。

(3)分三年发放时,第二、三年度的补助资金发放须按照原申报渠道提交在职证明;若在补助期间更换工作单位的,需更新提交相应申请表及单位聘用合同或劳务合同（合同期限5年以上）等材料，按更换工作性质渠道续发。若发放期间申请人购房的，可一次性申领剩余补贴。

3. 材料清单

（1）网上填写《宁波市新引进高层次人才安家补助及购房补贴申请表》，下载打印并经单位审核（盖章）；

（2）单位聘用合同或劳动合同（合同期限5年以上）；

（3）在甬拥有房产的，提交本人在甬房产证或不动产权证；

（4）申请者身份证明、房屋产权所有人身份证或户口簿（如房屋产权为夫妻共有的，需提供结婚证）等。

申报同时，视为申请人同意经办机构查询本人在甬缴纳社保情况。

（四）购房补贴申报流程及材料

自2018年10月11日起，符合条件并已按《宁波市人才分类目录（2018）》（甬人才发〔2018〕5号）完成认定的上述各类人才（顶尖人才除外），自引进之日起3年内在宁波首次购买家庭唯一住房的，在取得不动产权证后半年内向所在单位提出申请，由单位进行网上申报填写、上传相关材料。

1. 申报流程

（1）用人单位线上提交申请后，部省属高校、科研院所及市级机关和企事业单位申请材料由市服务总窗进行网上预审；区县（市）机关和企事业单位申请材料由区县（市）服务联盟进行网上预审。预审通过后，通知经办人员携带相关材料原件到对应窗口办理初核。

（2）窗口初核通过后，市服务总窗将汇总材料报市人力社保局复核，区县（市）服务联盟将汇总材料报所属地人力社保部门复核。

（3）复核通过后，按相关流程划拨至各申报对象所在单位，由单位发放给相关对象。

2. 材料清单

（1）网上填写《宁波市新引进高层次人才安家补助及购房补贴申请表》，下载打印并经单位审核（盖章）；

（2）单位聘用合同或劳动合同（合同期限5年以上）；

（3）引进后在甬购房的，购买期房的提供本人在甬购房合同、交付结算发票、税收缴款书、不动产权证等；购买二手房的提供购房发票、税收缴款书、不动产权证等；

（4）申请者身份证明、房屋产权所有人身份证或户口簿（如房屋产权为夫妻共有的，需提供结婚证）等。

（5）自然资源规划部门出具的在甬家庭唯一住房证明。

申报同时，视为申请人同意经办机构查询本人在甬缴纳社保情况。

（五）相关要求

高层次人才安家补助、购房补贴申报者须与引进单位签订5年及以上的劳动合同或聘用合同，全职在宁波工作（外籍人才每年在甬工作时间不少于9个月），不在宁波市外从事实质性工作（学术兼职、顾问等除外）。在签约期内调离本市的，应根据协议按在宁波5年服务期限计算，将不足服务期限相应比例的安家补助费退还给原引进单位，由引进单位缴还财政。

夫妻双方同属新引进、且符合享受安家补助条件的，一方按全额享受安家补助，另一方按安家补助标准享受50%。

符合享受购房补贴条件、房屋产权由夫妻其中一方或双方共同持有的，只能约定一方享受购房补贴。

符合享受购房补贴条件、房屋产权由非夫妻关系的多人持有的，申请者须持有1/3（含）以上产权，按产权比例享受补贴，且同一房产仅可享受一次。

在宁波获得宁波市级及以上人才荣誉、政策支持和奖励等的人才，按照获得前的人才层次，根据本实施细则有关条件和规定，享受对应的安家补助和购房补贴政策。

二、基础人才在甬首次购房补贴

（一）适用对象及保障办法

自2018年8月12日起，毕业十年内、取得全日制普通高校毕业证书（在海外取得学位的，须通过教育部留学服务中心认证并取得《国（境）外学历学位认证书》；包括取得高级职业资格证书的高级技工学校和技师学院毕业生），且申报时在甬就业创业的基础人才，在宁波大市范围内首次购买家庭唯一住房的，按规定享受购房总额（以契税发票不含税的计税金额为准）2%的购房补贴，最高不超过8万元。

（二）申报流程及材料

1. 购房补贴政策以家庭（包括夫妻及不满18周岁的未成年子女）为单位认定。符合条件的基础人才，购房后进行网上申报，同时上传相关材料。

2. 申请人线上提交申请后，市级机关和企事业单位申请材料由市服务总窗进行网上预审；区县（市）机关和企事业单位申请材料由区县（市）服务联盟进行网上预审。预审通过后，申请人可携带相关材料原件到对应经办窗口办理初核。各经办窗口初核通过后，汇总上报至对应人力社保部门复核。

3. 凡在当月申报并经对应人力社保部门复核通过的，自复核通过之日起两个月内由对应补贴发放单位直接拨付发放至本人社保卡金融账户（需开通金融功能）。

4. 毕业十年内时间认定：以所取得毕业证书或全日制学历证明上

的毕业日期之后10年内；海外学位以《国（境）外学历学位认证书》上毕业日期之后10年内。

5. 创业就业资格认定：申报者劳动关系（以聘用合同或劳动合同为准）在宁波，并在甬缴纳社会保险。

6. 申请购房补贴的房屋产权为多人持有，符合政策规定的申报者，按以下原则享受购房补贴：

（1）夫妻双方共同持有房屋产权且至少一方符合条件的，仅能一方按规定全额享受，双方协商后由一方申请办理。符合条件的申请者未在婚后房屋产权中占有比例，能提供结婚证等相关证明的，可按规定全额享受。

（2）符合享受购房补贴条件、房屋产权由非夫妻关系的多人持有的，申请者须持有1/3（含）以上产权，按产权比例享受补贴，且同一房产仅可享受一次。

7. 材料清单如下：

（1）网上填写《宁波市基础人才首次在甬购房补贴申请表》，预审通过后打印并单位审核（盖章）；

（2）申报人身份证明、房屋产权所有人身份证或户口簿（如房屋产权为夫妻所有，需提供结婚证）；

（3）单位聘用合同或劳动合同；

（4）国内学历提供学信网上的普通全日制学历查询证明；海外学位提供教育部留学服务中心出具的《国（境）外学历学位认证书》；技能人才提供学历证书及高级职业资格证书；

（5）购买期房的提供本人在甬购房合同、交付结算发票、税收缴款书、不动产权证等；购买二手房的提供购房发票、税收缴款书、不动产权证等。

（6）自然资源规划部门出具的在甬家庭唯一住房证明。

申报同时，视为申请人同意经办机构查询本人在甬缴纳社保情况。

三、市本级新引进应届本科生和硕士研究生生活安居补助

（一）适用对象及保障办法

自2018年10月11日起，部省属高校、科研院所和市直单位、市属企事业单位新引进的应届全日制普通高校本科生、硕士研究生（在海外取得学位的，须通过教育部留学服务中心认证并取得《国（境）外学历学位认证书》），取得毕业证书一年内来宁波就业，且毕业之日起18个月内在宁波连续缴纳社保满6个月、未在宁波购买住房的，分别给予一次性1万元、3万元生活安居补助。

（二）申报流程及材料

1. 符合条件的对象可进行网上申报，填写《宁波市新引进应届本硕生安居补助申请表》，同时上传相关材料。

2. 申请人线上提交申请后，部省属高校、科研院所及市级机关和企事业单位申请材料由市服务总窗进行网上预审。预审通过后，申请人可携带相关材料原件到对应经办窗口办理初核。初核通过后，汇总上报至市人力社保部门复核。

3. 凡在当月申报并经对应人力社保部门复核通过的，自复核通过之日起两个月内由对应补贴发放单位直接拨付发放至本人社保卡金融账户（需开通金融功能）。

4. 应届生认定：毕业一年内（以毕业证书或全日制学历证书上的毕业日期为准；海外学位以《国（境）外学历学位认证书》上毕业日期为准）。

5. 申请人仅能享受一次生活安居补助。

6. 材料清单如下：

（1）网上填写《宁波市新引进应届本硕生安居补助申请表》，预

审通过后打印并单位审核（盖章）；

（2）申请人身份证明；

（3）单位聘用合同或劳动合同（合同期限 3 年以上）；

（4）普通全日制学历证明（国内学历提供学信网上的普通全日制学历查询证明；海外学位提供教育部留学服务中心出具的《国（境）外学历学位认证书》）等。

（5）自然资源规划部门出具的在甬无房证明。

申报同时，视为申请人同意经办机构查询本人在甬缴纳社保情况（在甬缴纳社保满 6 个月）。

四、新引进世界 100 强大学海外留学人才来甬就业补助

（一）适用对象及保障办法

自 2018 年 10 月 11 日起，对新来宁波就业的世界 100 强大学毕业的本科及以上海外留学人才，在甬连续缴纳社保满 6 个月的，给予一次性 5 万元的就业补助。

世界 100 强大学认定，以《宁波市人才分类目录（2018）》明确的上海交通大学高等教育研究院《世界大学学术排名》或泰晤士报《全球顶尖大学排行榜》排名前 100 名的境外大学最新排名为准。

（二）申报流程及材料

1. 符合条件的对象可进行网上申报，填写《宁波市新引进世界 100 强海外留学人才来甬就业补助申请表》，同时上传相关材料。

2. 申请人线上提交申请后，市级机关和企事业单位申请材料由市服务总窗进行网上预审；区县（市）机关和企事业单位申请材料由区县（市）服务联盟进行网上预审。预审通过后，申请人可携带相关材料原件到对应经办窗口办理初核。各经办窗口初核通过后，汇总上报

至对应人力社保部门复核。

3. 凡在当月申报并经对应人力社保部门复核通过的，自复核通过之日起两个月内由对应补贴发放单位直接拨付发放至本人社保卡金融账户（需开通金融功能）。

4. 新来宁波认定：无在甬就业创业记录（无在甬社保缴纳记录），每人只能申报享受一次。

5. 材料清单如下：

（1）网上填写《宁波市新引进世界100强海外留学人才来甬就业补助申请表》，预审通过后打印并单位盖章，一式两份；

（2）申请人身份证明；

（3）单位聘用合同或劳动合同（合同期限3年以上）；

（4）教育部留学服务中心出具的《国（境）外学历学位认证书》等。

申报同时，视为申请人同意经办机构查询本人在甬缴纳社保情况（连续缴纳社保6个月以上）。

五、青年精英人才奖励

（一）适用对象及保障办法

自2018年10月11日起，对自主培养的国家“青年千人计划”、“万人计划青年拔尖人才”、“杰出青年科学基金”获得者、“青年长江学者”等青年精英人才，按就高、补差、不重复原则给予最高100万元奖励，其中，“3315系列计划”人才，按“3315系列计划”有关政策执行。

（二）申报流程及材料

1. 每年6月，符合条件的对象可向所在单位提出申请，由单位进行网上申报，填写《宁波市自主培养青年精英人才奖励补贴申请表》，同时上传相关材料。

2. 申请人或单位线上提交申请后，部省属高校、科研院所和市级机关和企事业单位申请材料由市服务总窗进行网上预审；区县（市）机关和企事业单位申请材料由区县（市）服务联盟进行网上预审。预审通过后，申请人或经办人可携带相关材料原件到对应经办窗口办理初核。各经办窗口初核通过后，统一汇总至市服务总窗。

3. 市服务总窗汇总上报至市人力社保局复核，复核通过的，由市财政局和市人力社保局联合发文后拨至申报对象所在单位，再发放给相关对象。

4. 在聘用期内调离本市的，应根据协议按在宁波 5 年服务期限计算，将不足服务期限相应比例的奖励费退还给原引进单位，由引进单位缴还财政。

5. 材料清单如下：

（1）网上填写《宁波市自主培养青年精英人才奖励补贴申请表》，预审通过后打印并单位审核（盖章）；

（2）申请人身份证明；

（3）单位聘用合同或劳动合同（聘用期限 5 年以上）；

（4）精英人才认定证明等。

同时，申请人授权经办机构查询本人在甬缴纳社保情况（作为在甬就业创业的依据）。

六、企业引才补助申领

（一）适用对象及保障办法

自 2018 年 10 月 11 日起，市及各区县（市）所属企业，从宁波市外全职新引进的列入宁波市人才分类目录的特优人才、领军人才（不含人力资源服务机构引进的派遣人才），并签订 5 年（含）以上劳动合同的，在引进人才连续缴纳社保满 6 个月后，可分别享受最高 30 万元/人、最高 10 万元/人补助。

（二）申报条件

1. 申报企业须在宁波市内工商注册，合法经营，依法缴纳相关税费。

2. 申报企业全职引进的特优人才、领军人才，须跟引进单位签订劳动合同，并为引进单位服务。

3. 申报企业由人才服务机构派遣至单位的特优人才、领军人才，不属于企业引才补助对象；已享受“3315 系列计划”创业创新资助的特优、领军人才，不属于企业引才补助对象。

4. 人力资源服务机构为宁波企业引进特优人才、领军人才，按照《加快发展人力资源服务业政策有关问题的实施细则》（甬人社发〔2016〕31 号），分别给予一次性 8 万元、5 万元引才奖励，每个机构最高奖励 30 万元，不再享受企业引才补助。

5. 本市行政区域范围内注册的，取得人力资源服务许可证且正常经营的人力资源服务机构引进的特优人才、领军人才高级管理人员，符合条件的可享受企业引才补助，但与《加快发展人力资源服务业政策有关问题的实施细则》（甬人社发〔2016〕31 号）人力资源服务机构引进高管奖励不能重复享受。

（三）申报流程

符合条件的宁波市属企业，可于每年 10 月向市服务总窗提出申请，并提交以下材料：

1. 企业引进特优、领军人才认定资料（原件及复印件）；

2. 企业工商注册登记证明（原件及复印件）；

3.《企业引才资助申报表》（原件）一式三份。

申请资料经市人力社保局审核通过，报市委组织部（市委人才办）备案后，补助资金于次年发放。

符合条件的区县（市）企业，向当地人力社保部门提出申请，经审核通过，报当地组织部门备案后，按有关程序发放补助资金。

（四）财政负担原则

企业引才补助按纳税口径由市及各区县（市）所属财政负担。

七、其他事宜

（一）本细则可享受购房补贴的房产为住宅，其中拆迁安置房、经济适用住房、限价房、大龄青年房、人才安居房、农居房等政策性住房不能申请享受购房补贴政策。已购买经济适用住房、限价房等保障性住房和人才安居房，及已享受购买人才公寓货币补贴等相关政策性补助的人才，不再享受购房补贴政策。已享受博士后出站留甬安家补助等补助政策的人才，不再享受安家补助和购房补贴政策。

（二）申请享受本细则购房补贴的房产应为申请人自2018年10月11日（基础人才购房补贴为2018年8月12日）起在宁波大市范围内首次购买的家庭唯一住房，已享受过各类型人才购房补贴的人才不能申请享受。“首次”“家庭唯一”的认定以补贴申请时自然资源规划部门查验数据为准。

（三）本细则所述购房时间，期房以合同首次备案时间为准，二手房以不动产权证登记时间为准，购房总额以契税发票上不含税的计税金额为准（如购房总额明显偏离市场实际价格，相关部门有权责令改正）。

（四）享受购房补贴的房产，在取得不动产登记证满5年后方可上市交易，由各级自然资源规划部门在不动产登记系统中进行锁定，由各级住建部门依据不动产登记锁定状态进行交易限制。

（五）基础人才购房受理期限，一般要求取得不动产权证半年内办理。符合《关于优化人才住房保障的实施细则》（甬人社发〔2015〕179 号）的基础人才、创客人才，逾期尚未办理购房补贴的，可于 2019 年 12 月 31 日前按原政策规定办理补办手续，以后不再受理。

（六）本细则所述新引进涉及期限自 2018 年 10 月 11 日起，引进时间以在甬首次缴纳社保时间为准。人才到宁波大市外工作学习，连续中断在甬社保满 3 年以上，之后在上述引进期限内办好人才引进手续、开始在甬缴纳社保的，可按标准享受（每人同一层级只能享受政策一次）。以申请人学历学位进行认定并新引进的，学习形式需为普通全日制。

（七）本细则所述人才安家补助和购房补贴政策，仅对应人才新引进时的分类层级享受。人才来甬后通过自主培养升级的，可以新身份进行分类认定，对应享受人才升级的相关奖励措施，不再享受新层次的安家补助和购房补贴政策。

（八）基础人才购房补贴、生活安居补助、来甬就业补助负担原则：企业人才由人才工作单位纳税所在地人才服务机构受理（其中自由职业者、灵活就业者由户籍所在地人才服务机构受理），机关事业单位由人才工作单位属地人才服务机构受理，社会团体按照单位性质参照上述办法受理。部省属单位按上述企业、机关事业单位口径进行受理，其中部分与总部签订劳动关系的单位，按参保地受理，资金由人才服务机构所属地财政负担。

（九）2018 年 8 月 12 日至 2018 年 10 月 11 日（不含）之间引进的高层次人才，仍按 2015 版人才目录办理人才分类认定，按照《关于优化人才住房保障的实施细则》（甬人社发〔2015〕179 号）、《关于〈优化人才住房保障实施细则〉有关补充说明的通知》（甬人社发〔2015〕204 号）有关规定享受安家补助政策。

（十）2015 年 8 月 11 日至 2018 年 10 月 11 日（不含）之间引进的高级人才，在 2018 年 8 月 12 日之后，在引进之日起 3 年内，在宁波大市范围内首次以家庭为单位购房的，可按照《关于优化人才住房保障的实施细则》（甬人社发〔2015〕179 号）、《关于〈优化人才住房保障实施细则〉有关补充说明的通知》（甬人社发〔2015〕204 号）享受购房补贴政策。

（十一）各类人才申请补贴补助，用人单位要发挥主体作用严格审核，各地人力社保等相关部门要对本细则各项补贴资格条件认真核实。市人力社保局建立用人单位和人才黑名单，对弄虚作假、骗取补贴补助资金的用人单位，3 年内暂停其申报宁波市各类人才政策资格；对人才不再给予宁波人才政策各项奖励、支持，并委托有关部门追回补贴补助经费，涉嫌犯罪的，移送有关机关依法处理。

（此件于 2019 年 3 月 19 日由市人力社保局以甬人社发〔2019〕17 号文件发布）

关于宁波市集聚全球青年才俊
打造青年友好城的实施意见

为加快实施人才强市战略，大力集聚以“青·英”“青·归”“青·创”“青·苗”“青·匠”等为重点的优秀青年人才，形成一支来自全球、服务发展、面向未来的高素质青年人才队伍，提升宁波未来核心竞争力，加快推进“六争攻坚、三年攀高”决策部署，根据《关于加快推进开放揽才产业聚智的若干意见》（甬党发〔2018〕42号），现就实施宁波市集聚全球青年才俊，打造青年友好城，提出如下意见。

一、大力集聚“青·英”人才

1. 加大青年精英人才支持力度。对自主培养的国家“青年千人计划”“万人计划青年拔尖人才”“杰出青年科学基金”获得者、“青年长江学者”等青年精英人才，给予最高100万元奖励。

2. 设立青年人才引育专项。大力实施“3315计划”“泛3315计划”“3315资本引才计划”，提高青年人才入选比例，对入选的青年人才，资助额度可达100万元；对入选的高端青年团队，资助额度可达2000万元。

深化实施市领军和拔尖人才培养工程，设置青年培养专项，给予最高每人10万元培养经费。对入选“百千万人才工程”国家级人选序列和省“151人才工程”第一、二层次的人选给予1∶1配套资助。

二、大力集聚“青·归”人才

3. 加大青年海外工程师引进力度。加快集聚国际化青年人才，对企业柔性引进的海外工程师及外籍设计师、规划师、咨询师等青年外国专家，市本级按照年薪资助标准给予引进单位每人10万~30万元补助，区县（市）、开发园区再给予相应支持。

4. 加大青年留学归国人才支持力度。对新来宁波就业的世界100强大学毕业的本科及以上海外留学生，给予一次性5万元的就业补助。青年留学归国人才在本市留学人员创业园和市政府投资创建的各类产业园区内创办企业的，其租用的生产、科研用房，根据资金投入情况，给予一定的租金减免。

5. 推动宁波籍青年人才回归。充分用好在外宁波籍人才资源，建设市外青年甬智信息库，鼓励在外宁波籍青年人才回乡创业创新，对符合相关条件的宁波籍青年人才，在人才、科技、产业等政策上给予优先支持。

三、大力集聚“青·创”人才

6. 加大青年创业人才扶持力度。高校在校生和毕业5年内高校毕业生创办实体（含经认定的网络创业），可享受最高30万元（其中合伙经营为50万元）创业担保贷款及贴息，到期还本付息后予以全额贴息。对符合条件的青年创业实体，给予每人每年1万元创业者社会保险补贴、每带动1人就业每年2000元岗位补贴，补贴期限不超过3年。对获“宁波市大学生创业新秀”的，给予每人10万元奖励。

7. 拓展青年创业人才引进方式。在双创示范期内，对在国家、省和市政府部门组织或参与的创业大赛上获奖，并在宁波创办实体的，给予2万~20万元资助和最高30万元的免担保创业贷款及贴息。

8. 加快青年创业平台建设。在双创示范期内，市财政安排不少于2亿元资金，对由优秀青年人才领衔的创业创新项目给予最高20万元的资助。对市级创业孵化示范基地，当年新引入1家高校毕业生创办实体，给予每家5000元补助，最高不超过30万元。对市级大学生创业培训示范基地，由市财政每年给予不超过10万元补贴，补贴期限不超过3年。

高校在校生和毕业5年内高校毕业生在各类创业园区、孵化基地等创业平台内创业的，按各园区（基地）优惠政策享受相应的场租补贴；在创业平台（孵化基地）外租用经营场地创业的，给予年租金20%、每年最高6000元的场租补贴，补贴期限不超过3年。

四、大力集聚“青·苗”人才

9. 鼓励市外青年高层次人才来宁波就业。每年举办高层次人才智力引进洽谈会，对受邀参会的高校次年毕业在读研究生和部分紧缺专业本科毕业生，发放200~800元/人的交通补贴。对拥有海外学士或国内硕士以上学位且在海外从事相关工作3年以上，有意携带项目来甬创业创新的海外高层次人才，受邀参加宁波重大引才活动（对接接洽），发放1000~6000元/人的交通补贴。

10. 加大青年实习实践补贴力度。毕业2年内的离校未就业高校毕业生在大学生就业实践基地参加就业见习的，实践基地应按不低于当年度最低工资标准给予见习生活补助，其中实践基地所在地政府补贴不低于当年度最低工资标准60%。实习期满后，在宁波中小微企业首次就业，签订1年以上劳动合同且缴纳社会保险费的，每满1年给予2000元就业补贴，补助期限不超过3年。对市级大学生实习实践示范基地，给予每家一次性3万元的奖励。

五、大力集聚“青·匠”人才

11. 促进青年技能人才集聚。定期发布宁波市紧缺急需人才目录，深化紧缺职业（工种）高技能人才岗位补贴制度，对在紧缺岗位从业、符合相关条件的技师、高级技师每月分别给予500元、1000元的岗位津贴，最长不超过36个月。

12. 加大青年技能人才培养力度。对入选“十百千技能大师培养工程”的青年技能人才，分三个层次分别给予10万元、6万元、2万元培养经费。

每年遴选一批优秀青年技能人才赴国（境）外参加技艺技能研修培训、技能技艺交流及国际技能竞赛等技能提升项目，给予专项资助。

13. 实施世界技能大赛引领工程。对在世界技能大赛上获得金、银、铜牌和优胜奖的宁波选手，给予一定额度奖励。

遴选奖励“技能之星”，面向全国邀请优秀青年技能人才参与技能比拼，给予一等奖5万元、二等奖2万元、三等奖1万元奖励。

六、加强服务保障

14. 加大人才安居保障力度。按宁波市人才分类目录，对新引进的青年顶尖人才，给予最高800万元的安家补助；对新引进的青年特优人才、青年领军人才、青年拔尖人才、青年高级人才分别给予100万元、80万元、50万元、15万元的安家补助，在宁波大市范围内首次购买家庭唯一住房的，再分别给予实际购房总额20%，最高60万元、40万元、25万元、20万元的购房补贴。

对毕业10年内的青年基础人才在宁波大市范围内首次购买家庭唯一住房的，一次性给予购房总额2%、最高8万元的购房补贴。

对部省属高校、科研院所和市直单位、市属企事业单位新引进的应届全日制普通高校本科生、硕士研究生，未在宁波购买住房的，市级财政分别给予一次性 1 万元、3 万元生活安居补助；对区县（市）、开发园区新引进的，各地可参照市级标准，以生活安居补助、租房补助等形式给予保障。

加大人才公寓建设力度，探索建设国际青年人才社区，引导各类社会资本参与人才公寓建设，优先保障人才公寓建设用地。

15. 实施青年人才无门槛落户。35 周岁以下的专科以上学历或中级技能职业资格的人员，凭毕业证书、技术（技能）型人才凭中级工及以上职业资格证书办理落户手续，大专以上应届毕业生可先落户后就业。

16. 建设青年人才集聚网络。发挥人力资源服务机构作用，人力资源服务机构为宁波引进顶尖人才、特优人才、领军人才的，分别给予一次性 10 万元、8 万元、5 万元引才奖励，每个机构每年最高奖励 30 万元。鼓励人力资源服务机构成立青年人才招聘联盟，为重点企业提供招聘服务。

七、健全工作机制

17. 加强组织领导。本意见在市委人才工作领导小组统一领导下，由市委组织部（市委人才办）统筹，市人力社保局牵头组织实施，市直有关部门、各区县（市）配合落实。各用人单位要切实发挥主体作用，积极为青年人才就业创业提供良好条件。

18. 加强经费保障。本意见所涉及资金由市、区县（市）财政统筹安排，各责任部门负责相关经费审核发放，各级财政部门对资金使用情况进行监督。

19. 加强监督检查。用人单位和申报者个人须保证申报材料和执行情况的真实性，如查证有误或有假，将追缴相关已享受待遇和取消相应资格资质，存在违法行为的，依法追究相关单位和人员的法律责任。

20. 加强氛围营造。深入开展“弘扬爱国奋斗精神、建功立业新时代”活动，加大对青年人才工作和优秀青年人才典型的宣传力度，鼓励青年人才扎根宁波创业创新。

本意见自《关于加快推进开放揽才产业聚智的若干意见》（甬党发〔2018〕42号）发布之日起实施，有效期3年。本意见与我市现行人才政策有重复、交叉的，按照“从优、从高、不重复”的原则执行。如遇到重大政策调整时，本意见可作相应调整。

（注：此件于2018年12月4日由宁波市人力资源和社会保障局以甬人社发〔2018〕144号文件发布）

关于实施“甬智回归”工程的若干意见

为深入实施“人才强市”战略，进一步集聚“甬智”人才资源，引导广大“甬智”投身宁波“六争攻坚、三年攀高”行动部署，助推宁波走在高质量发展前列，现就实施“甬智回归”工程提出如下意见。

一、指导思想

深入贯彻习近平总书记人才工作重要论述，紧紧围绕市委市政府“六争攻坚、三年攀高”行动部署，树立开放揽才、产业聚智工作定位，以情感为纽带、共赢为目标、服务为抓手，更大力度集聚在外宁波籍人才、成长于宁波的人才、曾在宁波学习工作的人才等“甬智”人才资源，推动广大“甬智”人才“感情回归、智力回归、技术回归、项目回归、团队回归”，促进“甬智”人才的事业发展与宁波的高质量发展同频共振，形成“广聚天下甬智、携手共建宁波”的生动局面。

二、主要举措

1. 更大力度用好甬籍院士智力资源。围绕宁波重点打造的 2 个万亿级、4个五千亿级、6个千亿级产业集群，积极吸引甬籍院士回乡创业创新，大力引进院士的学生、团队等来宁波发展，对甬籍院士实行市县两级领导联系服务全覆盖。对全职回归的海内外甬籍院士等顶尖人才给予最高1亿元支持。鼓励企事业单位依托院士工作站等平台，吸引甬籍院士柔性服务宁波，对首次在宁波建立院士工作站，符合有关条件的给予一次性30万元补助，院士工作站被认定为“省级院士专家工作站”和“全国模范院士专家工作站”的，分别再给予一次性40万元和80万元的配套奖励经费。对柔性引进甬籍顶尖人才且年度支付劳动报酬10万元以上的用人单位，按年度支付劳动报酬的30%给予用人单位年薪资助，每人每年最高资助200万元，在团队建设、研发项目申请等方面，视情给予一事一议支持。

2. 鼓励甬籍高层次人才回乡发展。深入实施“3315计划”“泛3315计划”“3315资本引才计划”，主动吸引“高精尖缺”“甬智”人才团队申报，对入选人才给予最高100万元支持，对入选团队给予最高2000万元支持。实施海外工程师引进计划，对企业引进的外籍“甬智”，经认定后市本级按照年薪资助标准给予引进企业每人10万~30万元补助，区县（市）、开发园区再给予相应支持。鼓励在甬高校、科研院所、公立医院等单位，采取特聘岗位、讲座教授等多种方式，吸引高端“甬智”回甬发展，对全职回归的，按照宁波市人才政策给予最高100万元安家补助、60万元购房补贴。

3. 加快推动乡贤回归。依托宁波经促会、甬商总会、各地乡贤组织等机构，联络联谊有影响力的在外甬商、社会活动家等乡贤，积极推动其回甬投资创业、服务社会。对乡贤创办的企业，按照有关规定政策扶持。对符合有关政策规定的特别重大项目，给予“一事一议”综合扶持政策。聘请一批乡贤担任宁波经济社会发展顾问。鼓励乡贤助力乡村振兴，聘请一批乡贤担任农业技术专家，支持有技术有资金的乡贤到乡村创业。

4. 有力推动在甬高校校友回归。鼓励在甬高校校友携技术、项目、资金、团队等回甬发展。鼓励校友与在甬高校、企业合作共建国家级科技创新平台，按宁波市有关政策给予一定补贴。支持校友回归项目申报宁波市优秀创业创新项目落地奖励项目，在双创示范期内对符合条件的给予最高20万元奖励支持。对校友回归项目落户宁波市众创空间、产业园区等平台的，按属地原则和有关政策给予场租补贴、贷款贴息等支持。

5. 持续推进甬籍学子回归。全力打造“青年友好城”，深入实施全球青年才俊集聚计划，加快集聚甬籍“青·英”“青·归”“青·创”“青·苗”“青·匠”人才。对受邀参加重点人才活动的“甬籍”人才，按有关政策给予最高6000元交通补贴。对毕业于世界100强大学，回宁波就业的本科以上“甬籍”海外留学生，按有关规定给予5万元就业补助。对新引进的应届全日制普通高校本科生、硕士研究生，符合有关条件的，给予一定额度的生活安居补助。对入选“十百千技能大师培养工程”的青年技能人才，给予最高10万元培养经费支持。对获得“宁波市大学生创业新秀”的甬籍青年才俊，给予每人10万元奖励。“甬智”回归后，符合人才继续教育、成长升级等有关规定的，给予最高50万元奖励补贴。

6. 建立健全联络沟通渠道。以加强情感交流、乡情联系为重点，全面联系市外“甬智”。市委组织部持续建设国内重点城市人才联络服务站，密切联系重点城市“甬智”人才。市委统战部重点联系“宁波帮”、知名乡贤等“甬智”人才。市人力社保局以开放式全球引才网络平台为依托，优化海外人才工作站点布局，重点联系一批海外“甬智”。市科协重点联系甬籍两院院士，高水平建设“院士之家”，定期举办各类联络联谊活动。市教育局推动在甬高校密切联系优秀校友。团市委组建一批市外高校宁波学生联盟等交流平台，密切联系一批重点城市青年“甬智”。各区县（市）重点推动所在地知名中学，成立“市外校友联谊会”等平台，紧密联系本地学子。市经促会、甬商总会等社会组织积极引导市外经促会、商会等团体，以“甬智回归”为重点，加强与市外“甬智”的联系联谊。

7. 创新举办“甬智回归”活动。持续举办世界“宁波帮·帮宁波”大会、中国浙江·宁波人才科技周、中国机器人峰会、中国（宁波）海外工程师大会、院士宁波行、全国学会宁波行等重大人才活动，定向邀请一批“甬智”前来对接洽谈。更大力度举办海智宁波之旅、创业创新大赛、人才路演与对接洽谈、产业论坛等专项引才活动，有重点地邀请“甬智”参与活动、考察宁波。鼓励在甬各高校成立“校友总会”“市外校友会”等组织，聘请一批校友担任校友回归召集人，举办校友回归专场对接活动。定期组织海内外重点高校甬籍学子返乡行活动，组织赴宁波产业园区、企业等考察交流。定期发布人才开发目录、人才紧缺指数、人才岗位需求信息，吸引“甬智”返乡创业创新。鼓励人力资源服务机构围绕企业人才需求，面向“甬智”开展人才猎头、人才中介等服务，按照有关政策对人力资源服务机构给予最高 30 万元奖励。

8. 创新完善“柔性回甬”机制。通过组建专家咨询委员会、召开宁波发展建言恳谈会、建设新型智库等方式，吸引各类专家为宁波建言献策、引荐人才。充分运用建设院士工作站、专家工作站和项目联合攻关、聘请客座教授等引智模式，吸引市外高端“甬智”柔性助甬。经常性举办宁波推介会、知名人士走访慰问、节假日恳谈和市外“甬智”留甬亲属联谊等活动，讲好宁波故事，展示宁波高质量发展成就和良好人才生态，提升“甬智”的归属感、认同感和荣誉感。

9. 积极打造“甬智回归”承载平台。抢抓宁波建设国家自主创新示范区、“一带一路”建设综合试验区、“16 + 1”经贸合作示范区等契机，加快打造甬江科创大走廊、宁波前湾新区等战略平台，支持甬江实验室、东部科创中心、“千人计划”产业园建设，提升对高端

“甬智”的承载能力。支持各地结合产业特点和“甬智”人才特长，整合提升创新平台，打造一批“甬智回归”主题的特色人才平台，统筹各类扶持政策，吸引“甬智”回归创业创新。对建设成效明显的“甬智回归”创业创新平台，市级相关政策给予倾斜支持。

10. 有效健全“甬智回归”创业创新服务。积极为回归“甬智”和项目提供技术咨询、转让、开发、人力资源等服务，帮助“甬智”提升创业创新能力。引导宁波天使投资基金、创业投资引导基金及社会资本，投向“甬智”创业创新项目。完善市高层次人才创业创新服务联盟，编制服务清单、服务流程，对符合条件的高层次“甬智”人才和团队和项目实行一站式全程服务。对入选市重点人才计划的“甬智”，根据创业创新需求，遴选优秀干部担任“助创专员”，实行一对一、组团式服务。

11. 妥善解决“甬智回归”人才“关键小事”。打造人才公共信息服务平台，提升对回归“甬智”的服务水平。争取实施更加开放的外国人才出入境便利举措，进一步优化人才落户政策和办理流程，为“甬智”返乡、扎根提供更优服务。探索建设国际青年人才社区，面向高端“甬智”，打造一批高品质青年人才创新生活圈。鼓励各地以生活安居补助、租房补贴等形式，对甬籍学子回归给予支持。对符合条件的回归“甬智”纳入宁波市专家服务对象，给予医疗保健、配偶就业、子女就学、出行等优质服务。持续落实基础人才购房补贴政策，对回归的甬籍学子在宁波首次购买家庭唯一住房的，按有关政策给予购房总额2%、最高8万元补贴。

三、组织保障

1. 加强工作统筹。“甬智回归”工作在市委人才工作领导小组统一领导下，各地各有关单位建立协同推进的工作机制，各司其职、密切配合，形成“甬智回归”工作合力。市县两级社会组织业务主管单位，积极引导市外宁波经促会、商会等社会力量，紧密融入“甬智回归”工作，形成各级各部门协同联动、社会力量广泛参与的工作格局。

2. 加强信息整合。各地各有关单位要运用市场化机制，广泛汇集市外“甬智”信息。市委统战部依托世界“宁波帮·帮宁波”大会、“宁波帮”组织等，牵头组建全市“甬智”信息库，并汇集各部门“甬智”信息，进行动态更新维护，探索建立信息共享机制；市委组织部在实施“3315 系列计划”、建设重点城市人才联络服务站等工作中，加强“甬智”信息汇集；市教育局牵头汇集在甬高校等学校校友信息，建立校友信息库；各行业主管部门收集专业“甬智”信息；各地广泛建立在外学子信息库。

3. 加强氛围营造。积极开展“弘扬爱国奋斗精神，建功立业新时代”活动，充分利用各类新闻媒体宣传报道回归“甬智”的奉献精神和优秀典型。及时总结推广“甬智回归”实施中的好经验好做法，努力营造社会高度关注、各界广泛支持、市外“甬智”踊跃参与的浓厚氛围。

（此件于 2018 年 12 月 26 日由宁波市委组织部以甬组通〔2018〕92 号文件发布）

关于进一步加强技能人才队伍建设打造技能强市的实施意见

各区县（市）党委组织部、政府人力社保局、财政局，“四区一岛”管委会组织部门、人社部门、财政部门，各有关单位：

为贯彻落实《关于提高技术工人待遇的意见》（中办发〔2018〕16号）、《关于推行终身职业技能培训制度的意见》（国发〔2018〕11号）和《新时代浙江产业工人队伍建设改革方案》（浙委发〔2017〕45号）精神，现就加快培养造就支撑我市建设的高素质技能人才队伍，打造技能强市提出如下实施意见。

一、实施高技能人才增量提质计划

1. 大力实施“十百千技能大师培养工程”。根据我市产业发展需要，进一步加大技能大师的培养力度，每年遴选一次，到2022年，力争培育10名具有绝技绝活，有省级以上技能荣誉，能引领产业技术发展的“杰出技能大师”；培育100名具有较高技术造诣，在市内外同行中拥有较高知名度、有市级以上荣誉，能带领行业技能人才成长的“拔尖技能大师”；培养1000名在我市各产业领域发挥骨干作用，具有发展潜力的“优秀技能大师”。对入选培养工程的“杰出技能大师”

“拔尖技能大师”，培养期内分别给予每人10万元、6万元资助，择优对“优秀技能大师”给予每人2万元资助。

2. 积极实施“双百提升工程”。到2022年，每年选派不超过100名优秀技能人才、100名职业（技工）院校骨干教师到国内先进地区开展技能交流学习，或邀请海外师资进修培训，政府给予适当补贴。

3. 推动实施“技能菁英”培养计划。每年择优遴选优秀青年技能人才赴国（境）外参加技艺技能研修培训、技能技艺交流及国际技能竞赛等技能提升项目，按单位实际支付费用的50%给予补贴，每人最高补贴10万元。

二、大力推行终身职业技能培训制度

4. 拓宽终身培训通道，实施精准培训计划。落实好差别化培训补贴政策，努力实现培训规模扩大、培训质量提升、培训投入增长的目标。加大政府支持力度，继续加大对城乡有就业要求和培训愿望的劳动者参加职业培训和鉴定的补贴力度。

5. 实施“技能更新计划”。探索打造全国首家技能人才继续教育学院，探索“互联网+”远程职业培训新模式。鼓励各地根据地区产业发展实际，通过政府购买服务方式，扩大职业技能培训补贴覆盖面。

6. 进一步规范职业技能培训机构管理。完善并制定出台新形势下培训机构管理办法。进一步探索放宽培训机构和培训项目审批条件及程序，除准入类项目外，其他培训项目由审批制改为备案制。推行培训机构等级评价模式和淘汰机制，引入第三方对培训机构进行定期动态评估，及时向社会公布。

三、切实提高技能人才待遇

7. 提高技能人才政治待遇。探索实行高技能领军人才在工会等群团组织中挂职和兼职，纳入党委联系专家范围。高技能领军人才包括我市获得全国劳动模范、全国五一劳动奖章、中华技能大奖、全国技术能手等荣誉以及享受省级以上政府特殊津贴的人员和钱江技能大奖获得者等省政府认定的“高精尖缺”高技能人才。党代表、人大代表、政协委员中应有一定数量的高技能人才。

8. 提高技能人才经济待遇。鼓励企业吸纳高技能领军人才参与经营管理决策，鼓励企业建立首席技师、特聘技师等技能带头人制度，并发放一定的职务津贴、带徒津贴等。

9. 提高技能人才社会待遇。落实高技能人才在安居、落户、医疗保健等方面的相应待遇。对浙江省技能大师工作室领办人、浙江省技术能手等获得省级以上技能荣誉的高技能人才，纳入专家管理服务范畴，享受专家慰问、带薪疗休养等相应待遇。

10. 深化实施紧缺职业（工种）高技能人才岗位补贴制度。定期发布宁波市紧缺急需技能人才目录，深化紧缺职业（工种）高技能人才岗位补贴制度，对在紧缺岗位从业、符合相关条件的技师、高级技师每月分别给予500元、1000元的岗位津贴，最长不超过36个月。

四、加强技能人才培养平台建设

11. 加快155公共实训基地建设。完成1个市级综合性公共实训中心，5个区域性公共实训基地，5个专业性公共实训基地建设，对市级综合性公共实训中心，指定专门机构进行管理运作。对认定的区域性公共实训基地和专业性公共实训基地，分别给予50万元、30万元的建设经费。鼓励公共实训基地从产业升级和技术创新需求出发，对现有实训条件进行升级。鼓励引导企业、职业（技工）院校、高校、培训机构合作建设产业技能人才培养培训基地。

12. 强化基层技能创业孵化能力。立足地方特色和发展需求，加快“1+4+10”技能创业孵化基地服务体系建设，对获评的1家综合性技能创业孵化平台、4个技能创业孵化园区、10个技能创业孵化基地分别给予30万、20万、10万元的一次性建设补贴。

13. 继续加强技能大师工作室建设。到2022年，全市国家级、省级、市级技能大师工作室分别达到5家、50家、120家，县（市）级技能大师工作室大幅增加，有条件的企业建立企业级技能大师工作室。对获评市级技能大师工作室的，给予10万元一次性补贴；在此基础上获评省级技能大师工作室的，再给予5万元一次性补贴；在省级工作室基础上获评国家级技能大师工作室，再给予10万元一次性补贴。建立市级技能大师工作室考核评估机制，对于考核评估优秀的，给予一次性5万元奖励。

五、大力推进职业（技工）院校发展

14. 加强职业（技工）院校内涵建设。筹建技工教育科研部门，加大校企产学研对接力度和技工教育教学改革研究力度。围绕宁波市打造“3511”产业体系和八大细分产业要求，到2022年，重点建设10所特色专业具有一定影响力的技工院校，完成15～20个市级品牌专业建设，形成省级品牌专业和市级品牌专业构成的专业梯队。

15. 全面推行企业新型学徒制。充分发挥技工院校在新型学徒制中的作用，逐步提高技师学院注册的新型学徒制学员占在校生比例。职业（技工）院校安排满16周岁的学生到企业实习的，用人单位可以按规定参加工伤保险，实习生在实习期间受到工伤事故伤害的，依法享受工伤待遇。

六、推动技能人才规范化和多元化评价

16. 强化职业技能鉴定质量监管。加强对国家职业资格的监管，严格在国家职业目录清单范围内开展评价和发证工作。着眼实际需求开发专项职业能力项目，试行高级专项职业能力制度。

17. 稳步推进技能人才自主评价。鼓励管理规范、制度健全的规

模企业根据自身特点开展技能人才自主评价。到2022年，选树75家左右市级及以上技能人才自主评价引领企业。鼓励企业结合宁波地区产业实际，在职业资格目录范围之外开展技能人才自主评价，并给予相应补贴。

18. 积极推进各类人才融通发展。打通国家职业资格与专业技术职务之间的界限，尝试开展在技能岗位上的专业技术人才通过对应职业技能等级实操考核合格的，可凭专业技术证书直接认定为同等级的职业资格。对取得高级工、技师、高级技师的高技能人才，符合相应专业职称评审条件的可申报参加专业技术职务评审，通过后可获得相应专业技术职务任职资格。

七、打造“技能宁波”竞赛高地

19. 持续打造“技能之星”宁波竞赛品牌。在现有“技能之星”职业技能竞赛基础之上，打造“技能之星”职业技能竞赛全国性竞赛平台，每年选择若干个职业（工种），面向全国邀请优秀技能人才参与技能比拼，一等奖奖励5万元，二等奖奖励2万元，三等奖奖励1万元。鼓励、支持行业组织开展职业技能竞赛，对在竞赛中获得相应名次的，按规定授予相应等级的职业资格。

20. 积极推进实施世赛选手“青苗工程”。鼓励职业（技工）院校或企业，申报国家、省世界技能大赛集训基地，并根据世赛各级选拔赛情况，认定一批市级世赛基地，建立“国、省、市”三级世赛集训基地管理体系，发挥基地作用，提高世赛选手竞技水平和人才培养质量。进一步完善职业技能竞赛选拔表彰长效机制，对在世界技能大赛上获得金、银、铜牌和优胜奖的我市选手，分别按50万元、35万元、25万元、15万元的标准给予一次性奖励；对培养产生世赛参赛选手的我市国家级集训基地，在评选市级高技能人才公共实训基地或扩建项目时予以优先考虑。对入选世赛国家、省集训队的选手，按规定授予相应等级职业资格。

八、加强组织保障

21. 加强组织领导。在宁波市委人才工作领导小组统一领导下，建立技能人才工作联席会议制度。通过联席会议制度，建立领导小组宏观指导，人力社保部门统筹协调，各有关部门紧密配合的技能人才工作机制。

22. 加大资金投入。建立政府、企业、社会多渠道筹措的技能人才工作经费投入机制。严格企业职工教育经费的提取和使用。各级人力社保部门要会同财政部门加强各类技能人才资金的管理和监督检查。

23. 夯实工作基础。加强高技能人才培养理论研究，建立完善技能人才资源年度调查统计制度和需求预测制度，及时掌握技能人才市场需求变化情况。按照“互联网 + 高技能人才”的要求，加快开发技能人才信息库和职业培训公共服务平台，定期编制和发布技能人才需求目录，建立社会化、开放式、共享型的技能人才资源信息服务机制。

24. 加强宣传引导。充分运用各种渠道，大力宣传技能人才培养的方针政策，宣传技能成才典型事迹，宣传企业、职业（技工）院校和职业培训机构在技能人才培养方面的特色做法和显著成效。在“宁波市公务员学习网”中增设技能学习版块，营造“劳动光荣、技能宝贵、创造伟大”的社会氛围。

本意见自发布之日起实施，有效期至 2022 年 12 月 31 日。本意见与我市现行人才政策有重复、交叉的，按照“从优、从高、不重复”的原则执行。如遇到重大政策调整时，本意见可作相应调整。

（注：此件于 2018 年 12 月 20 日由宁波市人力资源与社会保障局以甬人社发〔2018〕153 号文件发布）

关于进一步放宽我市户口准入条件的通知

各区县（市）人民政府，市直及部省属驻甬各单位：

为进一步优化我市户口迁移政策，放开放宽重点群体落户限制，助力“六争攻坚、三年攀高”行动，经市政府同意，现将进一步放宽我市户口准入条件有关事项通知如下：

一、放宽人才落户条件

全日制普通高校、中等职业学校（含技校）毕业生毕业后15年内，可申请将户口迁至本人（含配偶、子女或父母的）合法稳定住所处、城镇范围内同意被投靠的亲友处或人才服务机构集体户。

具有普通高等教育专科学历或中级技能职业资格的人员，申请办理人才落户的社保缴纳年限由1年调整为6个月。

具有硕士学位、中级专业技术职称的人员和技师等人才在宁波无合法稳定住所，本人、配偶、未婚子女户口迁至高层次人才专户的，社保缴纳年限由3年调整为1年。

二、放宽市区居住就业落户条件

在本市合法稳定就业且本人或配偶在市区城镇范围内有合法稳定

住所的，社保缴纳年限由 5 年调整为 3 年。

在本市就业并参加社保满 5 年且在城镇地区租住在同一社区满 5 年的，本人、配偶和未成年子女凭居住证和备案的租赁合同等材料，按照“一房一户”的原则，可落户房屋所在地社区集体户。户口已在市区城镇范围内的（市内无合法稳定住所的除外），不得将户口迁入社区集体户。余姚市、慈溪市、宁海县、象山县执行租赁私房落户政策，其中余姚市、慈溪市参加社保缴纳年限的要求不得超过 3 年，宁海县、象山县不得设置社保缴纳年限和居住年限。

农村地区取得城镇住宅用地的不动产权属合法所有权人可按城镇地区居住就业落户条件办理迁入手续，统一落户到不动产权属所在地的镇（街道）设立的社区集体户。

三、取消老年父母投靠落户限制

成年子女户口在市区城镇范围内的，与其共同居住生活的父母可将户口迁至有合法稳定住所的成年子女处，取消原人均住房面积限制。

四、新增投资创业落户

在我市投资办企业、个人创业税款缴纳满 3 年或社保缴纳满 3 年，且取得商业用房或办公用房合法所有权的，可将本人、配偶、未成年子女户口迁入到房产所在地的社区集体户。户口已在市区城镇范围内的（市内无合法稳定住所的除外），不得将户口迁入社区集体户。

已析产的商业用房或办公用房按照“一房一户”的原则，由不动产权属证书上共有人协议并公证确定所占份额高于平均份额的一名办理落户。

五、其他相关规定

社保、税款连续缴纳年限调整为累计缴纳年限，即申请之日以前连续 5 年调整为“6 年内累计缴纳 60 个月”；申请之日以前连续 3 年调整为“4 年内累计缴纳 36 个月”；申请之日以前连续 2 年调整为“3 年内累计缴纳 24 个月”；申请之日以前连续 6 个月调整为“1 年内累计缴纳 6 个月”。

余姚市、慈溪市、宁海县、象山县落户政策与本政策有差异的，按照“有利于申请人落户”的原则予以执行。

本通知自 2019 年 9 月 15 日起施行，由市公安局负责牵头组织实施。具体操作细则由市公安局制定。

（此件于 2019 年 7 月 16 日由宁波市人民政府办公厅以甬政办发〔2019〕54 号文件发布）

宁波市人才安居实施办法

第一章　总　则

第一条　为深入实施人才强市战略，优化人才发展环境，改善人才安居条件，根据《关于加快推进开放揽才产业聚智的若干意见》（甬党发〔2018〕42 号），制定本办法。

第二条　人才安居是指政府使用财政资金或提供优惠政策，为本市经济社会发展所需的人才解决居住问题的活动。

第三条　人才安居的适用对象为列入宁波市人才分类目录且经认定的人才。

第四条　人才安居工作应遵循全市统筹、属地负责、公开透明、自愿申请原则。

第二章　安居方式

第五条　人才安居采取货币补贴和实物配置两种方式。

货币补贴包括安家补助、购房补贴和生活安居补助。实物配置包括提供出租型、出售型人才安居专用房，实物配置视房源筹集情况接受申请。

第六条 高级及以上层次人才（包括其配偶及未成年子女）在宁波市无自有产权住房的，允许以家庭为单位购买首套住房。

第七条 高级及以上层次人才在宁波大市范围内首次购买家庭唯一普通住房的，可提取住房公积金直接支付首付；申请住房公积金贷款的，优先保证贷款发放，可贷额度可上浮 50%；没有申请住房公积金贷款的，自购房之日起 3 年内可每年提取本人及配偶的住房公积金。

高级及以上层次人才租赁普通自住住房的，允许每年按实际支付的房租提取本人及配偶的住房公积金。

第三章 货币补贴

第八条 对新引进的顶尖人才，给予最高 800 万元安家补助，按照 4∶3∶3 比例在 3 年内逐年发放。

第九条 对新引进的特优人才、领军人才、拔尖人才、高级人才分别给予 100 万元、80 万元、50 万元、15 万元的安家补助，申请时已在宁波购房的，安家补助一次性发放；未在宁波购房的，按照 4∶3∶3 比例在 3 年内逐年发放。

新引进的特优人才、领军人才、拔尖人才、高级人才在享受安家补助基础上，在宁波大市范围内首次购买家庭唯一住房的，由人才引进地再分别给予实际购房总额 20%，最高 60 万元、40 万元、25 万元、20 万元的购房补贴。

部省属高校、科研院所新引进的上述人才在宁波大市范围内首次购买家庭唯一住房的，可享受对应层次的购房补贴政策。

第十条 对毕业 10 年内的基础人才在宁波大市范围内首次购买家庭唯一住房的，可享受购房总额 2%、最高 8 万元的购房补贴。

对部省属高校、科研院所和市直单位、市属企事业单位新引进的应届全日制普通高校本科生、硕士研究生，未在宁波购买住房的，市级财政分别给予一次性 1 万元、3 万元生活安居补助；对区县（市）、开发园区新引进的，各地可参照市级标准，以生活安居补助、租房补助等形式给予保障。

第十一条 享受购房补贴的所购住房，在取得不动产登记证满5年后方可上市交易。

第四章 实物配置

第十二条 各区县（市）、开发园区可根据属地人才队伍结构和人才住房需求等实际情况，按需筹集人才安居专用房，人才安居专用房分为出租型和出售型。各区县（市）、开发园区根据当地房源筹集情况和人才安居需求制定具体的实物配置政策或方案。享受购房补贴的人才不再享受实物配置。

人才安居专用房房源的筹集渠道：

（一）商品住房项目中配建（含土地出让竞价溢价配建）。

（二）在人才相对集中的产业园区、高教园区、功能区等区域集中建设。

第十三条 在新建商品住房项目中可按不超过5%比例配建人才安居专用房，土地出让过程中，竞价超过最高限价或一定溢价率，可转入竞配人才安居专用房。

各地住建、人才主管部门根据人才引进计划和人才区域布局情况，会同有关部门提出人才安居专用房的配建数量和区域分布等配建需求，国土部门将人才安居专用房的配建需求纳入土地使用权出让方案。

项目竣工后开发建设单位将按要求配建的人才安居专用房（含对应比例的停车库或停车位）无偿移交给政府指定或成立的专门机构。

第十四条 各区县（市）、开发园区可在产业园区、功能园区和高教园区等人才相对集聚的区域，集中建设人才安居专用房，可结合单位贡献度定向定量供应给园区内企事业单位，解决园区用人单位人才居住问题。

第十五条 各区县（市）、开发园区要加强住房租赁市场的培育和管理工作，充分发挥社会力量筹集出租型房源，实现房源分布区域、套型结构、规格档次的多样性，增加出租型房源对人才的吸引力，多渠道满足人才的住房需求。

第十六条 财政性资金出资筹集（含商品住房项目配建）人才安居专用房不得擅自转租、转借。擅自转租、转借的，由人才安居专用房房源管理单位收回房屋，并取消其享受人才安居资格。

第五章 组织实施

第十七条 宁波市人才安居工作，在市委人才工作领导小组统一领导下，各级各有关单位按照职能具体落实：市委组织部（市委人才办）负责综合协调、政策指导、考核等工作；市人力社保局负责人才资格认定、货币补贴申请核准发放等工作；市住建委负责指导各地做好人才安居专用房的建设管理等工作；市财政局负责预算安排、资金拨付等工作；各区县（市）、开发园区负责本地人才安居工作，可指定或成立专门机构负责本地人才安居专用房的持有、日常运营管理和实物配置工作；各用人单位负责本单位人才的申请受理、资格初审及协助年审工作。

第十八条 用人单位要建立人才动态管理机制，对人才安居政策申报对象的真实性负责，对符合条件的应积极帮助申请，对情况发生变化的应及时报属地人社部门，对不再符合条件的应积极协助相关单位按有关规定停止发放货币补贴或腾退出租型人才安居专用房。

弄虚作假虚报冒领或以不正当手段骗取人才安居待遇的个人和用人单位，纳入企业和个人征信系统并向社会公布，情节严重的，追究其法律责任。对相关部门履职人员不按照规定履行职责，依法追究行政责任；存在违法行为的，依法追究相关单位和人员的法律责任。

第六章　附　则

第十九条　本办法所称新引进人才是指自《关于加快推进开放揽才产业聚智的若干意见》（甬党发〔2018〕42 号）发布之日起引进的符合宁波市人才分类目录（2018）的人才。

第二十条　本办法自《关于加快推进开放揽才产业聚智的若干意见》（甬党发〔2018〕42 号）发布之日起实施，其中货币补贴政策有效期为三年，所涉及资金由市县两级财政统筹安排。本办法与我市现行人才政策有重复、交叉的，按照“从优、从高、不重复”的原则执行。各区县（市）、开发园区可根据本办法，结合当地实际制定操作细则。

（注：此件于 2018 年 11 月 28 日由宁波市住房和城乡建设委员会以甬建发〔2018〕180 号文件发布）

宁波市专家服务管理办法

第一章　总　则

第一条　为深入实施人才强市战略，努力创建人才生态最优市，加强专家服务管理工作，推进专家服务管理制度化、科学化、常态化，根据《关于深化人才发展体制机制改革的意见》（中发〔2016〕9 号）精神，制定本办法。

第二条　专家服务管理的指导思想是：全面贯彻党的十九大精神，深入贯彻习近平总书记关于人才工作系列重要讲话精神，牢固树立人才是战略资源、第一资源的理念，为天下英才来甬施展才华创造优越条件。坚持党管人才原则，进一步加强对专家工作的领导。坚持服务大局原则，服务经济社会发展需求和中心工作，把更多的优秀人才吸纳到专家队伍中来。坚持分类管理原则，增强专家服务管理的针对性和精准性。

第三条　宁波市专家服务管理工作由市委组织部（市委人才办）牵头，市人力社保局具体负责，相关职能部门分头落实，建立专家服务管理联席会议制度，实行分层分类的管理体制和市县联动的工作机制。

第四条 各级人力社保部门负责做好本级行政区域内专家的综合服务管理工作，组织开展专家联系、走访、慰问、服务等活动；有关职能部门负责落实相关政策，协助做好保障服务工作；各主管部门负责做好本部门所属专家的面上服务管理工作；专家所在单位落实联系服务专家直接责任，具体负责所属专家的日常服务管理。

第二章 专家界定和分类

第五条 本办法所称专家是指在宁波市行政区域内全职工作或退休领取养老金且符合下列分类条件之一的人员。

（一）A类专家

院士等列入我市顶尖人才的人员、浙江省特级专家等列入我市特优人才的人员；享受国务院政府特殊津贴的人员。

（二）B类专家

列入我市领军人才的人员。

（三）C类专家

列入我市拔尖人才的人员；受聘正高级专业技术职务的人员。

第六条 对经认定符合第五条所列条件的专家，列入宁波市专家服务管理范围，享受本办法规定的有关待遇和服务。

第七条 人力社保部门负责建立完善专家信息库，专家所在单位及主管部门配合人力社保部门做好专家基本信息、科研成果、工作业绩和服务保障等重要信息的载入和动态维护。

第三章 专家服务管理制度

第八条 建立健全专家联系制度。各地各部门和专家所在单位负责人要通过多种形式与专家建立广泛、密切的联系，听取专家的意见和建议，了解专家思想、工作、生活等情况，帮助专家解决实际问题。区县（市）政府、主管部门、专家所在单位负责人联系服务本区域、本部门、本单位专家，一般每人联系服务 2 名专家，每批次期限 3 年。

第九条 建立健全专家慰问制度。各地各部门在重要节日，专家取得重大成就、罹患重大疾病或去世时应分层分类开展慰问。

重要节日集中走访慰问活动一般安排在每年元旦春节期间，慰问金标准一般为院士等顶尖专家每位 2000 元，其他专家每位 1000 元。

专家取得重大成就时，可通过登门拜访、座谈交流等形式进行慰问。

专家住院期间，可给予一定金额慰问金。院士等顶尖专家生病住院，可按不高于每人每次 2000 元标准给予慰问金。

做好去世专家亲属慰问工作。A 类专家因故去世，一般由各地各部门组织慰问，可在《宁波日报》上刊登生平简介，专家所在单位应对其亲属进行慰问。B 类、C 类专家因故去世，一般由专家所在单位组织慰问。

除市、区县（市）两级集中开展的专家慰问活动之外的其他各类走访慰问，所需经费由走访慰问实施单位负责落实。以上慰问金标准根据经济社会发展情况适时调整。

第十条 建立健全专家荣誉和奖励制度。定期开展“宁波市有突出贡献专家”等市级专家评定活动，做好国家和省级专家评选推荐工作。对作出突出贡献的专家和团队按照有关规定授予荣誉称号，给予表彰奖励。加强专家先进事迹宣传，增强专家荣誉感和归属感。

第十一条 建立健全专家知识更新和学术技术交流制度。组织专家赴国内、国（境）外开展短期和中长期专业研修培训，支持专家组织和参与国际学术技术交流活动。按照中央、省、市关于教学科研人员因公临时出国（境）管理的有关文件精神，对从事教学科研工作的专家出国（境）开展学术交流合作实行区别管理，优化审批程序，改进经费管理。

第十二条 建立健全专家疗休养制度。专家疗休养活动一般由市、区县（市）两级人力社保部门组织实施，可与专家服务企业、服务基层、对口支援以及健康体检活动相结合，市级每年组织不少于 2 期。专家疗休养活动参加对象应统筹安排，突出引领性、代表性。

第十三条 建立健全专家医疗保健和健康体检制度。

A 类专家享受市属医疗保健对象待遇，其中院士等顶尖专家享受市属重点医疗保健对象待遇。提供宁波市定点三级甲等医院协调就医服务；定期组织全面体检，加强日常医疗保健，提供全面、个性化的健康指导；在甬住院时可以入住干部病房，病房差价由市财政补贴。

B 类专家、正高级职称聘任满 5 年的 C 类专家享受市属医疗保健对象待遇。定期组织全面体检，在甬住院时可以入住干部病房，病房差价由专家所在单位承担。

C 类专家享受宁波市定点三级甲等医院优先安排就医、专家提前预约等就医绿色通道服务。

有关职能部门和专家所在单位做好专家健康体检工作并建立专家健康档案，可为专家配备家庭医生，对体检中发现有重大疾病隐患的专家要及时做好复查确诊、定期跟踪服务。

第十四条 建立健全专家配偶就业和子女入学制度。多渠道帮助引进专家解决配偶就业问题。对引进的 A 类专家落实配偶工作岗位，未就业期间，给予每月不低于当地社平工资标准的生活补贴，并缴纳相应社会保险，时间最长不超过 3 年。对引进的 B 类、C 类专家按现行人才政策帮助解决配偶就业问题。

妥善解决专家子女入学问题。对 A 类专家子女就读宁波市行政区域内公办幼儿园、义务段、高中段学校的，可通过高层次人才服务联盟绿色通道有一次选择权；对 B 类、C 类专家按现行人才政策解决子女入学问题。

第十五条 建立健全专家生活保障制度。为专家出行、健身和休闲旅游提供便利。对专家乘坐宁波市行政区域内轨道交通、公共汽车等公共交通工具，在指定的体育场馆健身锻炼等给予补贴，可到指定的景区景点免费游览。在职的A类专家在宁波机场乘坐国内航班可享受绿色通道服务，确因工作需要可享受宁波火车站绿色通道服务。在职的A类、B类专家每年可享受一定次数的宁波机场贵宾通道服务，其中院士等顶尖专家不受次数限制。

实行专家医疗补助和特殊困难补助。对参加宁波市职工基本医疗保险的专家，因住院或门诊特殊病种治疗发生的符合基本医疗保险支付范围的医疗费，其中一个医保年度内累计个人自负和个人承担的金额在3000元（含）以下的，给予全额补助；3000元至2万元（含）部分，A类、B类和C类专家分别给予20%、15%、10%的补助；2万元以上部分，A类专家给予10%的补助。对因罹患重大疾病、家庭出现重大变故或丧失劳动能力等原因，造成生活特别困难的专家给予特殊困难补助，帮助解决实际困难。

符合条件的在职专家报刊书籍费和专家退休津贴仍按原标准执行。

在人力社保部门建立专家服务平台，设立服务专窗和热线电话，受理服务、接受咨询并及时协调解决专家遇到的困难。

第四章　发挥专家作用

第十六条　激励专家干事创业。鼓励事业单位以我市急需紧缺的A类、B类专家为重点，单独制定收入分配倾斜政策，可实施年薪制、协议工资制和项目工资制等，具体分配办法由单位制定，经主管部门审批，报人力社保、财政部门备案后实施，不纳入绩效工资总量。国家、省、市对完成科技成果或为转化科技成果作出重要贡献专家的奖励，不纳入绩效工资总量。

第十七条　设立A类专家工作助手。专家所在单位根据专家工作需要，可为A类专家配备1～2名工作助手。工作助手一般2年一个周期，工作期间可享受助手津贴，所需费用由专家所在单位承担。

第十八条 支持专家创业创新。鼓励专家与企业开展学术技术交流和对接合作。企业可通过专家工作站、博士后工作站等创业创新载体聘请高校、科研院所专家到企业开展科技创新、技术攻关、成果转化、管理咨询和人才培养。高校、科研院所可聘请企业专家担任客座教授、兼职导师，开展讲座授课、指导学生和合作研究。

第十九条 大力开展专家服务基层、服务企业、服务社会活动。积极引导专家围绕宁波经济社会发展重点领域，积极投身创新创业一线开展智力服务。专家每3年应至少参加一次省、市或区县组织的专家服务基层民生、服务企业转型升级、人才结对指导帮扶、科技项目合作攻关等活动。选派专家团队到对口帮扶地区开展人才、技术、项目对接帮扶。组织专家就经济社会发展重点难点问题建言献策，提供智力咨询和技术服务。服务绩效记入专家信息库，作为各类专家表彰、人才工程人选选拔推荐和评聘专业技术职务的重要参考依据。

第二十条 为优秀专家开辟职称晋升和聘任绿色通道。对在我市经济社会事业发展中作出重大贡献、取得标志性成果（研究成果、代表作、奖项等）的专家，在我市职称管理权限范围内可直接认定相应职称，并按规定聘任相应专业技术职务。

高校、科研院所、医疗卫生等事业单位在引进我市急需紧缺的B类及以上高层次专家时，可按省、市事业单位岗位设置规定，申请设立特设岗位，不受岗位总量、最高等级和结构比例的限制，经主管部门审核，可单独制定收入分配倾斜政策，不纳入绩效工资总量。

第二十一条 符合条件的专家确因工作需要，身体能够坚持正常工作，征得本人同意，经有关部门批准，可适当延长退休年龄。积极发挥退休老专家的作用，推进退休专家人才“二次开发”，搭建人才交流、成果转化、咨询服务平台，鼓励老专家到企事业单位发挥余热。

第五章 附 则

第二十二条 在宁波市行政区域以外的符合我市A类专家条件的

宁波籍专家，以及柔性引进且在宁波工作 2 年以上的专家，经认定后做好联系慰问等服务工作。

第二十三条 专家服务管理工作纳入市人才工作考核内容。

第二十四条 本办法规定的专家工作和生活保障所需经费由市、区县（市）财政统筹解决，按服务管理权限分层分类按实核拨。

第二十五条 有以下情形之一者，不再列入我市专家服务管理范围，不再享受本办法规定的有关待遇：

（一）触犯刑律，构成犯罪的；

（二）经查实存在严重违反学术道德或职业操守行为的；

（三）其他法律、法规、规章或行政规范性文件明确应予取消的。

第二十六条 本办法自 2018 年 9 月 1 日起施行，实施期限为 5 年。

（注：此件于 2018 年 8 月 27 日由宁波市政府办公厅以甬政办发〔2018〕108 号文件发布）

关于实施卫生健康人才“1112 工程”的意见

各区县（市）组织部、人社局、财政局、卫计局，各有关单位：

为贯彻落实市委“六争攻坚、三年攀高”行动精神，全面推进“名城名都”和“健康宁波”建设，根据《浙江省卫生计生委关于深化卫生人才发展体制机制改革大力提升新时代卫生人才创新发展能力的若干意见》（浙卫发〔2018〕39 号）和市委《关于加快推进开放揽才产业聚智的若干意见》（甬党发〔2018〕42 号）等相关文件精神，决定实施卫生健康人才“1112 工程”，现就有关工作提出如下意见：

一、总体目标

到 2020 年底，卫生高层次人才数量基本适应发展需求，人才素质显著提高，配置结构更加优化，人才短缺局面得到明显改善，使宁波成为高端优质医疗卫生健康人才的聚集地。三年内引进（含柔性引进）10 个以上在国际、国内有影响力的医学高端团队，引进（含柔性引进）和培养高端人才 10 名、学科（技术）带头人 100 名、博士和高级紧缺人才 100 名、青年技术骨干 200 名（简称卫生健康人才“1112 工程”）。

二、对象条件

（一）高端团队

引进以医学高端人才为核心，有显著创新业绩和较强创新潜能，具有引领和带动作用的国（境）内外医学高端团队，且符合以下条件：

1. 团队一般由1名团队带头人和至少3名成员组成，团队成员是指团队中承担主要临床、教学和科研任务的成员。团队带头人应取得硕士研究生及以上学历学位和正高级职称，团队成员应取得全日制本科及以上学历学位，具有中级及以上专业技术职务。

2. 有明确的主攻方向和创新目标，致力于创新突破和成果转化，能填补我市空白，提高我市医疗卫生学科建设水平，提升业内影响力。所在科室为省会城市、计划单列市市级以上重点学（专）科的优先推荐。

（二）高端人才

根据《宁波市人才分类目录（2018）》，引进经认定的卫生计生系统顶尖人才、特优人才和领军人才。

1. 顶尖人才：诺贝尔奖（物理、化学、生理或医学、经济学奖）获得者；中国国家最高科学技术奖获得者、国家科学技术一等奖获奖单位第1完成人；中国工程院院士、中国科学院院士（含外籍院士）；美国、日本、德国、法国、英国、意大利、加拿大、瑞典、丹麦、挪威、芬兰、比利时、瑞士、奥地利、荷兰、澳大利亚、新西兰、俄罗斯、新加坡、韩国、西班牙、印度、乌克兰、以色列国家最高学术权威机构会员（一般为member或fellow，统一翻译为“院士”）；在社会贡献、行业公认度、国际影响力等方面相当于上述层次人才的其他顶尖人才。

2. 特优人才：国家“千人计划”专家；国家“万人计划”人才；百千万人才工程国家级人选；中国青年科技奖获得者；中国青年女科学家奖获得者；国家有突出贡献的中青年专家；国家杰出青年科学基金项目获得者；国家实验室主任、副主任、学术委员会主任；国家重点实验室主任、学术委员会主任；国务院学科评议组召集人；国家科学技术一等奖（第 2、3 位完成人）、二等奖（第 1 完成人）获得者；国医大师；全国名中医；吴阶平医学奖获得者；中华医学学会各专业委员会主任委员；全国杰出专业技术人才；浙江省特级专家；浙江省万人计划“杰出人才”；浙江省科学技术重大贡献奖获得者；中科院“百人计划”A 类人才；宁波市杰出人才；其他相当于上述层次的特优人才。

3. 领军人才：国务院特殊津贴专家；国务院学科评议组成员；中科院“百人计划”B 类人才；国家自然科学基金“重点项目”“重大项目”“重大国际（地区）合作研究项目”或“优秀青年科学基金项目”第一负责人；省级“千人计划”专家；省级“万人计划”专家除杰出人才之外的人选；通过综合考评的浙江省“151”人才工程重点资助和第一层次培养人选；省级有突出贡献中青年专家；省级青年科技奖获得者；浙江省创新团队带头人、领军型创新创业团队带头人；国家卫健委有突出贡献的中青年专家；中华医学学会各专业委员会常务委员、副主任委员；省级医学学会各专业委员会主任委员；浙江省卫生领军人才培养对象；全国技术能手；国家科学技术奖二等奖获得者（前 2 位完成人）；省级科学技术一等奖获得者（第 2 完成人）；国家重点实验室、国家工程实验室、国家工程（技术）研究中心副主任前 2 名；省部级（重点）实验室主任、学术委员会主任；其他相当于上述层次的领军人才。

（三）学科（技术）带头人

1. 引进宁波大市范围外，在医院或卫生机构从事临床、医技、预防、教学和科研等工作的学科（技术）带头人。所在学科省内领先，能引领我市该学科创新发展；或专业技术水平在所在地区中有较高知名度，能带动本专业开展新技术、新项目，填补我市医学技术空白。且符合以下条件之一：

（1）担任省级和计划单列市城市医学学会（医学会、中医学会、中西医结合学会、护理学会、预防医学会）各专业委员会常务委员、副主任委员；

（2）担任省会城市、计划单列市市级以上重点学（专）科、重点实验室带头人；

（3）省会城市、计划单列市市级名中医药师、公共卫生领域重点人才等。

2. 引进具有正高级专业技术职务任职资格，且取得以下成果之一的人才：作为项目负责人承担国家自然科学基金面上项目或相当的国家级课题的人才，取得发明专利授权（前 2 位完成人），制定国家标准或行业标准（前 2 位完成人）。

（四）博士和高级紧缺人才

1. 引进博士。

2. 引进具有正高级专业技术职务任职资格的人才。

3. 引进具有副高级专业技术职务任职资格且取得以下成果之一的人才：作为项目负责人承担国家自然科学基金面上项目或相当的国家级课题的人才，取得发明专利授权（前 2 位完成人），制定国家标准或行业标准（前 2 位完成人）。

4. 引进宁波大市范围外，宁波市首批 10 个医疗卫生品牌学科，儿科、急救、病理、精神科和基层医疗卫生机构全科等急需紧缺专业具有副高级专业技术职务任职资格的人才。

（五）青年技术骨干

培养一批具有较大发展潜力的技术骨干，培养对象一般应具有研究生学历或硕士及以上学位，中级及以上专业技术职务，原则上不超过 40 周岁。掌握本专业前沿知识，有独立解决本专业问题的经验，作为主要成员每年参与疑难病例讨论、危重疑难病例抢救分别达到 10 次以上；或作为主要成员参与有效预防、控制、消除重大疾病、重大突发事件和专题调查处置，具有一定科研能力和较大发展潜力，是所在学科（专科）的专业技术骨干。

三、支持政策

1. 对引进的高端团队，由用人单位按需配置支持资源。对符合“泛 3315 计划”申报条件的团队，经评审入选，落户并符合项目推进要求的，按评定的 A 类、B 类、C 类三个层次，相应给予 500 万元、300 万元、100 万元资助，在人才发展专项资金中统筹安排。

2. 对新引进的顶尖人才，给予最高 800 万元的安家补助；其他新引进符合宁波市人才分类目录（2018）的人才按规定给予不超过 100 万元的安家补助，在宁波大市范围内首次购买家庭唯一住房的，再给予最高 60 万元的购房补贴，具体按照宁波市人才安居实施办法相关操作细则实施。对不符合市高层次人才安家补助、购房补贴相关政策的学科（技术）带头人、高级紧缺人才，可由用人单位参照市人才政策给予相应补助。

3. 对新引进的学科（技术）带头人，由用人单位给予一定的科研（工作）启动经费，制订学科建设支持措施，加强医疗、科研、教学设备设施的配备以及人才梯队建设。

4. 对新引进的人才，符合有关规定的，可设置特设岗位，不受单位岗位总量、最高等级和结构比例限制。

5. 柔性引才坚持实用、急需原则，可不受地域、身份、户籍、年龄、人事关系、档案等限制，可不迁户口或不改变国籍，可不转组织人事关系。柔性引进的专家和团队须与用人单位签订工作协议，为用人单位开展学科建设、科技研发、人才培养等工作，每年在用人单位工作时间不少于 2 个月。

6. 建立卫生高层次人才导师制，通过结对带教，对青年技术骨干在医院管理、医疗服务、学科发展等方面传、帮、带，加快青年技术骨干培养周期，提速人才升级。对新引进的博士和青年技术骨干初次聘期考核优秀者，优先申报名师带教、人才培养、学历提升或派往国内外著名大学、医疗卫生机构或研究机构学习进修 3 个月以上等人才提升项目。

7. 对新引进的人才，符合有关规定的，可实行年薪制、协议工资或项目工资。柔性引进的，比照同行业相应等级岗位定级定酬，或以协议确定薪酬，按实际在甬工作天数、工作绩效等情况折算。对新引进的顶尖人才，按给付年薪的 30% 给予引才单位最高 200 万元资助。对柔性引才新引进的团队和人才经认定后，给予引才单位一定资助，资助办法另行制定。

8. 各单位在薪酬制度改革中，要坚持效率优先、兼顾公平，按照重实绩、重贡献、重岗位的分配原则，进一步加大向优秀人才和关键岗位专业人才倾斜的力度，营造吸引人才、留住人才、发挥人才作用的良好环境。

9. 对新引进的人才和团队，符合相关条件的，优先纳入储备库并推荐“泛 3315 计划”等人才评定，并享受相应的扶持、奖励政策。

四、保障措施

（一）组织领导机制。各地各单位要相应成立领导小组和工作机构，注意收集国内外相关人才信息，研究制定配套政策、细化方案、考核办法和引才导向目录，强化招才引智、日常管理、落户服务和年度绩效考核等，切实发挥用人单位主体作用。

（二）经费投入机制。通过财政补助、单位筹集和吸引社会资本投入等方式，构建多元化卫生健康人才投入体系。本意见中的各项补助与我市相关人才政策交叉重叠的，按照“就高、从优、不重复”的原则执行。

（三）筑巢引凤机制。加大“院士工作站”“博士后工作站”“名医工作室”“专病中心”“医学研究所”“公共卫生科技创新中心”等高端平台建设力度；健全和完善宁波医学信息、卫生大数据、医学生物样本库等系统建设；每年安排适当经费，举办全球性、区域性、全国性有影响的高端学术会议。丰富研究资源、打造信息高地，构筑引才平台，吸引更多优秀人才来甬创业创新。

（四）联系协调机制。建立领导干部联系专家人才制度，重点联系服务卫生高层次人才、优秀青年和海外归国医务人员，加强与专家的沟通交流，听取专家意见建议。指定专门处（科）室保持与引进人才联系，了解汇总遇到的困难、问题，不定期组织由相关领导主持的协调会议。

（五）目标管理机制。建立用人单位引才工作目标管理考核制度和述职评议制度。单位人才引进、经费投入、激励保障等内容，列入领导班子和主要负责人年度述职内容和考核。对引才中弄虚作假的个人和单位，取消引进资格，追缴已享受的优惠待遇，并依法依规追究责任。

本意见自发布之日起施行，实施期限与《关于加快推进开放揽才产业聚智的若干意见》（甬党发〔2018〕42 号）同步。如遇到省、市政策调整时，本意见可作相应调整。本意见由市卫生计生委负责解释。

（此件于 2018 年 11 月 26 日由宁波市卫生和计划生育委员会以甬卫发〔2018〕127 号文件发布）

宁波市社会工作专业人才发展三年行动规划（2018—2020年）

为加快推进我市社会工作专业人才队伍建设，不断提高社会工作专业化、职业化水平，为“六争攻坚、三年攀高”提供人才支撑，根据中组部等部委《关于加强社会工作专业人才队伍建设的意见》（中组发〔2011〕25号）、《社会工作专业人才队伍建设中长期规划（2011—2020年）》（民发〔2012〕73号）和《宁波市委办公厅 宁波市政府办公厅关于加强社会工作专业人才队伍建设的实施意见》（甬党办〔2014〕102号），制定《宁波市社会工作专业人才发展三年行动规划（2018—2020年）》。

一、总体目标

坚持以习近平新时代中国特色社会主义思想为指导，围绕全市经济社会发展战略，按照全市人才发展规划的总体部署，通过实施以社会工作专业化和职业化为目标，以人才培养为基础，以人才使用为根本，以人才评价激励为重点的三年行动计划，建立健全符合社会工作专业人才发展规律、体现宁波特色的管理体制机制，形成科学化、制度化、规范化的社会工作专业人才发展环境，形成数量充足、结构合理、素质优良的社会工作专业人才队伍，为我市社会建设提供有力的人才支撑。到2020年，全市社会工作人才总量达到3万人，其中持有社会工作者职业水平证书或拥有社会工作专业背景的社会工作专业人才达到1万人，中高级专业人才2000人，省市两级督导人才50人左右，培育社会工作服务机构200家左右，建成社会工作示范基地50个。

——形成党政主导、社会运作、公众参与的社会工作专业人才发展总体格局。健全完善党委政府在推动社会工作发展、加强社会工作专业人才队伍建设中的领导、统筹和协调机制，不断增强推动社会工作专业人才发展的整体合力。

——实现社会工作专业人才队伍建设的整体推进。找准制约社会工作专业人才队伍发展的重难点问题，补齐短板，拓展社会工作专业人才建设领域，引导社会工作专业人才向基层和社会关注点流动，将创新社会治理、促进社会建设、推进公平正义作为社会工作的根本出发点和落脚点，努力建设具有宁波特色的社会工作专业人才高地。

——提升社会工作专业人才职业发展空间。整合社会资源，不断完善各领域、各层次社会工作专业人才队伍结构，抓好社会工作专业人才培养、专业岗位开发、人才发展环境优化等重点工作，实现社会工作岗位开发科学，社会工作专业人才配置合理，发挥社会工作专业人才专业优势和效能，推进我市社会工作专业人才队伍建设向专业化、职业化方向发展。

二、主要任务

（一）以专业提升为核心，加大社会工作专业人才培养力度

1. 加大参加全国社会工作者职业水平考试动员和管理力度。鼓励引导各级党政机关、人民团体以及与社会工作相关的工作部门和事业

单位中，年龄在40周岁以下的干部职工报名参加全国社会工作者职业水平考试。重点组织城乡社区、公益类社会组织、社会工作服务机构人员参加社会工作者职业水平考试并取得证书，实现社会工作专业人才增量扩容。贯彻执行《浙江省社会工作者职业水平证书登记实施办法》，对社会工作专业人才实行登记管理，建立社会工作专业人才资源信息库。

2. 加强社会工作专业人才教育培训。发展专业教育，支持宁波高等院校开展社会工作学科专业体系建设，建立社会工作培训基地，引进具有一定知名度、具有丰富社会工作人才培养经验的专家学者和培训机构联合办学。推进普及教育，有计划、有步骤地对城乡社区、公益类社会组织、社会工作服务机构、志愿服务组织、基层社会服务部门等直接从事社会工作服务的人员进行社会工作和志愿服务基础理论、专业知识和方法技能培训。开展岗位轮训，将社会工作相关课程列为公务员培训重要内容，重点对涉及社会管理和公共服务工作的党政部门、人民团体、相关事业单位干部进行轮训。完善继续教育，对取得社会工作者职业资格的人员开展社会工作知识更新培训，不断完善知识结构，提高专业技能和综合素质。

3. 加快社会工作高层次人才培养与引进。加快培养和引进社会工作教育与研究人才，重点培养一批学历高、研究能力强、学术成果丰富的社会工作教育教学人才和政策实务研究人才，加强社会工作专业研究机构和学术交流平台建设。大力培养和引进社会工作管理人才，重点加大社会福利、社会救助、社区发展、残障康复、婚姻家庭、扶贫济困、职工帮扶等社会服务机构管理人才培养和引进力度，培养造就一批具有社会使命感、懂运营、会管理、通晓社会服务专业知识的社会工作服务机构管理人才。实施督导培养计划，着力培养社会工作专业督导人才，提高社会工作督导人才的督导技巧、研究能力、教育能力、行政能力及服务评估能力。

（二）以社会需求为导向，拓宽社会工作专业人才使用路径

4. 加大社会工作服务机构培育力度。研究制定促进社会工作服务机构发展政策，鼓励支持符合条件的组织、企业和个人兴办社会工作服务机构。各级社会组织服务平台要加大对社会工作服务机构的扶持孵化和指导服务力度，至2020 年，各区县（市）级社会组织服务中心至少入驻 6 家、镇乡（街道）级社会组织服务中心至少入驻 2 家法人社会工作服务机构。加大政府购买社会工作服务力度，将吸纳 2 名以上社会工作专业人才，且在宁波开展社会工作服务项目的社会组织（含社会工作服务机构），优先纳入政府购买服务范围。至2020 年，重点扶持 50 家各具特色的具有示范导向的社会工作服务机构。

5. 拓宽社会工作专业岗位开发渠道。按照按需设置、循序渐进的原则，科学研究社会工作岗位设置范围、数量结构、配备比例、职责任务和任职条件，逐步建立健全社会工作专业岗位开发设置的政策措施和标准体系。

明确企事业单位社会工作专业岗位设置。老年人福利机构、残疾人福利和服务机构、妇女儿童福利机构、收养服务机构、妇女儿童援助机构、劳动就业和社会保障管理机构、职工权益维护机构、职工服务中心、婚姻家庭服务机构、青少年服务机构、社会救助服务机构、救助管理机构、未成年人保护机构、优抚安置服务保障机构等以社会工作服务为主的事业单位，将社会工作岗位明确为主体专业技术岗位，到2020 年，社会工作专业岗位力争占单位专业技术岗位总量的50%以上。学校、医院、殡仪服务机构、妇幼计生服务等需要开展社会工作的单位，将社会工作岗位纳入专业技术岗位管理范围，并通过岗位调整，增设一定比例的社会工作专业岗位。支持企业设立社会工作专业岗位，使用社会工作专业人才，开展职工服务。

加强镇乡（街道）和城乡社区社会工作专业岗位开发。镇乡（街

道）社会服务管理中心、镇乡（街道）综治工作中心、社区党组织、社区居委会、社区便民（公共）服务中心（站）、社区教育中心、群团组织服务阵地等基层公共管理服务平台根据需要配备社会工作专业人才。力争到2020年，实现每个城市社区至少配备3名社会工作专业人才，逐步实现每个农村社区至少配备1名社会工作专业人才。推动扎根、服务镇乡（街道）和社区的基层人民调解组织、社区矫正机构、安置帮教机构、戒毒禁毒机构、社会组织服务中心、灾害救援组织等在行业管理部门的指导下配置社会工作专业人才。

推进公益类社会组织社会工作专业岗位开发。引导公益类社会组织吸纳社会工作专业人才，其社会工作专业岗位设置比例一般不低于30%。在政府购买服务活动中，突出专职社工的重要作用，延伸基层社会治理与专业服务臂力。

6. 规范社会工作专业岗位聘用（任）。遵循科学合理、评聘分开、分类管理原则，明确社会工作专业岗位等级，建立相应的社会工作职级体系，不断拓宽和畅通社会工作专业人才的职业发展空间。实行国家社会工作者水平评价类职业资格与相应系列专业技术职务评聘相衔接，将取得国家社会工作者职业水平证书人员纳入我市专业技术人员管理范围。通过考试取得国家社会工作者职业资格证书人员，用人单位可根据工作需要，聘用相应级别专业技术职务。聘用到高级专业技术岗位的，应具有高级社会工作师职业资格证书；聘用到中级专业技术岗位的，应具有社会工作师职业资格证书；聘用到初级专业技术岗位的，应具有助理社会工作师职业资格证书。在相关事业单位岗位招考、录用或招聘时，应着重面向社会工作专业毕业或取得社会工作者职业水平证书的人员。

（三）以落实待遇为前提，加强社会工作专业人才激励保障

7. 拓展社会工作专业人才职业发展空间。将社会工作专业人才纳

入全市人才保障体系和相关人才计划，对按照《宁波市人才分类目录（2018）》（甬人才发〔2018〕5 号）纳入我市高层次人才认定范围的优秀社会工作专业人才，经认定可按规定享受我市人才政策；在选拔申报享受政府特殊津贴人员，参与评选各类评比表彰项目时，要充分考虑符合条件的优秀社会工作专业人才。鼓励各级党政机关、人民团体、事业单位招录、招聘社会服务相关职位工作人员和选拔干部时，在同等条件下要优先录用具有丰富基层实践经验的社会工作专业人才。注重把政治素质好、熟悉社会服务与管理的社会工作专业人才吸纳进基层党员干部队伍，选拔进基层党组织领导班子。支持有突出贡献的社会工作专业人才进入地方基层人大、政协参政议政，受聘各级党委政府专家顾问成员，挂兼职群团组织领导职务。

8. 落实社会工作专业人才奖励保障待遇。事业单位社会工作岗位的正式在编人员，按所聘岗位薪酬标准兑现相应待遇。专职社区工作者中的社会工作专业人才，薪酬待遇按市委办公厅、市政府办公厅《关于加强专职社区工作者队伍建设的实施意见的通知》（甬党办〔2018〕69 号）执行。其他领域社会工作专业人才，由用人单位综合职业水平等级、学历、资历、业绩、岗位等因素并参考同类专业技术人员合理确定薪酬标准。鼓励社会工作行业组织、有条件的企业、社会组织和个人依法设立社会工作专业人才发展基金，对有突出贡献的社会工作专业人才进行奖励。

三、保障措施

（一）建立社会工作专业人才队伍建设协调机制

坚持党管人才原则，在市委人才工作领导小组的统一领导下，建立组织部门指导、民政部门牵头，市直相关部门参与的市社会工作专业人才队伍建设协调机制，形成齐抓共管、密切配合的工作局面；统筹协调，共同研究制定全市社会工作专业人才队伍建设发展规划和相关政策措施，抓好全市社会工作专业人才队伍建设的督促落实。

（二）加大社会工作专业人才发展资金投入

加大政府购买社会工作服务力度，扩大政府购买社会工作服务领域，吸引社会工作服务机构通过公平竞争，取得政府部门委托的社会工作专业服务项目。探索建立财务管理、服务项目投标、绩效评价等制度，提高资金的效益和效率。各区县（市）根据实际，合理安排政府购买社会工作服务经费，支持社会工作专业人才队伍建设，实施一批探索性强、发展性好，有推广价值的社会工作专业服务示范项目。

（三）发挥社会工作协会和示范基地作用

加强市及区县（市）社会工作协会建设，2020 年，实现区县（市）社会工作协会全覆盖。充分发挥社会工作协会作用，履行行业自律、标准制定、人才培育、公共服务平台搭建、资源整合、第三方服务监督评估等职能。继续推进市社会工作示范基地建设，每年经评定新建 10 家社会工作示范基地，召开示范基地工作经验交流会，推动示范基地规范化、专业化建设。建立示范基地与区域内社区、服务机构、企事业单位结对制度，推动更多单位向示范基地标准靠拢。

（四）建立健全“社工＋志愿者”联动机制

发挥社会工作专业人才的专业优势，按照“1 个社会工作专业领域＋1 个志愿服务组织＋N 名志愿者”模式，在市、区县（市）、镇乡（街道）、城乡社区等层面，推动建立社会工作专业人才和志愿者队伍联动服务机制，加快志愿者队伍和志愿服务组织培育发展，形成“社工引领、志愿者协同”的良好局面。

（五）强化宣传引导机制

运用多种方式开展社会工作专业人才队伍建设宣传工作，提高社会工作专业人才的社会认知度。广泛宣传社会工作专业人才发展三年行动规划的重要意义、目标任务、主要举措以及实施过程中出现的典型经验和成功做法，为三年行动规划顺利实施营造良好社会氛围。

（注：此件于 2018 年 12 月 25 日由宁波市民政局以甬民发〔2018〕166 号文件发布）

宁波市人才分类目录（2018）

一、顶尖人才

1. 诺贝尔奖（物理、化学、生理或医学、经济学奖）、菲尔兹奖、图灵奖等国际性权威奖项获得者；中国国家最高科学技术奖获得者、国家科学技术一等奖获奖单位第一完成人。

2. 中国工程院院士、中国科学院院士（含外籍院士）；中国社会科学院学部委员、荣誉学部委员。

3. 美国、日本、德国、法国、英国、意大利、加拿大、瑞典、丹麦、挪威、芬兰、比利时、瑞士、奥地利、荷兰、澳大利亚、新西兰、俄罗斯、新加坡、韩国、西班牙、印度、乌克兰、以色列国家最高学术权威机构会员（一般为 member 或 fellow，统一翻译为“院士”）。

4. 近5年，拥有世界500强企业（见说明1，下同）境外总部首席技术官任职经历者。

5. 在社会贡献、行业公认度、国际影响力等方面相当于上述层次人才的其他顶尖人才。

二、特优人才

1. 国家“千人计划”专家；国家“万人计划”人才；百千万人才工程国家级人选。

2. 中国青年科技奖获得者；中国青年女科学家奖获得者；国家有突出贡献的中青年专家；国家杰出青年科学基金项目获得者。

3. 国家实验室主任、副主任、学术委员会主任；国家重点实验室主任、学术委员会主任；国家工程实验室、国家工程（技术）研究中心、国家能源研发（实验）中心主任；国务院学科评议组召集人；国家科学技术一等奖（第2、3位完成人）、二等奖（第1完成人）获得者；中国专利金奖前2位完成人；中国标准创新贡献奖获得者（个人奖）；全国专业标准化技术委员会主任委员。

4. 长江学者；长江学者成就奖获得者；国家级教学名师；国家级教学成果奖特等奖前3名；全国宣传文化系统“四个一批”人才；文学艺术、工艺美术领域国家级协会主席、副主席；茅盾文学奖、鲁迅文学奖获得者；国医大师；全国名中医；吴阶平医学奖获得者；中华医学学会各专业委员会主任委员（见说明2，下同）。

5. 全国杰出专业技术人才；中国工艺美术大师；国家级非物质文化遗产传承人；全国工程勘察设计大师；中华技能大奖获得者。

6. 浙江省特级专家；浙江省“万人计划”杰出人才；浙江省科学技术重大贡献奖获得者；中科院“百人计划”A类人才；宁波市杰出人才。

7. 世界知名大学（见说明3，下同）校长、副校长；体育项目国家队主（总）教练；世界500强企业的二级公司或地区总部总经理。

8. 管理资产超过300亿元的金融投资、资产管理、互联网金融机构总部主要负责人。

9. 其他相当于上述层次的特优人才。

三、领军人才

1. 国务院特殊津贴专家；国务院学科评议组成员；中科院“百人计划”B类人才；国家自然科学基金“重点项目”“重大项目”“重大国际（地区）合作研究项目”或“优秀青年科学基金项目”第一负责人。

2. 省级“千人计划”专家；省级“万人计划”专家除杰出人才之外的人选；通过综合考评的浙江省“151”人才工程重点资助和第一层次培养人选。

3. 省级有突出贡献中青年专家；省级青年科技奖获得者；浙江省创新团队带头人、领军型创新创业团队带头人。

4. 教育部“新世纪优秀人才支持计划”人选；全国优秀教师；浙江省功勋教师；“钱江学者”特聘教授。

5. 长江韬奋奖获得者；文化部优秀专家；浙江省宣传文化系统“五个一批”人才；中国文化艺术政府奖文华奖、中国广播影视大奖（中国电影“华表奖”、中国电视剧“飞天奖”）获得者第一完成人；中国戏剧奖梅花表演奖获得者。

6. 国家卫健委有突出贡献的中青年专家；中华医学学会各专业委员会常务委员、副主任委员；省级医学学会各专业委员会主任委员；浙江省卫生领军人才培养对象。

7. 浙江省工艺美术大师；浙江省工程勘察设计大师；浙江省非物质文化遗产传承人；国家级技能大师工作室领办人；全国技术能手；钱江技能大奖获得者。

8. 国家科学技术奖二等奖获得者（前2位完成人）；省级科学技术一等奖获得者（第2完成人）；国家级教学成果奖一等奖获得者（前2位完成人）；鲁班奖获得者（前2位完成人）。

9. 国家重点实验室、国家工程实验室、国家工程（技术）研究中心副主任前2名；省部级（重点）实验室主任、学术委员会主任，省部级工程实验室主任，省部级工程研究中心主任。

10. 全国专业标准化技术委员会副主任委员；中国专利优秀奖、中国外观设计金奖前2名完成人（须为专利发明人或设计人）。

11. 世界知名大学正式教职的教授；奥运冠军或直接带训教练、体育项目国家队教练。

12. 中国500强企业、中国民营企业500强企业主要经营管理者或职业经理人。

13. 管理资产超过200亿元的金融投资、资产管理、互联网金融机构总部主要负责人。

14. 其他相当于上述层次的领军人才。

四、拔尖人才

1. 宁波市“3315计划”“泛3315计划”个人和团队带头人；宁波市“3315资本引才计划”团队带头人。

2. 通过综合考评的浙江省“151”人才工程第二层次人选；宁波市领军和拔尖人才培养工程重点资助和第一层次培养人选；宁波市有突出贡献专家；宁波市优秀海外留学人才。

3. 省部级（重点）实验室副主任（前2名）、学术委员会副主任（前2名），省部级工程实验室副主任（前2名），省部级工程研究中心副主任（前2名）。

4. 具有正高级专业技术职务任职资格，且取得以下成果之一的人才：作为项目负责人承担国家自然科学基金面上项目或相当的国家级课题的人才，取得发明专利授权（前2位完成人），制定国家标准或行业标准（前2位完成人）。

5. 文学艺术、工艺美术领域省级协会主席；省级文艺机构主要负责人；中国戏剧奖、大众电影百花奖、电影金鸡奖、音乐金钟奖、美术奖金奖、曲艺牡丹奖、书法兰亭奖金奖、杂技金菊奖、摄影金像奖、民间文艺山花奖、电视金鹰奖主创、舞蹈荷花奖获得者；全国优秀儿童文学奖、全国少数民族文学创作骏马奖获得者。

6. “甬江学者”特聘教授；省级特级教师；国家级教学成果奖二等奖获得者（前2位完成人）、省级教学成果奖一等奖获得者（前2位完成人）。

7. 省级和计划单列市城市医学学会各专业委员会常务委员、副主任委员；浙江省卫生创新人才；浙江省国医大师；浙江省名中医。

8. 省级科学技术二等奖获得者（前2位完成人）；省会城市、计划单列市科学技术一等奖获得者（前2位完成人）；国家标准第一起草人。

9. 省级技术能手；省级首席技师；省级技能大师工作室领办人；浙江工匠；宁波市优秀高技能人才。

10. 奥运项目世界冠军或直接带训教练、体育项目国家级教练、省级体工队主（总）教练。

11. 宁波市纳税前100名大企业的主要经营管理者或职业经理人；工业和信息化部、中国工业经济联合会公布的制造业单项冠军企业的首席技术官、首席科学家；管理资产超过100亿元的金融投资、资产管理、互联网金融机构总部主要负责人。

12. 其他相当于上述层次的拔尖人才。

五、高级人才

1. 通过综合考评的宁波市领军和拔尖人才培养工程第二层次培养人选。

2. 其他具有正高级专业技术职务任职资格的人才；具有副高级专业技术职务任职资格且取得以下成果之一的人才：作为项目负责人承担国家自然科学基金面上项目或相当的国家级课题的人才，取得发明专利授权（前2位完成人），制定国家标准或行业标准（前2位完成人）；具有高级社会工作师职业资格，并取得以下成果之一的社会工作人才：作为主要成员承担过地级市级以上研究课题（前2位完成人），获地级市级以上奖励（前2位完成人），取得授权专利、制定地方标准、行业标准或国家标准（前2位完成人）；博士。

3. 省会城市、计划单列市级（重点）实验室、工程实验室、工程研究中心主任、副主任（前2名）。

4. 文学艺术、工艺美术领域省级协会副主席；省常设性文艺奖项单项奖最高奖获得者或第一完成人。

5. 世界知名大学正式教职的副教授；省级教学成果奖二等奖获得者（前2位完成人）；宁波市科技创新团队、企业技术创新团队、文化创新团队带头人；宁波市宣传文化系统“六个一批”人才；宁波市哲学社会科学研究基地负责人、首席专家；宁波市中小学（幼儿园）名教师、名校长。

6. 持有北美精算师、英国精算师、澳洲精算师、中国精算师、特许金融分析师（三级）、金融风险管理师资格证书，且受聘宁波市金融机构相关部门主要负责人者。

7. 省级医学学会专业委员会委员；地级市级医学学会各专业委员会主任委员；浙江省医坛新秀；宁波市医疗卫生优秀学科带头人；宁波市名中医药师；宁波市市级以上医学重点学科、品牌学科带头人。

8. 宁波市工艺美术大师；宁波市非物质文件遗产传承人；世界技能大赛金、银、铜奖获得者；宁波市首席工人、宁波市技术能手；港城工匠；宁波市技能大师工作室领办人；具有高级技师职业资格，并取得以下成果之一的技能人才：承担过地级市级以上研究课题（前2位完成人），获得地级市级以上人才奖励，取得授权专利（前2位完成人），制定国家标准、行业标准或地方标准（前2位完成人）。

9. 体育项目世界前三名运动员或直接带训教练、亚运会或全运会冠军及其直接带训教练。

10. 宁波市规模以上企业获市级以上奖励的主要经营管理者；管理资产超过50亿元人民币的金融投资、资产管理、互联网金融机构总部主要负责人。

11. 其他相当于上述层次的高级人才。

六、基础人才

1. 普通高校毕业生。

2. 取得高级职业资格证书的高级技工学校和技师学院毕业生。

七、民间优才

未经过专业教育，而在经济社会发展实践中取得代表性技术、示范性成果、带动性效应，得到社会认可，做出较大贡献的民间专业人才。

说明：

1. “世界500强”即美国《财富》杂志每年评选的“全球最大500家公司”中的境外企业。

2. 医学学会仅指医学会、中医学会、中西医结合学会、护理学会、预防医学会。

3. 上海交通大学高等教育研究院《世界大学学术排名》或泰晤士报《世界顶尖大学排行榜》排名前200名的境外大学，限申报年度最新排名。

4. 该人才分类目录，将定期修订，更新完善。

（此件于2018年10月18日由宁波市委人才办以甬人才发〔2018〕5号文件发布）